Java

Java가 좋아지는 새로운 9개 관문

자바가 보이는 그림책

ANK Co., Ltd. 저 | 김성훈 역 | 변종석·전영민 감역(JCO 회장/운영진)

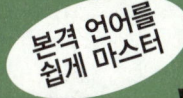

Web 앱, 스마트폰 앱으로 가는 첫걸음

BM (주)도서출판 성안당

Java가 보이는 그림책(개정 증보판)

2003. 6. 25.	초 판 1쇄 발행	2014. 5. 30.	3차 개정 증보 3판 2쇄 발행
2006. 3. 24.	초 판 4쇄 발행	2015. 2. 27.	3차 개정 증보 3판 3쇄 발행
2006. 10. 25.	1차 개정 증보 1판 1쇄 발행	2016. 7. 20.	3차 개정 증보 3판 4쇄 발행
2007. 6. 20.	2차 개정 증보 2판 1쇄 발행	2018. 9. 10.	4차 개정 증보 4판 1쇄 발행
2013. 1. 30.	2차 개정 증보 2판 7쇄 발행	2020. 3. 20.	4차 개정 증보 4판 2쇄 발행
2013. 11. 25.	3차 개정 증보 3판 1쇄 발행	**2025. 3. 5.**	**4차 개정 증보 4판 3쇄 발행**

글쓴이 : ANK Co., Ltd.
번 역 : 김성훈
펴낸이 : 이종춘
펴낸곳 : BM (주)도서출판 성안당

주   소 : 04032 서울시 마포구 양화로 127 첨단빌딩 3층(출판기획 R&D 센터)
           10881 경기도 파주시 문발로 112 출판문화정보산업단지(제작 및 물류)
전   화 : (02) 3142-0036
           (031) 950-6300
팩   스 : (031) 955-0510
등   록 : 1973. 2. 1. 제 406-2005-000046호
홈페이지 : www.cyber.co.kr

ISBN : 978-89-315-5570-7(13000)
정 가 : 20,000원

만든이
책임 | 최옥현
진행·편집 | 김혜숙
교정 | 윤성일
본문 디자인 | 김인환
표지 디자인 | 박원석
홍보 | 김계향, 임진성, 김주승, 최정민
국제부 | 이선민, 조혜란
마케팅 | 구본철, 차정욱, 오영일, 나진호, 강호묵
마케팅 지원 | 장상범
제작 | 김유석

성안당 Web 사이트

이 책에서 사용된 모든 프로그램과 상표는 각 회사에 그 권리가 있습니다.

Javaの絵本 第3版
(Java no Ehon dai3han : 5037-6)
Copyright© 2016 by ANK Co., Ltd.
Original Japanese edition published by SHOEISHA Co., Ltd.
Korean translation rights arranged with SHOEISHA Co., Ltd.
throught Eric Yang Agency
Korean translation copyright © 2018~2025 by SUNG AN DANG, Inc.

본 저작물의 한국어판 저작권은 에릭양 에이전시를 통한 SHOEISHA Co., Ltd. 와의 계약으로 한국어 판권을 BM (주)도서출판 성안당이 소유합니다.
저작권법에 의하여 한국 내에서 보호를 받는 저작물이므로 무단 전재와 무단 복제를 금합니다.

한국어판 판권 소유 : BM (주)도서출판 성안당
© 2018~2025 성안당 Printed in Korea

"추천의 말"

그림을 통해 배울 수 있는 JAVA 프로그래밍 입문서

모든 배움에는 정도가 있기 마련이다. 그러나 잘 걷지도 못하면서 뛰려고 하는 이들이 있다. 특히 프로그램 언어를 그런 식으로 배우려는 학생들을 볼 때면 안타까운 마음이 든다. 그런 점에서 이 책은 마치 아기가 걷는 한 걸음처럼 더디지만, JAVA 프로그램을 배우는 바른 길을 제시하고 있다. 아울러 내용의 깊이가 조금 부족한 것이 아쉽지만, Java에 대한 전반적인 것을 알고 싶어하는 사람들에게 충분히 도움이 될 만한 책이라 생각한다.

이창훈(한경대학교 컴퓨터 공학과 교수)

이 책의 가장 맘에 드는 부분은 지루하지 않게 읽힌다는 점이다. 즉, 그림을 통해 배울 수 있는 자바 프로그래밍 입문서로서, 흥미를 유발할 수 있는 다양한 그림과 예제를 통해 자바에 대해 체계적으로 설명하고 있다. 또한 쉬운 예제부터 하나씩 풀어나갈 수 있도록 한 구성에서 초보자를 위한 책이라는 의지가 엿보인다.
자바를 처음 접하는 사람에게 권하고 싶은 책이다.

김주현(JavaCafe.or.kr 3대 회장)

초보 개발자들에게 무엇보다 중요한 것은 책을 흥미롭게 끝까지 읽을 수 있도록 앞에서 잡아주는 것이다. JAVA가 보이는 그림책은 눈에 확 들어오는 깜찍한 그림들과 이해하기 쉽게 구성된 개념도가 초보자의 맘을 끌어당기는 매력이 있다. 이 책은 자바에 관심은 있지만 선뜻 다가서지 못하는 독자들에게 꼭 맞는 책이 될 것이다.

김영미(월간 프로그램세계 취재부 기자)

자바는 많은 사람들이 쉽다고 하지만 초보자가 쉽게 자바에 다가갈 수 있도록 도움을 주는 입문서는 많지 않다. 이 책은 그림을 활용하여 자바를 친근감 있고 쉽게 공부할 수 있도록 배려하여 만들어진 책이다. 자바를 알기 위해선 객체 지향의 의미를 알아야 되고 그것을 머리 속에 그릴 줄 알아야 한다. 이 책의 그림을 머리 속에 그리면서 공부를 한다면 많은 도움이 될 것이고 객체 지향적 사고에 상당히 접근할 수 있으리라 생각된다.

이동호(JSPSchool 운영자)

머리말

이 책은 Java 프로그래밍 입문서입니다. Java라고 하면 보통 애플릿이나 서블릿 같은 매력적인 프로그램들을 떠올릴 것입니다. 실제로 서점에서는 많은 Java 입문서를 볼 수 있는데 화려한 프로그램의 실행 결과에 가려져, Java라는 언어 자체에 대해서는 자세히 설명하지 않는 경우가 많습니다. 그에 비해, 이 책은 문자 기반의 프로그램 작성을 통해 Java 언어의 기본을 확실하게 이해하는 것을 목적으로 하고 있습니다.

Java 언어의 큰 특징은 '객체 지향'이라는 개념입니다. 이것은 프로그램의 기능을 그룹화하고, 조합하여 프로그램을 작성해 가는 것으로, 프로그램을 스마트하게 기술할 수 있고 다수의 인원이 공동 개발하기에 적합하다는 장점이 있는 반면, 추상적인 개념이 많아 개념을 파악하기가 어려운 단점이 있습니다. 사실 프로그램의 흐름이나 데이터의 구조를 이해하고 이치에 맞는 클래스 설계를 할 수 있게 되려면 어느 정도의 경험이 필요합니다.

그래서 이 책은 Java 언어와 프로그래밍의 기초를 모르는 초보자를 대상으로 글자보다는 그림을 내세워 설명하고 있습니다. Java 언어의 특징인 객체 지향의 개념을 시각적으로 정리함으로써 프로그램의 구조를 직관적으로 파악할 수 있도록 하였습니다. Java 프로그램을 어느 정도 짤 수는 있지만 기초가 약해 더 이상의 진전이 없는 분들이나, 클래스나 오브젝트가 잘 이해되지 않는 분들도 분명히 큰 성과가 있을 것이라고 생각합니다.

2016년 11월 저자

감수의 말

자바의 가장 큰 장점은 어느 환경에서나 사용할 수 있다는 점으로 컴퓨터의 종류나 운영체제와 관계없이 어디에서나 동일하게 사용할 목적으로 만들어졌다는 것입니다. 그렇기 때문에 자바는 '자유롭고 열린 정보공유'를 위한 최상의 언어라고 할 수 있지요.

자주 서점에 나가곤 합니다. 책을 보지는 않아도 제목만 보면 최근의 이슈나 향후 전망에 대한 추측을 할 수 있기 때문인데, 그중 일부 책은 내용까지 보기도 합니다. 하지만 독자가 편하게 읽을 수 있는 책은 그렇게 많지 않습니다. 더군다나 시중에 나와 있는 책 중 자바에 대해 체계적이고 명쾌하게 설명한 책은 찾아보기 힘듭니다.

처음 이 책의 감수를 의뢰받았을 때 우려했던 부분은 기존의 책을 답습하는 것이라면 독자에게 별 의미 없는 책이 될 것이라는 생각이었습니다. 특히 'JAVA가 보이는 그림책'이라는 다소 초보적인 제목이 자바 언어의 특징들을 희석시키지 않을까 하는 우려를 했던 것도 기존의 이러한 맹목적 선입관과 무관하지 않습니다.

그러나 체계적으로 자바의 개념이 정리되었다는 것, 혼자서도 충분히 공부할 수 있다는 것, 개발자를 포함한 다양한 사람들이 보편적으로 볼 수 있다는 점에서 이 책은 자연스럽게 독자의 감정적 동의를 얻을 수 있을 것이라 예상됩니다. 또한 처음부터 끝까지 다양한 그림을 통해 자바에 대한 열린 사고를 하는 데 도움을 줄 것입니다. 이 책은 바로 그러한 의미에서 자바의 '자유롭고 열린 정보공유'를 위한 초석이 되지 않을까 싶습니다.

이 책은 자바에 대한 체계적인 기본기가 부족하여 고민하는 분들과, 미래를 준비하는 자바 입문자들에게 큰 도움이 될 것이라 믿습니다. 내용의 충실도뿐만 아니라 그 전달에 있어서도 충분히 역할을 다하고 있는 정이 가는 책입니다.

한 권의 책을 손에 쥐고 처음부터 고민 없이 끝까지 보기란 무척 힘든 일입니다. 그러나 이 책은 그런 고민거리를 해소시켜 주리라 믿습니다. 단 한 번도 자바 책을 끝까지 보지 못했던 분이라면 정말 이 책을 권하고 싶습니다.

변종석(JCO 회장)

이 책을 쉽게 이해할 수 있는 지름길_어

J 꼭 알아야 할 Key Point

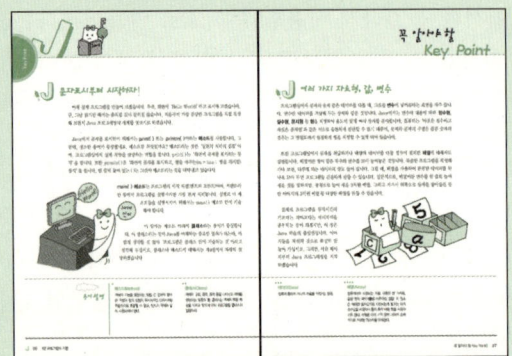

각 장에서 배워야 할 중요한 개념들을 미리 예습합니다. 각각의 개념들이 가지는 관련성과 응용 분야를 살펴보고 각 장에서 설명하는 프로그램의 기본 원리를 미리 배울 수 있도록 안내합니다.

J 본문

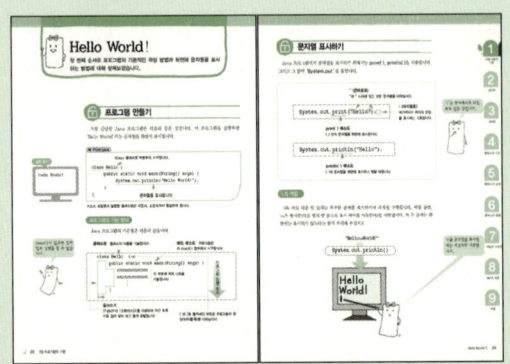

이 책은 펼친 면 두 쪽에 하나의 주제를 다루어, 이미지가 흩어지지 않도록 배려하였습니다. 따라서, 나중에 필요한 부분을 찾을 때에도 효과적으로 사용하실 수 있습니다.

그림으로 보는 Java, 알고보면 더 쉬워요!

예와 실행 결과

예 》 프로그래밍으로 입력할 내용

```
abstract class Calc1 {
    int a;
    int b;
    abstract void answer();
    void setData(int m, int n) {
        a = m;
        b = n;
    }
}
class Plus extends Calc1 {
    void answer() {
        System.out.println(a + " + " + b + " = " + (a+b));
    }
}
class Calculation1 {
    public static void main(String[] args) {
        Plus plus = new Plus();
        plus.setData(27, 32);
        plus.answer();
    }
}
```

27 + 32 = 59

예제 프로그램

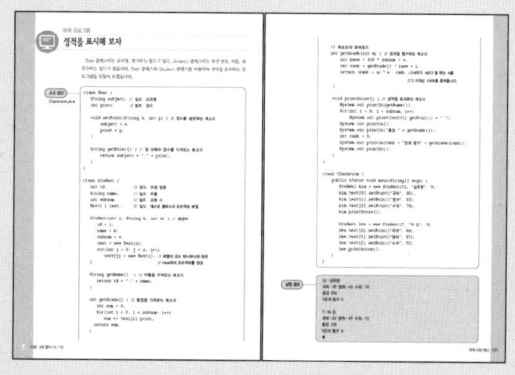

물론 개념적인 설명에 그치지 않고 예제 프로그램도 풍부하게 마련했습니다.

본문 속에 소개되는 작은 프로그램들 외에도, 각 장의 끝에 비교적 길고, 실용적인 예제 프로그램이 있습니다. 또한 이 책의 해설과 대부분의 예제들은 Microsoft Windows XP상에서 Java 2 SDK Standard Edition 1.4.2 혹은 J2SE Development Kit 6.0을 사용하여 개발하는 것을 전제로 하고 있습니다.

》 이 책의 독자는?

이 책은 Java 언어를 이제부터 공부하려는 사람은 물론이고 한번 도전했다가 좌절한 경험이 있는 분이나 문법을 모른 채 프로그래밍을 시작했지만 다시 한번 기본을 확인하고 싶으신 분들 모두에게 추천합니다.

이 책을 쉽게 이해할 수 있는 지름길 _ 02

도전! Java 프로그래밍

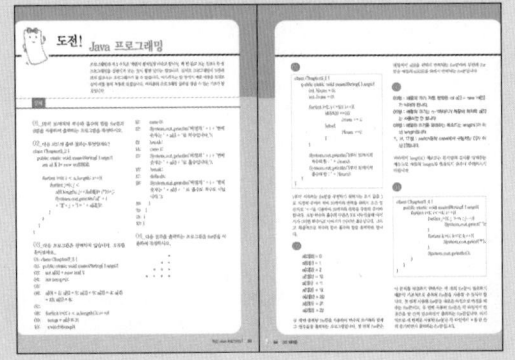

프로그래밍의 제1수칙은 '백문이 불여일행' 입니다. 백 번 듣고 보아도 한 번 자신이 직접 프로그래밍을 해 보지 않으면 Java 프로그래밍을 정복할 수 없습니다. 도전! Java 프로그래밍은 각 장에서 배운 내용을 토대로 연습 문제를 풀어 보면서 실력을 쌓을 수 있도록 합니다.

알아두면 도움이 되는 프로그래밍 상식

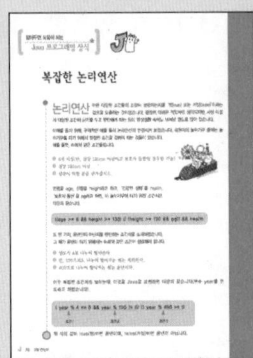

Java 프로그래밍의 기본 개념을 공부하는 것이 가장 중요하겠지만 Java의 역사나 한글의 표현, 복잡한 논리 연산 등등 실제 기능의 구현 이외에 알아야 할 중요한 상식을 쉬어 가면서 이해할 수 있습니다. 프로그래밍 지식을 한층 더 높여 줍니다.

그림으로 보는 Java,
알고보면 더 쉬워요!

부록

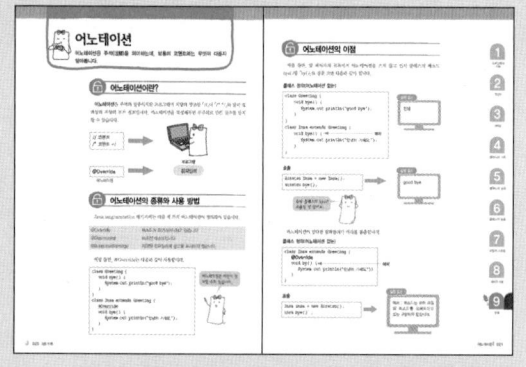

조금 높은 수준의 주제에 대해서는 부록으로 다루었기 때문에, 본문의 내용을 이해하신 분들은 계속 읽어 나가 주십시오. 또한 부록에서 실제 프로그램을 개발할 때 도움이 되는 정보와 자료도 실었습니다.

>> 표기에 대해

이 책은 아래와 같은 약속에 의해 쓰여졌습니다.

* 고딕체 : 중요한 단어
* List Font : Java 프로그래밍에 실제로 사용되는 문장이나 단어
* List Bold Font : List Font 중에서도 중요한 포인트
* 본문 중 함수 등의 읽는 법을 표시해 둔 경우, 어디까지나 한 예일 뿐이며 다르게 읽는 경우도 있습니다.

이 책의 목차_

제 0장
Java를 시작하기 전에

Java 언어의 위상	16
Java로 할 수 있는 것	17
Java VM	19
Java 프로그램 개발 툴	20
프로그래밍의 기본적인 흐름	21
프로그램 기술 시의 약속	23
`Java 상식` 좋은 프로그래머가 되려면	24

제 1장
프로그램의 기본

Key Point 문자 표시부터 시작하자!	26
여러 가지 자료형, 값, 변수	27
Hello World!	28
Printf( ) 메소드	30
변수	32
수치형	34
문자와 문자열	36
문자열 자유재재(1)	38
문자열 자유재재(2)	40
배열	42
다차원 배열(1)	44
다차원 배열(2)	46
`Java 상식` Unicode	48
`Exercise` 도전! Java 프로그래밍	49

CONTENTS

제 2 장
연산자

Key Point	컴퓨터를 계산기 대용으로!	52
	컴퓨터는 1 또는 0의 디지털 세계	53
	산술 연산자(1)	54
	산술 연산자(2)	56
	비교 연산자	58
	논리형	60
	논리 연산자	62
	수치와 단위	64
	형 변환	66
	연산의 우선순위	68
Java 상식	복잡한 논리연산	70
Exercise >>	도전! Java 프로그래밍	71

제 3 장
제어문

Key Point	프로그램의 흐름을 바꿔보자!	74
	if문(1)	76
	if문(2)	78
	for문	80
	for문의 확장	82
	while문	84
	루프의 중단	86
	switch문	88
예제 1	데이터를 정렬하자	90
예제 2	소수를 찾아라	91
Java 상식	라벨을 지정해서 루프 탈출하기	92
Exercise >>	도전! Java 프로그래밍	93

CONTENTS

제 4장
클래스의 기초

Key Point 클래스란 무엇일까?	96
클래스는 설계도와 같은 것	97
클래스의 개념	98
오브젝트의 생성	100
필드	102
메소드의 정의	104
메소드 호출하기(1)	106
메소드 호출하기(2)	108
가변 길이 인수	110
오버로드	112
생성자	114
여러 가지 생성자	116
main( ) 메소드	118
예제 성적을 표시해 보자	120
Java 상식 가비지 컬렉터	122
Exercise≫ 도전! Java 프로그래밍	123

제 5장
클래스의 상속

Key Point 클래스의 편리한 기능	126
어떤 것이라도 상속되는가?	127
상속	128
상속의 정의	130
private 접근 제한자	132
오버라이드	134
오버라이드의 확장	136
여러 가지 제한자	138
예제 매출 전표 만들기	140
Java 상식 this	142
Exercise≫ 도전! Java 프로그래밍	143

제 6장

클래스의 응용

Key Point	클래스의 여러 가지 특성	146
	클래스를 다른 시점에서 보았을 때	147

추상 클래스	148
인터페이스	150
인터페이스의 상속	152
인터페이스가 특수한 메소드	154
다형성(1)	156
다형성(2)	158
오브젝트의 종류	160
제네릭	162
컬렉션 클래스	164
열거형	166
예제 도형의 면적과 둘레를 구해 보자	168
Java 상식 오브젝트의 복제	170
Exercise≫ 도전! Java 프로그래밍	171

제 7장

파일과 스트림

Key Point	파일이란 무엇인가?	174
	파일과 프로그램 사이를 흐르는 개울	174
	트러블 대책도 잊지 말 것!	175

스트림	176
예외	178
문자 읽기	180
문자 쓰기	182
바이너리 파일의 읽기·쓰기(1)	184
바이너리 파일의 읽기·쓰기(2)	186
리소스 붙은 try문	188
시리얼라이즈	190
키보드 입력	192
Scanner 클래스	194
예제 1 파일 속의 문자열	196
예제 2 에디터 작성	197
Java 상식 시리얼라이즈	198
오브젝트의 복제	198
Exercise≫ 도전! Java 프로그래밍	199

CONTENTS

제8장

패키지 이용

Key Point	편리한 기능이 세트로 모였다!	202
	프로그램을 보다 스마트하게	203
패키지		204
Static 임포트		206
접근 제한자		208
랩퍼 클래스		210
Auto-Boxing		212
예제	퀴즈 프로그램	216
Java 상식	시스템 프로퍼티	216
Exercise ≫	도전! Java 프로그래밍	217

부록

좀 더 힘내 볼까요?

어노테이션	220
로컬 클래스	222
람다식(1)	224
람다식(2)	226
Stream API	228
메소드·생성자 참조	230
스레드	232
일시(1)	234
일시(2)	236
수학에 관련된 메소드	238
비트와 바이트에 관한 연산자(1)	240
비트와 바이트에 관한 연산자(2)	242
JAVA Archive(1)	244
JAVA Archive(2)	246
JDK 설치	248
용어 해설	256
찾아보기	260

Java를 시작하기 전에

Java 언어의 위상

컴퓨터에서 동작하는 프로그램을 만들거나 기술하기 위한 언어를 '프로그래밍 언어'라고 합니다. Java는 대표적인 프로그래밍 언어 중 하나입니다. C 언어와 비교하면 그 역사는 짧지만 단기간에 급성장하여 매우 다양한 부분에서 이용되고 있습니다.

Java는 1995년 5월 미국의 Sun Microsystems라는 컴퓨터 회사에 의해 발표되었습니다. 원래는 전화나 냉장고 같은 가전제품에 사용하기 위한 언어로 개발되었지만, 인터넷상에서 이용할 수 있다는 점에 관심이 집중되었습니다.

Java는 C나 C++와 표기 방법은 비슷하지만, 포인터의 개념이 없는 등 세세한 부분까지 신경 쓰지 않아도 되는 쉬운 언어 사양을 가지고 있습니다. 또한 Java는 다음과 같은 특징이 있습니다.

객체 지향	객체 지향이란 프로그램의 기능을 그룹별로 나누고, 이것을 조합하여 프로그램을 작성해 나가는 개념입니다. 객체 지향 언어인 Java를 사용하면 보다 복잡하고 수준 높은 프로그램을 만들 수 있습니다.
실행 파일 수준의 호환성	기존의 프로그램은 대응하는 기본 운영 체제상에서만 동작하지만, Java 프로그램은 Java VM이라는 실행 환경만 있으면 어디서든지 실행할 수 있습니다.
개발 환경이 충실하다	Java 개발 툴은 Web상에서 무료로 다운로드할 수 있습니다. 더구나, 풍부한 기술을 포함하고 있는 라이브러리들을 표준으로 이용할 수 있어 다양한 스타일의 프로그램을 만들어 낼 수 있습니다.

Java를 배우는 데 있어서 가장 중요한 것은 객체 지향이라는 개념입니다. 이 책의 제4장부터 제6장에 걸쳐 상세하게 해설하고 있습니다.

 용어설명

C
미국 AT&T사의 벨 연구소(Bell Labs.)에 근무하던 데니스 리치(Dennis M. Ritchie)가 1974년에 개발한 범용 고급 프로그래밍 언어의 이름. 간결한 표현, 풍부한 자료형과 연산자, 유연한 제어 구조, 함수로 구성되는 프로그램, 분할 컴파일, 강력한 문자열 처리 기능 등의 특징을 갖추고 있다.

라이브러리(Library)
애플리케이션 개발을 위해 사용되는 함수 모임. 라이브러리는 소스 파일을 공개하지 않고 다른 프로그램에서 호출하여 사용할 수 있도록 목적 파일로 컴파일되어 제공하는 일종의 함수 세트다. 라이브러리는 개별적으로 만들어 사용하기도 하나 개발 생산성을 높이기 위해 이미 만들어진 함수 라이브러리를 사용한다.

 ## Java로 할 수 있는 것

Java로 작성할 수 있는 주요 프로그램에는 다음과 같은 것들이 있습니다. 이 책에서는 CUI 환경에서 동작하는 프로그램(CUI 애플리케이션)에 대해 다루겠습니다.

CUI 애플리케이션

명령 프롬프트나 MS-DOS 프롬프트처럼 문자 기반의 실행 환경을 CUI(캐릭터 유저 인터페이스)라고 합니다. CUI 환경에서 동작하는 프로그램은 이어서 소개하는 모든 형태의 프로그램들의 기본형입니다.

GUI 애플리케이션

최근 주류를 차지하고 있는 그래피컬한 실행 환경을 GUI(그래픽 유저 인터페이스)라고 합니다.
Java를 이용하여 Windows 애플리케이션 같은 프로그램을 만들 수 있습니다.

Java 애플릿(applet)

Web 브라우저상에서 동작하는 프로그램입니다. HTML 안에서 애플릿을 지정하면 Web 서버로부터 자동적으로 다운로드되어 클라이언트의 Web 브라우저상에서 동작합니다.

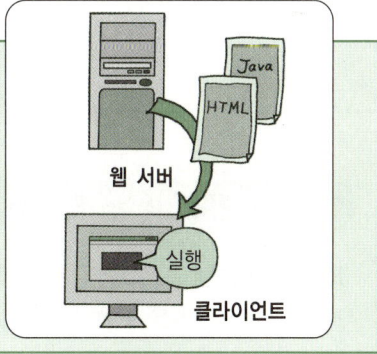

CUI(Character User Interface)
표시 내용이나 입력 내용이 문자 베이스인 사용자 인터페이스. 아이콘으로 표시하고 마우스 등의 포인팅 디바이스로 입력하는 GUI에 비해 리소스(소프트웨어의 크기나 램의 용량, CPU의 성능)의 소비가 적다.

GUI(Graphical User Interface)
그림을 이용한 표시와 그것을 지정하여 입력하는 방식의 사용자 인터페이스, 구체적으로는 처리 내용이나 데이터를 아이콘화하여 표시하고 마우스 등의 포인팅 디바이스로 지시하여 입력한다. CUI에 비해 직관적인 조작이 가능하다. OS로는 Mac OS, Windows, Unix에서는 X-window가 있다.

웹 서버(Web Server)
웹 서버는 클라이언트/서버 모델과 웹의 HTTP를 사용하여 웹 페이지가 들어 있는 파일을 사용자들에게 제공하는 프로그램이다. 웹사이트가 운영되고 있는 인터넷상의 모든 컴퓨터들에는 모두 웹 서버 프로그램이 설치되어 있다.

Java 서블릿(servlet)

Web 서버상에서 동작하는 프로그램입니다. 서버에서 실행되고, 실행 결과를 Web 페이지로 클라이언트에 보내줍니다. 마찬가지로 서버에서 동작하는 CGI 보다 효율적입니다.

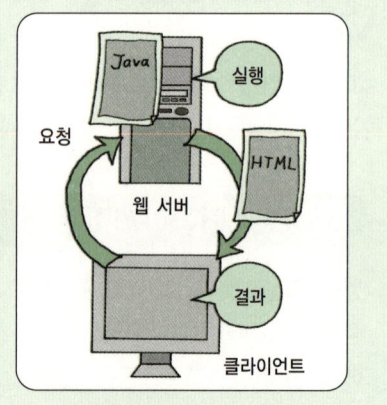

JSP(Java Server Page)

HTML 문서와 Java 프로그램을 조합하여 동적인 Web 페이지를 간단하게 만들 수 있습니다. JSP는 서버에서 실행되고, 그 결과를 클라이언트에게 보내줍니다. HTML 문서 속에 Java 코드를 삽입하는 형태로 작성합니다.

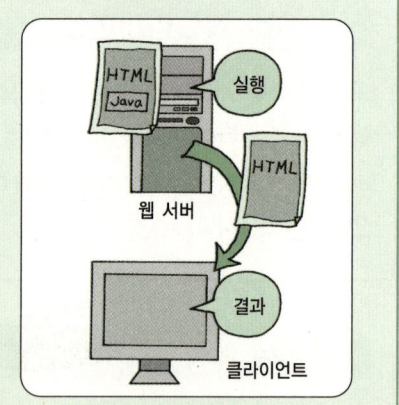

Java 빈즈(Java Beans)

Java로 작성한 프로그램을 부품(컴포넌트)으로서 다루는 것입니다. 이 부품들을 조합하여 애플리케이션을 간단하게 만들어 낼 수 있습니다.

Java VM

　Java VM(Virtual Machine : 가상 머신)은 Java로 작성된 프로그램을 실행하기 위한 환경입니다. Java 프로그램의 실행 파일은 플랫폼에 의존하지 않는 바이트 코드로 만들어집니다. Java VM은 이 바이트 코드를 기종 고유의 코드로 변환하여 실행하는 기능을 가지고 있습니다.
　이런 기능에 의해 Java VM만 있으면 기종이나 OS에 관계없이 Java 프로그램을 실행할 수 있습니다. 컴퓨터뿐 아니라 Java VM이 탑재된 가전제품 등에서도 Java 프로그램을 실행할 수 있습니다.

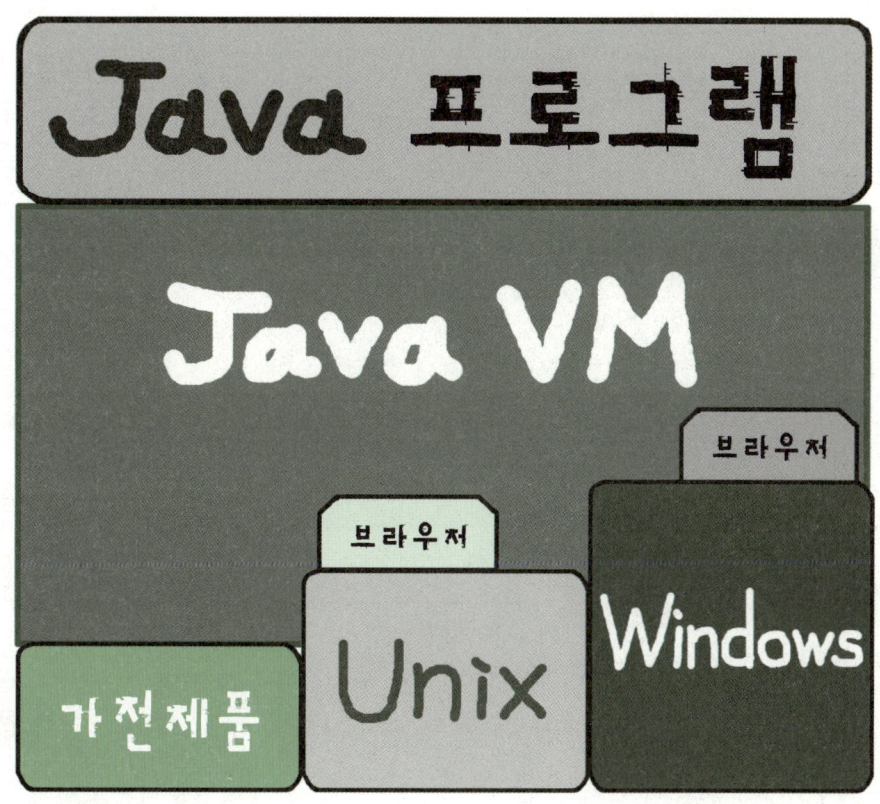

CGI(Common Gateway Interface)
웹 브라우저의 요구를 받아 웹 서버가 실행하는 프로그램 인터페이스. 스크립트 언어 Perl로 기술되는 일이 많다. CGI 프로그램은 HTML 문을 생성하고, 웹 서버는 그것을 받아 브라우저에 넘긴다. CGI 프로그램을 사용하여 웹 페이지로의 접근 횟수 등 볼 때마다 다른 정보를 웹 페이지에 실을 수 있다.

컴포넌트(Component)
더 큰 프로그램에서 식별 가능한 '일부분'으로 특정 기능이나 관련된 기능들의 조합을 제공. 프로그래밍 설계에서 시스템은 모듈(독립되어 있는 하나의 소프트웨어 또는 하드웨어)로 구성된 컴포넌트로 나뉜다.

애플리케이션(Application)
1. 애플리케이션 프로그램, 즉 응용 프로그램의 줄임말. 사용자 또는 어떤 경우에는 다른 응용 프로그램에 특정한 기능을 직접 수행하도록 설계된 프로그램이다. 애플리케이션의 예로는 워드프로세서, 웹 브라우저, 통신 프로그램 등이 포함된다.
2. 정보기술에서 말하는 애플리케이션이란 기술, 시스템 및 제품 등을 사용하는 것을 말한다.

 ## Java 프로그램 개발 툴

이 책에서 다루게 될 Java 언어는 1998년에 발표된 Java 2라는 사양입니다. Java 2에는 세 종류의 에디션이 있습니다.

SE(Standard Edition)

클라이언트 지향의 기본적인 환경입니다.

EE(Enterprise Edition)

서버 소프트웨어 개발을 위한 환경입니다.

ME(Micro Edition)

PDA나 휴대전화 등 소형 기기를 위한 소프트웨어 개발 환경입니다.

이 책에서 다룰 것은 SE이며, 이 책의 집필 시점에서 최신 버전은 6.0입니다(하지만, 당분간은 이전 버전인 1.4 계열이 주류가 될 것으로 예상되므로, 이 책에서는 1.4 버전을 중심으로 소개하고, 6.0 버전의 주요 기능들은 부록으로 모아서 소개하겠습니다). Java 2 SE에는 개발 도구인 Java 2 SE SDK와 JDK가 있으며, Sun Microsystems의 Java 관련 페이지에서 자유롭게 다운로드할 수 있습니다.

또한, Java 프로그램을 실행하기 위해서는 JRE(Java Runtime Environment)라는 실행환경 프로그램이 필요합니다. JRE도 Java 홈페이지에서 다운로드할 수 있습니다(SDK에는 JRE가 포함되어 있습니다).

 # 프로그래밍의 기본적인 흐름

프로그래밍을 하기 위해서는 Java를 기술하기 위한 '**텍스트 에디터**(Windows의 메모장 등)'와 기술해서 완성된 소스 프로그램을 바이트 코드로 변환하는 '**컴파일러**'가 필요합니다. 컴파일러는 javac라는 이름으로 SDK에 포함되어 있습니다. 또한 프로그램을 실행하기 위해서는 java라는 프로그램이 필요한데, 이것은 JRE에 포함되어 있습니다.

① 프로그램을 기술합니다.

'.java'라는 확장자의 텍스트 파일로 java 프로그램을 기술합니다.

＊파일명은 실행할 클래스의 이름과 대문자, 소문자까지 똑같아야 합니다.

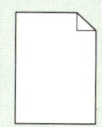

Hello.java

텍스트 에디터로 기술한 프로그램을 **소스 프로그램**, 그 파일을 **소스 파일**이라고 합니다.

② 소스 파일을 컴파일합니다.

```
>javac Hello.java
```
　　↑　　　　↑
javac 커맨드를 입력　소스 파일명을 입력

＊소스 파일명은 대문자, 소문자까지 정확히 입력하지 않으면 에러가 납니다.

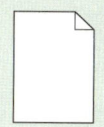

Hello.class

컴파일하여 생성된 파일을 **클래스 파일**이라고 합니다. 소스 파일과 동일한 디렉토리에 만들어집니다.

③ 프로그램을 실행합니다.

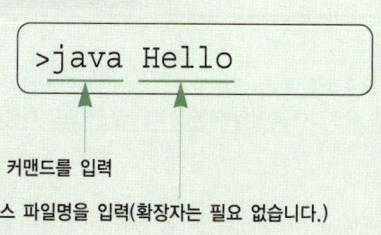

java 커맨드를 입력
클래스 파일명을 입력(확장자는 필요 없습니다.)

Java VM이 클래스 파일을 읽어 들여 프로그램을 실행합니다.

앞 페이지의 ②와 ③을 조작하려면 CUI 환경이 필요합니다. Windows의 경우는 '시작' 메뉴에서 '모든 프로그램(또는, '프로그램')' → '보조 프로그램' → '명령 프롬프트' 또는 'MS-DOS 프롬프트'를 선택하여, 명령 프롬프트(또는 MS-DOS 프롬프트) 윈도우를 열고, 그 안에서 프로그램을 컴파일하고 실행합니다.

여기서는 커맨드라인 인수로 입력된 데이터를 화면에 표시하는 프로그램을(119페이지 참조) 예로 들어, 명령 프롬프트에서 수행하는 'Java 프로그램의 컴파일에서 결과 표시까지'의 흐름을 살펴보도록 하겠습니다. 그리고 프로그램은 'C:\Java' 라는 디렉토리(폴더)에 저장하기로 하겠습니다.

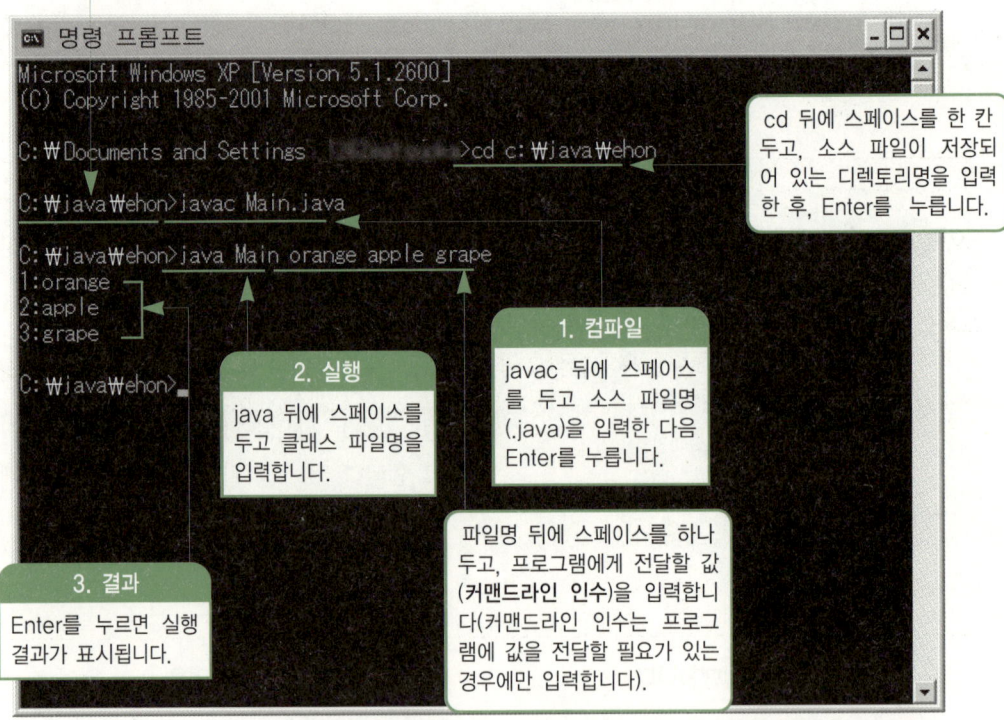

- **자바 컴파일러(javac)** : 확장자가 '.java'인 자바 소스 프로그램 파일을 확장자가 '.class'인 자바 바이트 코드 파일로 컴파일해 줍니다. 명령행 인자는 자바 소스 프로그램 파일의 이름입니다. 일반적으로 다음과 같이 사용합니다.
  예제 : `javac Sample.java`

- **자바 인터프리터(java)** : 명령행 인자로 주어진 클래스 파일에 있는 바이트 코드를 해석하여 실행합니다. 일반적으로 다음과 같이 사용하며, 주의할 점은 확장자를 생략해야 합니다.
  예제 : `java Sample`

프로그램 기술 시의 약속

정상적으로 프로그램을 만들기 위해서는 다음과 같은 약속을 지켜서 기술해 주십시오.

① 소문자와 대문자를 구별하여 사용합니다.
예를 들어 IF와 if는 전혀 다릅니다.

② 전각 스페이스 사용에 주의해 주십시오.
" " 외부에 전각 스페이스가 들어가게 되면 찾기가 어려우므로 주의하십시오.

③ 주석은 /* */ 이나 //를 사용합니다.
프로그램에 반영하고 싶지 않은 설명들을 /* */ 속에 쓸 수 있습니다. 또한, //를 쓰면 그 행의 // 이하가 주석이 됩니다.

④ 예약어에 주의하세요.
예약어는 컴파일러가 사용하는 키워드입니다.
각각이 가지고 있는 역할 이외의 목적으로 사용할 수 없습니다.

Java 프로그래밍에 사용되는 예약어

abstract	assert	boolean	break	byte	case	catch	char	
class	const	continue	default	do	double	else	enum(※)	
extends	false	final	finally	float	for	if	goto	
implements	import	instanceof	int	interface	long	native	new	
null	package	private	protected	public	return	short	static	
strictfp	super	switch	synchronized	this	throw	throws	transient	
true	try	void	volatile	while				

※ 버전 5.0부터 추가되었습니다.

알아두면 도움이 되는 Java 프로그래밍 상식

좋은 프로그래머가 되려면

좋은 프로그래머란 프로그램 작성 시 다른 사람을 배려하면서 자신이 개발하고자 하는 프로그램을 정확하게 이해하고 작성하는 프로그래머를 가리키는 말일 것입니다. 여러분도 아래와 같은 몇 가지 사항만 숙지한다면 좋은 프로그래머가 될 수 있습니다.

❶ 먼저 생각하고 프로그램은 나중에 코딩하자
미리 생각하고 프로그램을 나중에 코딩하면 프로그램 코딩 시 나타나는 문제를 미리 짐작할 수 있고, 코딩 중 추가되어야 하는 또 다른 문제를 사전에 준비할 수 있으며, 간결한 프로그램을 작성할 수 있습니다.

❷ 다른 책이나 참고 자료에서 본 소스는 코딩을 직접 한번씩 해 보자
직접 코딩을 하는 것은 머리로 하는 학습이 아닌 손으로 하는 학습이 가장 좋은 방법입니다.

❸ 주석을 최대한 많이 활용하자
주석은 다른 사람이 자신의 프로그램을 볼 때 참고할 수 있는 자료가 될 수 있고, 나중에 그 프로그램에 대한 유지 보수를 실시할 때 그 어떤 매뉴얼보다도 좋은 참고 자료가 됩니다.

❹ 다른 사람의 프로그램을 많이 보자
프로그램을 설계하는 데는 다양한 방법이 있지만 개인이 혼자서 생각할 수 있는 방법에는 한계가 있습니다. 다른 사람의 프로그램을 보면서 미처 생각하지 못한 부분을 배우는 것도 좋은 프로그래머가 되는 지름길 중의 하나입니다.

1

프로그램의 기본

문자 표시부터 시작하자!

이제 실제 프로그램을 만들어 보겠습니다. 우선, 화면에 'Hello World!'라고 표시해 보겠습니다. 단, 그냥 읽기만 해서는 좀처럼 감이 잡히질 않습니다. 처음부터 가장 간단한 프로그램을 직접 작성해 보면서 Java 프로그래밍의 세계를 엿보기로 하겠습니다.

Java에서 문자를 표시하기 위해서는 **print( )** 또는 **println( )**이라는 **메소드**를 사용합니다. 그런데, 생소한 용어가 등장했네요. 메소드란 무엇일까요? 메소드라는 것은 '일련의 처리의 집합'이며, 프로그램상에서 실제 작업을 담당하는 역할을 합니다. print( )는 '화면에 문자를 표시하는 동작'을 합니다. 또한 println( )은 '화면에 문자를 표시하고, 행을 바꾸는(ln = line : 행을 의미함) 동작'을 합니다. 맨 끝에 붙어 있는 ( )는 그것이 메소드라는 것을 나타내고 있습니다.

main( ) 메소드는 프로그램의 시작 지점(엔트리 포인트)이며, 커맨드라인 등에서 프로그램을 실행시키면 가장 먼저 처리됩니다. 실제로 이 메소드들을 실행시키기 위해서는 main( ) 메소드 안에 기술해야 합니다.

이 장에는 메소드 이외에 **클래스**라는 용어가 등장합니다. 이 클래스라는 것이 Java를 이해하는 중요한 열쇠가 되는데, 어렵게 생각할 것 없이 '프로그램은 클래스 안에 기술하는 것'이라고 생각해 두십시오. 클래스나 메소드에 대해서는 제4장에서 자세히 설명하겠습니다.

메소드(Method)
객체의 기능을 표현하는 방법. C 언어의 함수와 역할과 정의 방법이 유사하지만 C에서처럼 독립적으로 호출될 수 없고, 반드시 객체와 같이 사용되어야 한다.

클래스(Class)
객체의 구조, 종류, 동작 등을 나타내고 객체를 생성하는 일종의 틀. 클래스는 객체의 모든 특성을 가지고 있으며 자바 프로그램은 클래스의 집합이다.

꼭 알아야 할 Key Point

 **여러 가지 자료형, 값, 변수**

프로그램상에서 문자와 숫자 같은 데이터를 다룰 때, 그것을 **변수**에 넣어둔다는 표현을 자주 씁니다. 변수란 데이터를 격납해 두는 상자와 같은 것입니다. Java에서는 변수의 내용에 따라 **정수형**, **실수형**, **문자형** 등 **형**을 지정하여 용도에 맞게 여러 상자를 준비합니다. 컴퓨터는 '이것은 정수이고 저것은 문자열'과 같은 식으로 유연하게 판단할 수 없기 때문에, 숫자와 문자의 구별은 물론 숫자의 경우는 그 정밀도까지 엄밀하게 형을 지정할 수 있게 되어 있습니다.

또한 프로그램상에서 문자를 취급하거나 대량의 데이터를 다룰 경우에 편리한 **배열**에 대해서도 설명합니다. 배열이란 형이 같은 복수의 변수를 모아 늘어놓은 것입니다. 복잡한 프로그램을 작성해 가다 보면, 다루게 되는 데이터의 양도 늘어 갑니다. 그럴 때, 배열을 사용하여 관련된 데이터를 하나로 모아 두면 프로그램을 간결하게 만들 수 있습니다. 일반적으로, 배열이란 변수를 한 줄로 늘어 세운 것을 말하지만, 종횡으로 늘어 세운 2차원 배열, 그리고 거기서 위쪽으로 상자를 쌓아올린 듯한 이미지의 3차원 배열 등 다양한 배열을 만들 수 있습니다.

실제로 프로그램을 동작시킨다 기보다는 의미보다는 에비지식을 공부하는 장이 되겠지만, 이 장은 Java 학습의 출발선입니다. 이미 지들을 자신의 것으로 확실히 만들어 가십시오. 그러면, 다음 페이지부터 Java 프로그래밍을 시작하겠습니다.

• • • •
데이터(Data)
컴퓨터 등에서 하나의 자료를 가리키는 용어.

• • • •
배열(Array)
컴퓨터에서 사용되는 자료 구조의 한 가지로, 같은 형의 데이터들로 이루어진 집합. 각 원소는 어떠한 첨자값으로 지정되는데 첨자는 대개 정수값을 사용하나 문자 등의 다른 형을 사용하기도 한다. 배열은 대개 기억 장치 내에서 순차적으로 저장된 리스트를 의미한다.

Hello World!

첫 번째 순서로 프로그램의 기본적인 작성 방법과 화면에 문자열을 표시하는 방법에 대해 살펴보겠습니다.

🔓 프로그램 만들기

가장 간단한 Java 프로그램은 다음과 같은 것입니다. 이 프로그램을 실행하면 'Hello World!' 라는 문자열을 화면에 표시합니다.

예 Print.java

'class 클래스명' 부분부터 시작합니다.

```java
class Hello {
    public static void main(String[] args) {
        System.out.println("Hello World!");
    }
}
```

문자열을 표시합니다.

실행 결과
```
Hello World!
```

＊소스 파일명과 실행할 클래스명은 대문자, 소문자까지 동일하게 합니다.

프로그램의 기본 형태

Java 프로그램의 기본형은 다음과 같습니다.

main( )이 없으면 컴파일과 실행을 할 수 없습니다.

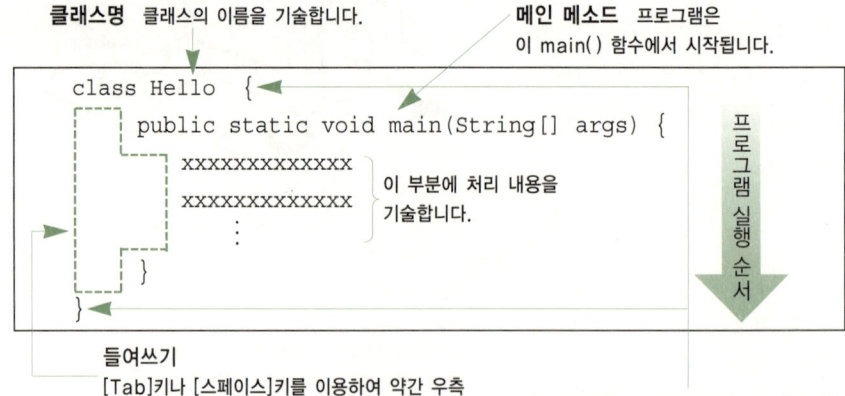

클래스명 클래스의 이름을 기술합니다.

메인 메소드 프로그램은 이 main() 함수에서 시작됩니다.

```
class Hello {
    public static void main(String[] args) {
        xxxxxxxxxxxxx
        xxxxxxxxxxxxx
             :
    }
}
```

이 부분에 처리 내용을 기술합니다.

프로그램 실행 순서

들여쓰기
[Tab]키나 [스페이스]키를 이용하여 약간 우측으로 밀어 넣어 보기 좋게 정렬합니다.

{와 }로 둘러싸인 부분은 프로그램의 한 덩어리(블록)를 나타냅니다.

문자열 표시하기

Java 프로그램에서 문자열을 표시하기 위해서는 print( ), println( )을 사용합니다. 그리고 그 앞에 'System.out.'을 붙입니다.

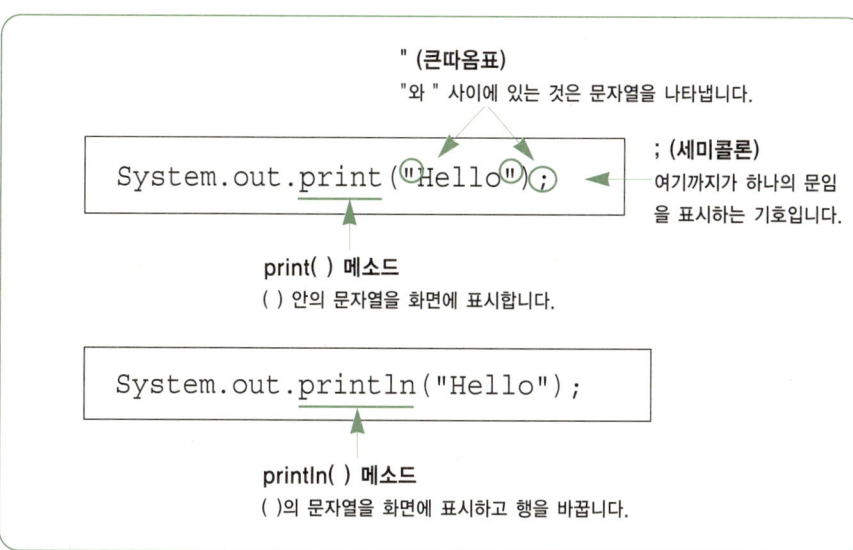

';'는 국어에서의 마침표와 같은 것입니다.

\의 역할

\와 바로 다음 한 글자는 특수한 문자를 표시하거나 조작을 수행합니다. 예를 들면, \n은 행바꿈(다음 행의 맨 앞으로 표시 위치를 이동한다)을 나타냅니다. 이 두 글자는 화면에는 표시되지 않는다는 점에 주의해 주십시오.

다음 문자열을 표시할 때는 이곳부터 시작합니다.

printf( ) 메소드

서식을 지정하여 출력할 수 있는 printf( ) 메소드가 추가되었습니다.

🔓 서식을 지정하여 데이터를 출력하기

print( ), println( ) 메소드는 데이터를 그대로 표시할 수밖에 없었지만 **printf( )** 메소드를 사용하면 서식을 지정하여 데이터를 표시할 수 있습니다.

| 문자열을 그대로 표시 | 상수를 서식을 지정하여 표시 | 변수를 서식을 지정하여 표시 |

```
printf("3");            printf("%d", 3);         a = 3;
                                                 printf("%d", 3);
```

%d는 정수를 나타내는 서식 지정입니다

format( ) 메소드를 사용해도 printf( ) 메소드와 같은 결과가 나와요.

복수의 데이터를 표시할 때의 대응 관계는 다음과 같습니다.

```
printf("%d은 %d보다 크다\n", 2+1, 2);
```

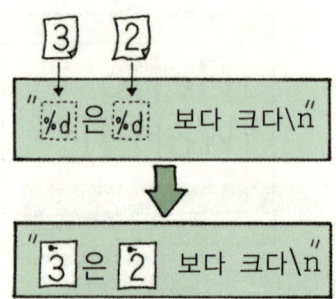

여러가지 서식

서식 지정은 표시할 데이터의 종류에 따라 달라지며 다음과 같은 것들이 있습니다.

서식 지정	의미	데이터의 예
%d	정수(소수점이 없는 수)를 10진수로 표시	1, 2, 3, -45
%f	실수(소수점이 있는 수)를 표시	0.1, 1.0, 2.2
%c	문자('로 에워싼 문자 1개)를 표시	'a', 'A'
%s	문자열("로 에워싼 1개 이상의 문자)을 표시	"A", "ABC", "가"

🔓 자릿수 지정하기

표시할 자릿수를 지정하기 위해서는 다음과 같이 합니다.

공백을 포함하여 4자리로 표시
```
printf("%4d", 25);
```
　　　　2 5
　　　4자리

0을 사용해서 4자리로 표시
```
printf("%04d", 25);
```
　　0 0 2 5
　　　4자리

%6.1f라고 하면 전체를 6자리, 소수점 이하를 1자리로 표시합니다.

예 FormatSample.java
```java
class FormatSample {
    public static void main(String[] args) {
        int a = 10;
        double b = 3.24;
        System.out.printf("%10d\n", a);
        System.out.printf("× %8.5f\n", b);
        System.out.printf("-----------\n");
        System.out.printf("%10f\n\n", a * b);
    }
}
```

실행 결과
```
        10
×  3.24000
-----------
 32.400000
```

변수

변수란 수치나 문자 등을 담아 두는 상자와 같은 것입니다. 여기서는 변수에 값을 대입하는 방법을 학습합니다.

변수의 선언과 대입

다음과 같이 변수를 만들고, 그 안에 값을 집어넣을 수 있습니다.

변수를 사용하기 전에 반드시 변수를 선언해야 합니다.

`int a;` … 정수(integer, 인티저) 값이 들어가는 a라는 이름의 변수를 준비합니다. 이것을 'int형 변수 a를 선언한다'고 합니다.

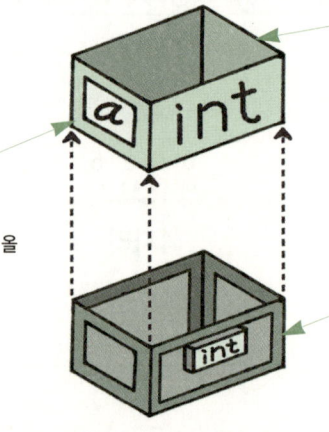

변수
값을 넣기 위한 상자와 같은 것입니다.

변수명
첫 글자는 숫자가 올 수 없습니다.

형
어떤 종류의 변수를 만들 것인지 지정합니다.

`a = 2;` … int형으로 만들어진 변수 a에 2라는 값을 넣습니다.
이것을 '변수 a에 2를 대입한다'고 합니다.

값이 변하지 않는 것을 상수라고 합니다.

변수를 표시하기

print( ), println( )은 문자열뿐 아니라 변수에 대입된 값을 표시할 수 있습니다.

`System.out.println(a);` … 변수 a의 값을 표시합니다.

예 Data.java

```
class Data {
    public static void main(String[] args) {
        int a;
        int b;
        a = 2;
        b = 3;
        a = b;

        System.out.println(a);
    }
}
```

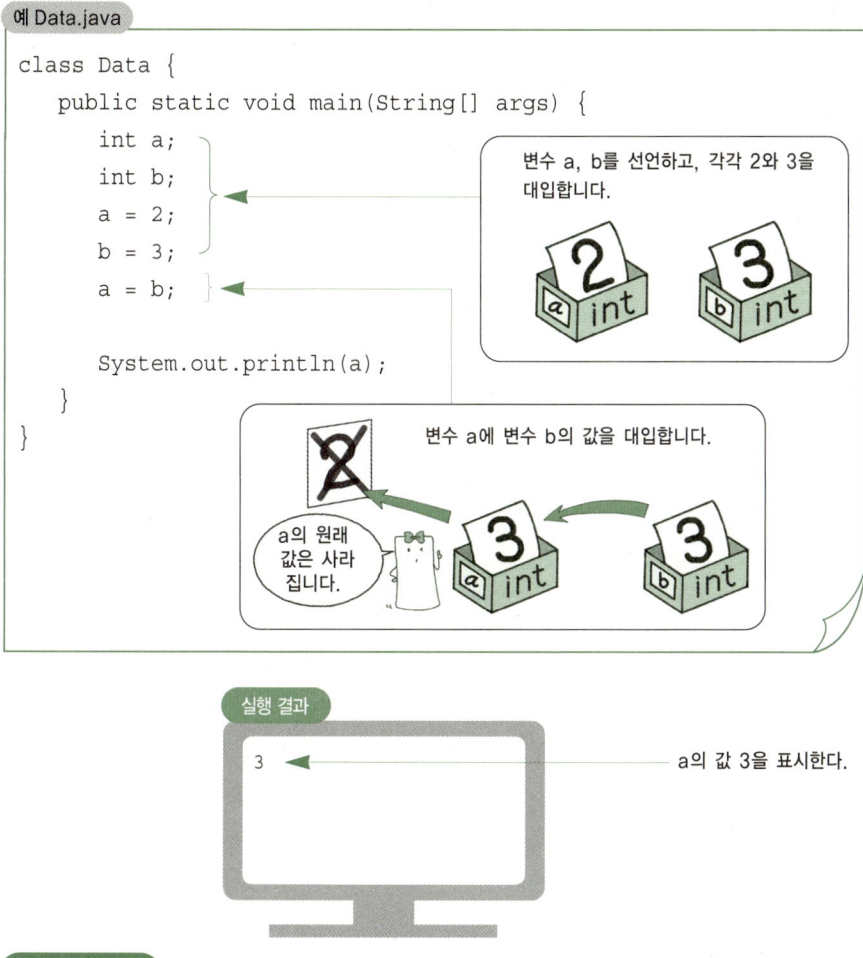

선언의 방법

문은 ;로 구분되며, 한 줄로 늘어 쓰는 것도 가능합니다.

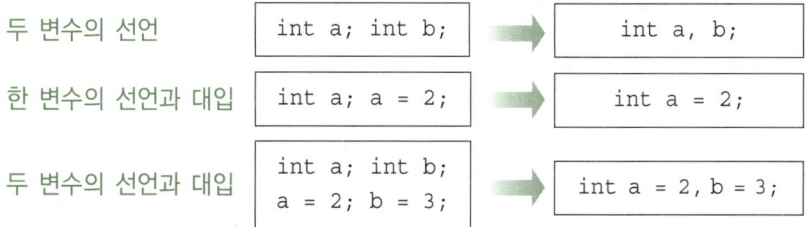

선언과 대입을 동시에 하는 것을 '변수를 **초기화한다**' 라고 합니다.

초기화를 하면 생각하지 못한 값을 그대로 사용해 버릴 염려가 없고, 프로그램도 읽기 쉬워집니다.

# 수치형

수치가 들어가는 변수형에는 정수용인 정수형과 실수용인 실수형이 있습니다.

정수형

정수형에는 다음과 같은 것이 있습니다.

형의 이름	읽는 법	들어가는 값의 범위	사이즈(비트 수)
byte	바이트	-128~127	8
short	쇼트	-32768~32767	16
int	인트	-2147483648~2147483647	32
long	롱	-9223372036854775808~9223372036854775807	64

long형 변수에 정수를 대입할 경우는 수치의 뒤에 l 또는 L을 붙여서 대입합니다.

```
long l = 30000000001;
```

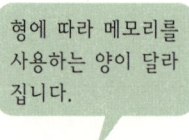
형에 따라 메모리를 사용하는 양이 달라집니다.

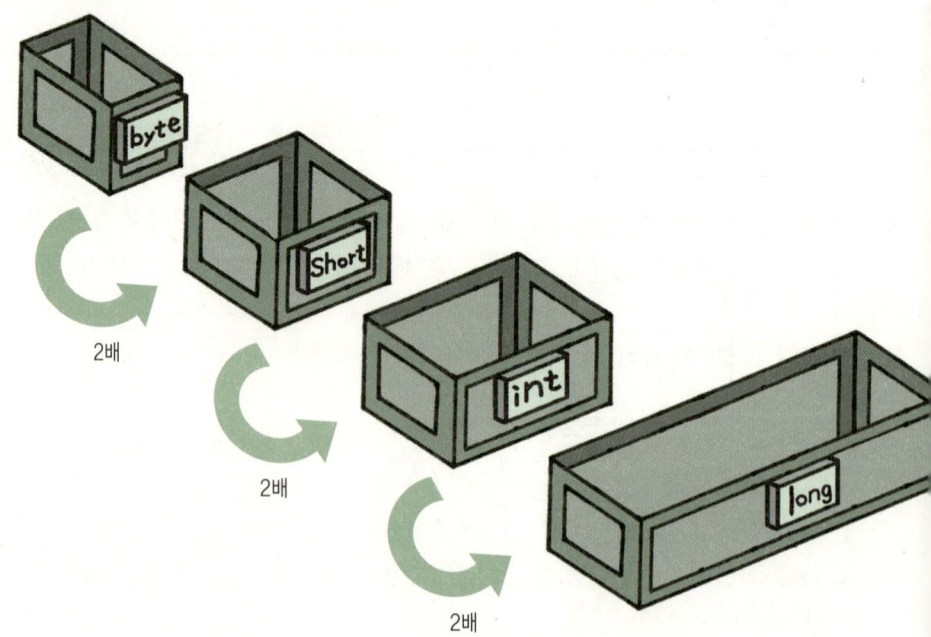

실수형

실수형에는 다음과 같은 것이 있습니다.

형의 이름	읽는 법	들어가는 값의 대략적인 범위	사이즈(비트 수)
float	플로트	$\pm 3.4 \times 10^{38} \sim \pm 1.4 \times 10^{-45}$	32
double	더블	$\pm 1.8 \times 10^{308} \sim \pm 4.9 \times 10^{-324}$	64

2배

float형 변수에 실수값을 대입할 경우는 수치 뒤에 f 또는 F를 붙여서 대입합니다.

```
float f = 3.4f;
```

> 3.14는 double형으로 간주되므로 f를 붙이지 않으면 형이 다르다고 판단해 컴파일 에러가 납니다.

예 Data.java

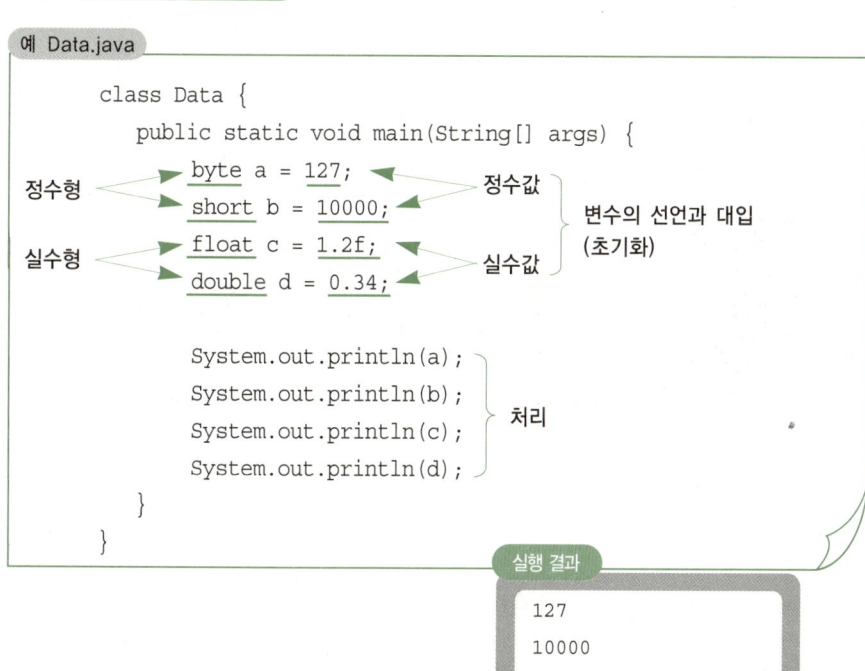

```
class Data {
    public static void main(String[] args) {
        byte a = 127;
        short b = 10000;
        float c = 1.2f;
        double d = 0.34;

        System.out.println(a);
        System.out.println(b);
        System.out.println(c);
        System.out.println(d);
    }
}
```

정수형: byte a = 127; / short b = 10000; — 정수값
실수형: float c = 1.2f; / double d = 0.34; — 실수값
변수의 선언과 대입 (초기화)

처리

실행 결과
```
127
10000
1.2
0.34
```

문자와 문자열

문자열은 문자의 집합입니다.
Java로 문자와 문자열을 다루는 방법을 소개합니다.

🔓 문자

Java에서 '문자' 라는 것은 Unicode 문자 한 개를 말합니다. '문자' 는 '(작은 따옴표)로 에워싸서 표현하고, char(캐릭터)형 변수에 저장합니다.

char a = 'A';

문자는 '로 에워쌉니다.

사이즈는 16비트입니다.

println( ) 메소드를 사용하여 문자를 표시해 보겠습니다. 문자는 그냥 그대로 지정할 수도 있고, Unicode 문자 코드로 지정할 수도 있습니다.

문자 A를 그대로 지정하여 표시한다.   문자 A를 문자 코드로 지정하여 표시한다.

`System.out.println('A');`   `System.out.println('\u0041');`

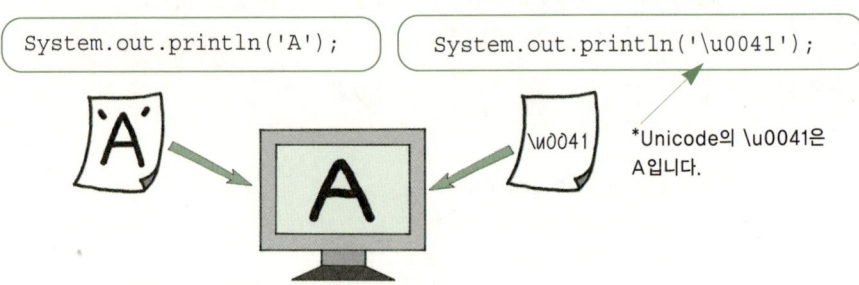

*Unicode의 \u0041은 A입니다.

컴파일 에러가 납니다.

한글이나 한자도 문자형 변수에 대입할 수 있습니다.
　○ `char a = '아';`

문자열을 하나의 문자형 변수에 대입할 수는 없습니다.
　✗ `char a = "아";`
　✗ `char a = "abc";`

*" (큰따옴표)로 에워싼 문자는 문자열로 판단됩니다.

문자열

복수의 문자를 모아놓은 것을 문자열이라고 합니다. 문자열은 **String**이라는 자료형(정확히는 클래스)에 저장합니다. 저장할 문자열은 " (큰따옴표)로 에워쌉니다.

```
String fruit = "apple";
```

문자열은 "로 에워쌉니다.

 ## 문자열의 결합

문자열은 '+' 연산자를 사용하여 연결할 수 있습니다. 연결할 형들은 달라도 상관없습니다.

예 Fruit.java

```java
class Fruit {
    public static void main(String[] args) {
        String apple = "사과";
        int a = 3;

        String fruit = apple + a + "개";
        System.out.println(fruit);
    }
}
```

실행 결과

```
사과 3개
```

문자열 자유자재(1)

자바의 표준 문자열을 활용하기 위한 편리한 메소드에 대해서 살펴봅시다.

클래스의 메소드 이용

앞 페이지(문자와 문자열)에서 문자열의 형태를 나타내는 String은 정확하게는 클래스라고 말하지만, 클래스로 만든 변수의 경우는 다음의 형식으로 여러 가지 기능을 사용할 수 있습니다.

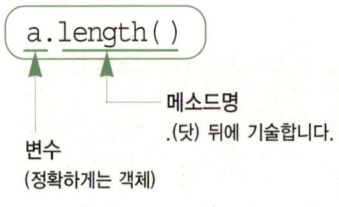

> 클래스, 객체, 메소드에 대해서는 4장에서 자세히 설명합니다.

String 클래스의 메소드

String 클래스에는 다음과 같은 문자열을 조작하기 위한 메소드가 있습니다.

length( ) 문자열의 길이를 얻는다.

```
String a = "ABC";
int l = a.length();
```

클래스명

a에 격납한 문자열의 길이를 반환합니다.

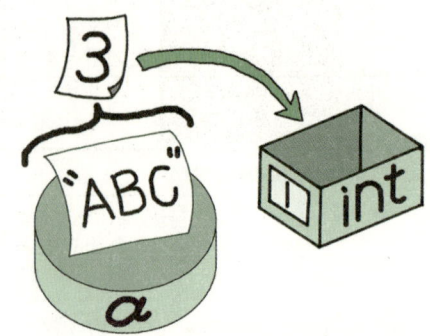

substring( ) 문자열의 일부를 얻는다.

```
String a = "ABCDEF";
String b = a.substring(2,5);
```

문자열의 2+1번째부터 5번째까지를 반환합니다.

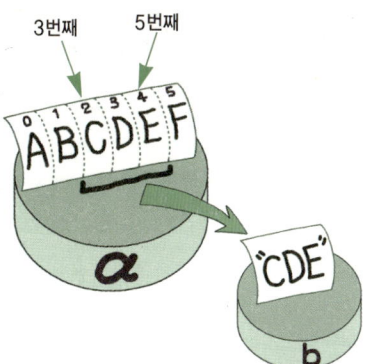

compareTo( ) 문자열을 비교한다.

```
String a = "ABC";
String b= "ABC";
int c = a.compareTo(b);
```

a와 b의 문자열을 사전적으로 비교합니다.
a가 b보다 앞이면 음수, 같으면 0, 뒤면 양수를 반환합니다
(Unicode에 기초해서 소문자와 대문자는 구별합니다).

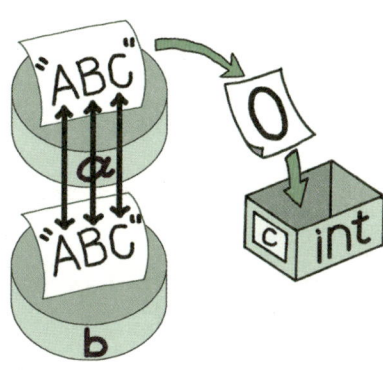

예 StringClass.java

```java
class StringClass {
    public static void main(String[] arg) {
        String a = "Java의 그림책";
        int len = a.length();
        String b = a.substring(len-2, len);
        int c = b.compareTo("그림책");
        System.out.println(" 「"+ a +"」의 마지막 3문자는 「" + b +"」");
        System.out.println("그림책" + (c==0 ? "입니다" : "이 아닙니다"));
    }
}
```

c가 0이라면 '입니다', 그렇지 않으면 '이 아닙니다'를 표시합니다(61페이지 참조).

실행 결과

```
「Java의 그림책」의 마지막 3문자는 「그림책」
그림책입니다.
```

문자열 자유자재(2)

문자열의 분할과 그것을 이용하기 위해 필요한 패키지의 임포트에 대해서 살펴봅시다.

문자열의 분할

StringTokenizer는 문자열을 분할하는 클래스입니다. StringTokenizer를 쓰려면 new 연산자를 이용해서 다음과 같이 합니다.

```
StringTokenizer a = new StringTokenizer("I, Love, Cat", ",");
```

- new 연산자
- 구획된 문자열이 격납된 변수(객체)
- 원래 문자열
- 구획된 문자(생략하면 스페이스가 됩니다)

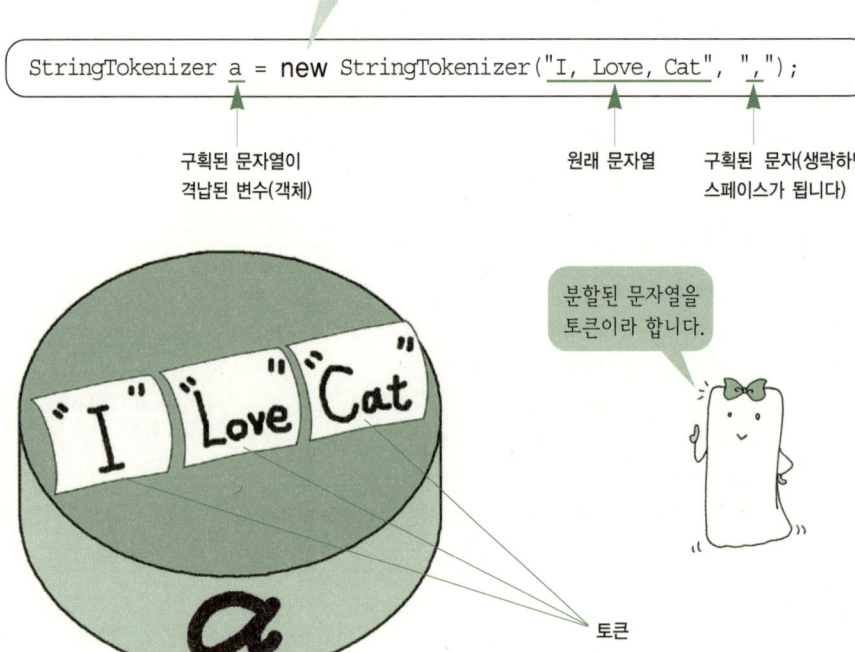

분할된 문자열을 토큰이라 합니다.

토큰

StringTokenizer 클래스에는 다음과 같은 메소드가 있습니다.

`hasMoreToken( )` ··· 취득하지 않은 토큰이 있다면 true(참)를 반환합니다.

`nextToken( )` ··· 토큰을 순서대로 취득합니다.

예 Add.java

```java
import java.util.*;    ◀─── Java.util 패키지의 임포트

Class Add {
    public static void main(String[] args) {
        StringTokenizer v = new StringTokenizer("a b c");
        String s = v.nextToken();

        while(v.hasMoreTokens()) {
            s = s + " " + " " + (v.nextToken());
        }
        System.out.println(s);
    }
}
```

토큰이 있는 한 처리를 반복합니다(while에 대해서는 84페이지 참조).

실행 결과
```
a + b + c
```

🔓 패키지의 임포트

Java에는 **패키지**라는 형태로 많은 편리한 기능이 제공되고 있습니다. 이것을 이용하려면 소스 코드의 선두에 **import**문을 씁니다. 패키지의 상세한 내용과 작성 방법은 제8장에서 다룹니다.

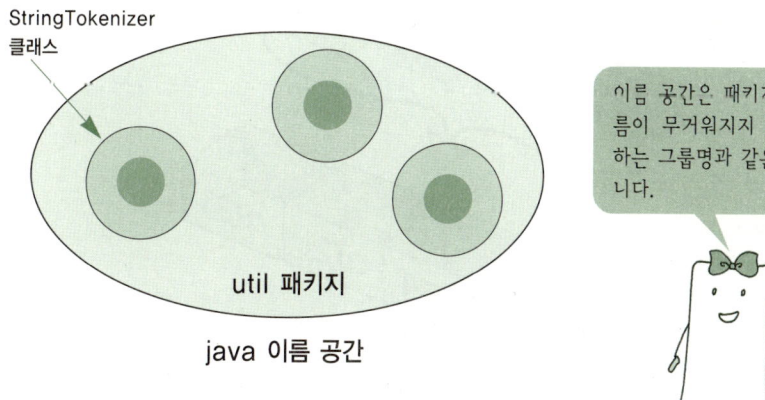

이름 공간은 패키지의 이름이 무거워지지 않도록 하는 그룹명과 같은 것입니다.

util 패키지의 StringTokenizer 클래스를 이용합니다.

```
import java.util.StringTokenizer
```

util 패키지의 모든 클래스 등을 이용합니다.

```
import java.util.*
```

※클래스의 이용 개소 전부에서 「java.util.StringTokenizer」라고 쓰면 import는 필요 없지만 import 쪽이 편리합니다.

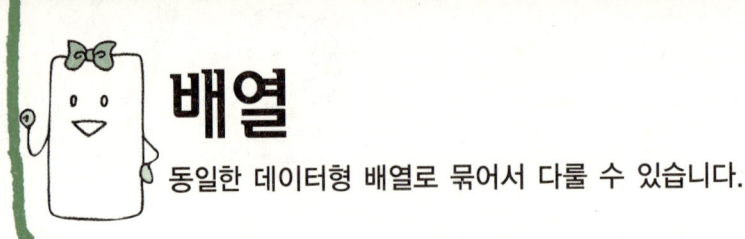

배열

동일한 데이터형 배열로 묶어서 다룰 수 있습니다.

🔓 배열의 개념

배열은 복수의 동일한 형의 변수를 묶어 놓은 것입니다. 대량의 데이터를 다룰 때나 복수의 데이터를 차례대로 읽어들이고 싶을 때 배열을 사용하면 편리합니다.

배열의 선언은 new 연산자를 사용하여 다음과 같이 합니다.

int[ ] a는 int a[ ]라고 기술할 수도 있습니다.

```
int[] a = new int[4];
```

new 연산자

형 배열명 배열의 크기(요소의 수)

첨자는 0부터 시작하기 때문에, 요소 수보다도 1 작은 값이 됩니다.

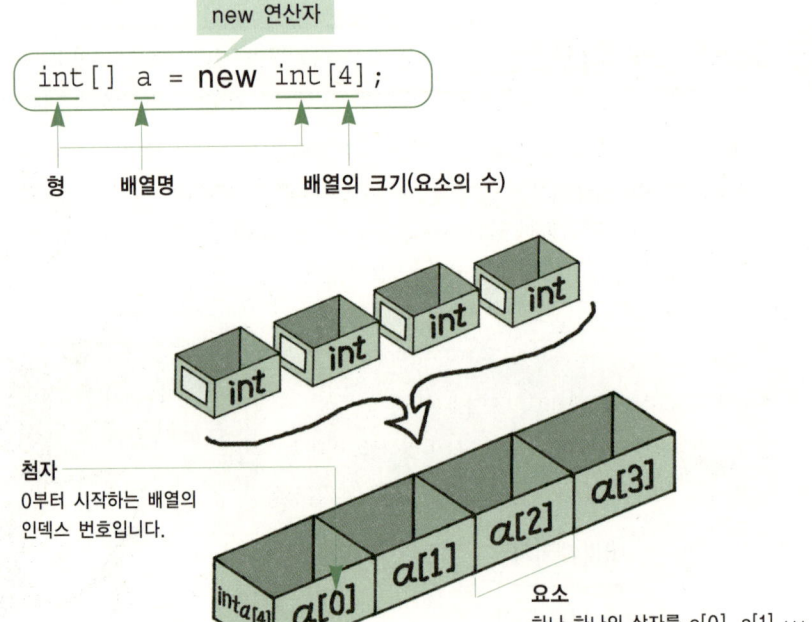

첨자
0부터 시작하는 배열의 인덱스 번호입니다.

요소
하나 하나의 상자를 a[0], a[1] … 라고 나타냅니다.

선언과 동시에 초기화하기 위해서는 { }를 사용하여 값을 열거합니다. 이때, [ ] 안에 요소 수를 기술하면 안 됩니다.

```
int[] a = new int[]{1, 2, 3, 4};
```

{ } 안에 데이터가 몇 개 있느냐로 자동적으로 요소 수가 결정됩니다.

이것은 다음과 같이 생략할 수도 있습니다.

```
int[] a = {1, 2, 3, 4};
```

배열 요소의 참조와 대입

배열의 요소 하나 하나는 일반 변수처럼 참조와 대입이 가능합니다.

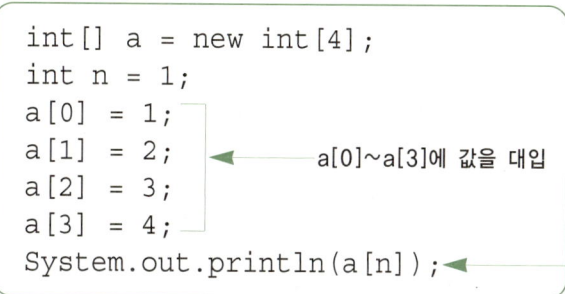

첨자에 '0' ~ '요소 수-1' 이외의 값을 지정하면, 실행 시에 에러가 발생하므로 주의하세요.

```
int[] a = {1, 2, 3, 4};
System.out.println(a[4]);
```

a[4]는 배열의 범위 밖이기 때문에, 실행 시에 에러가 발생합니다.

예 Number.java

```
class Number {
    public static void main(String[] args){
        int[] a = {1, 2, 3, 4};
        System.out.println(a[0]);
        System.out.println(a[1]);
        System.out.println(a[2]);
        System.out.println(a[3]);
    }
}
```

실행 결과

```
1
2
3
4
```

배열 | 43

다차원 배열(1)

표와 같이 종횡으로 확장되는 데이터를 한꺼번에 다루기 위해서는 다차원 배열이 편리합니다.

다차원 배열이란?

지금까지의 배열은 요소 수에 따라 횡으로 늘어가는 1차원의 이미지였지만, 이번에는 2차원, 3차원으로 확장하여 생각해 보겠습니다. 배열은 필요에 따라 4차원, 5차원으로 늘릴 수 있습니다.

1차원 배열

```
int[ ] a = new int[3];
```

형   배열명   요소 수

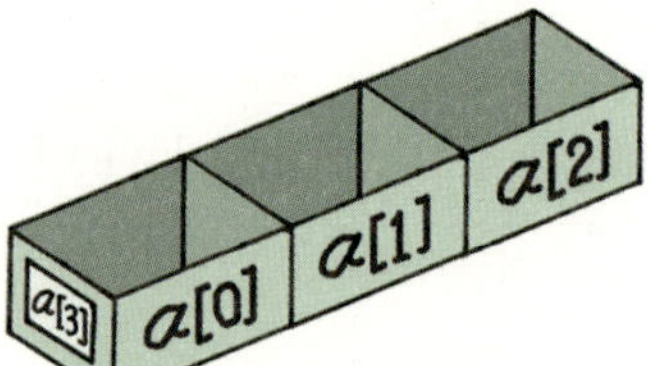

2차원 배열

```
int[ ][ ] a = new int[2][3];
```

y 방향 요소 수
x 방향 요소 수

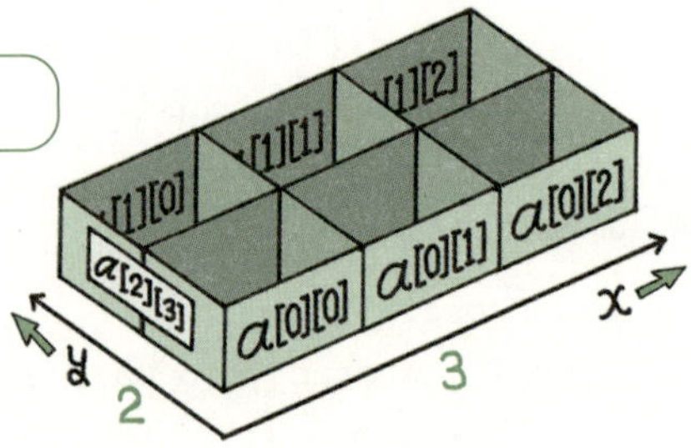

3차원 배열

```
int[ ][ ][ ] a = new int[2][2][3];
```

z 방향 요소 수   x 방향 요소 수
y 방향 요소 수

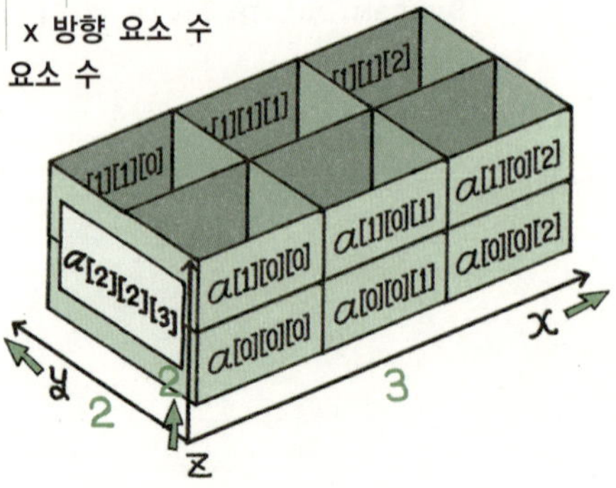

다차원 배열에 대한 대입, 초기화, 참조

다차원 배열에 대한 대입, 초기화, 참조는 다음과 같이 수행됩니다.

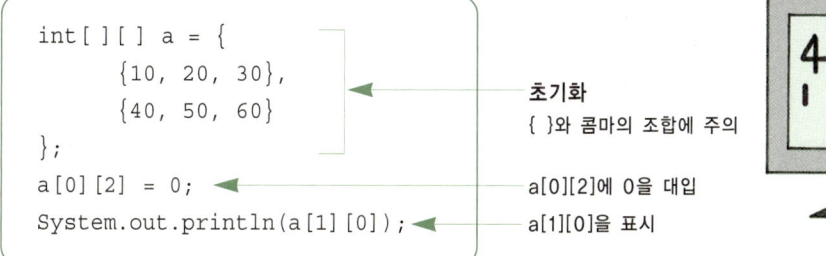

```
int[][] a = {
    {10, 20, 30},
    {40, 50, 60}
};
a[0][2] = 0;
System.out.println(a[1][0]);
```

초기화 { }와 콤마의 조합에 주의
a[0][2]에 0을 대입
a[1][0]을 표시

예 Number.java

```java
class Number {
    public static void main(String[] args) {
        int[][] a = {
            {10, 20},
            {30, 40},
            {50, 60}
        };

        System.out.println("a[0][0]=" + a[0][0]
                        + " a[0][1]=" + a[0][1]);
        System.out.println("a[1][0]=" + a[1][0]
                        + " a[1][1]=" + a[1][1]);
        System.out.println("a[2][0]=" + a[2][0]
                        + " a[2][1]=" + a[2][1]);
    }
}
```

실행 결과
```
a[0][0]=10 a[0][1]=20
a[1][0]=30 a[1][1]=40
a[2][0]=50 a[2][1]=60
```

각각의 데이터가 어느 위치에 저장되어 있는지 주의하세요

다차원 배열(2)

요소 수가 다른 다차원 배열을 만들어 봅시다.

다차원 배열의 요소 수

Java의 다차원 배열에서는 가로, 세로 요소의 수를 자유롭게 결정할 수 있습니다. 때문에 다음과 같은 다차원 배열을 만들 수가 있습니다.

```
int[][] a = {
    {10, 20, 30},
    {40, 50} ,
    {60}
};
```

배열	값
a[0][0]	10
a[0][1]	20
a[0][2]	30
a[1][0]	40
a[1][1]	50
a[2][0]	60

다차원 배열은 사각형 모양만 있는 것은 아닙니다.

선언만을 할 경우는 다음과 같이 기술합니다.

```
int[][] a = new int[3][];
a[0] = new int[3];
a[1] = new int[2];
a[2] = new int[1];
```

배열의 요소를 구한다

배열의 요소 수를 구하기 위해서는 length를 사용합니다.

```
int[] a = new int[4];
int b = a.length;
```
배열명

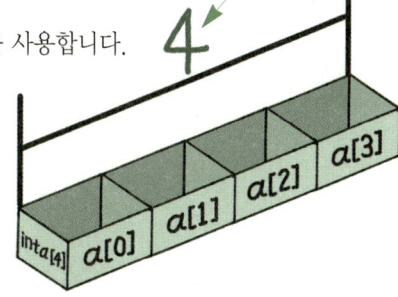

다차원 배열의 요소 수를 구하기 위해서는 다음과 같이 기술합니다.

```
int[][] a = {
    {1, 2, 3},
    {4, 5},
};
int b = a.length;
int c = a[1].length;
```
첨자

예 Number.java

```java
class Number2 {
    public static void main(String[] args) {
        int[][] a = {
            {10, 20, 30},
            {40, 50},
            {60, 70, 80, 90}
        };

        System.out.println("1차원 배열의 요소 수 " + a.length);
        System.out.println("a[0]의 요소 수 " + a[0].length);
        System.out.println("a[1]의 요소 수 " + a[1].length);
        System.out.println("a[2]의 요소 수 " + a[2].length);
    }
}
```

실행 결과

```
1차원 배열의 요소 수 3
a[0]의 요소 수 3
a[1]의 요소 수 2
a[2]의 요소 수 4
```

알아두면 도움이 되는
Java 프로그래밍 상식

Unicode

컴퓨터는 문자를 그대로 다룰 수 없기 때문에 문자에 숫자를 할당한 문자 코드를 사용합니다. Java는 기본적으로 Unicode(유니코드)라는 문자 코드를 사용하여 문자를 다룹니다. Unicode는 미국의 컴퓨터 관련 회사로 구성된 The Unicode Consortium이 전 세계의 모든 문자를 표현하기 위한 목적으로 작성한 코드로, 1993년에 국제표준화기구(ISO)에 의해 표준화되었습니다. 한국어나 일본어는 물론이고 아랍어 등 전 세계 언어에 대응할 수 있도록 설계되어 있습니다. 문자 코드에는 그 밖에, 이전부터 영어나 숫자를 표현하기 위해 이용되던 ASCII 코드나 UNIX 계열에서 사용되는 EUC 코드 등이 있습니다.

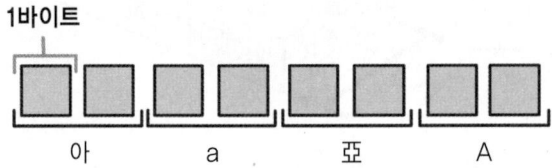

1문자를 1바이트(7비트)로 표시하는 ASCII 코드는 2의 7승(128) 종류의 문자를 다룰 수 있습니다. 영어권에서는 알파벳과 숫자, 기호를 합해도 100개 정도면 충분하지만, 한글처럼 한글이나 한자까지 다루려면 턱없이 부족합니다. 그래서 Unicode처럼 1문자를 표현하는 데 2바이트(16비트)를 사용하는 문자 코드가 개발되었습니다. 2바이트라면 256x256(65,536)종류의 문자를 다룰 수 있습니다.

그러나 실제로는 2바이트로도 모든 문자를 다 표현할 수 없기 때문에, 그 대책으로 비슷한 한자는 동일 문자로 간주하는 Han Unification이나, 두 문자로 한 문자를 표현하는 서로게이트(Surrogates) 페어라는 방법을 취하고 있습니다.

또한, Unicode를 텍스트 데이터로 입출력할 때 사용되는 포맷을 UTF(Unicode Text Format)이라고 합니다. UTF에는 몇 가지 종류가 있지만, Java는 UTF-8이라는 종류를 채용하고 있습니다.

도전! Java 프로그래밍

프로그래밍의 제1 수칙은 '백문이 불여일행'이라고 합니다. 백 번 듣고 보는 것보다 한 번 프로그래밍을 실행시켜 보는 것이 훨씬 낫다는 말입니다. 실제로 프로그래밍에 도전해 보지 않고서는 프로그래머가 될 수 없습니다. 여기에서는 앞 장에서 배운 내용을 토대로 실제 예를 통해 적용해 보겠습니다. 여러분의 프로그래밍 실력을 쌓을 수 있는 기초가 될 것입니다.

문제

01_ 다음 변수들의 범위를 정의하시오.
   a. byte
   b. int
   c. long

02_ 다음의 예제가 완벽한 프로그램의 일부라면 출력된 결과는 무엇인가요?

   a. System.out.print("자바는 프로그램 언어 입니다.");
   b. System.out.println("자바를 처음 배우시는군요.");
      System.out.print("열심히 하시길 바랍니다.");
   c. String a = "자바가 보이는 ";
      String b = "프로그래밍";
      System.out.print(a + b);

03_ 다음을 실행하면 어떤 실행 결과가 나올까요?

```
class Chapter1_3 {
    public static void main(String[] args){
        char a[ ] = {'T','E','S','T'};
        System.out.print(a[0]);
        System.out.print(a[1]);
        System.out.print(a[2]);
        System.out.print(a[3]);
    }
}
```

04_ 성과 이름을 출력하는 프로그램을 작성하기 위해 배열을 사용하여 성과 이름을 초기화하고 성과 이름을 같은 라인에 출력하고, 다음 라인에 성을, 그 다음 라인에 이름을 출력하고 그 다음 라인에는 배열의 길이를 출력하시오.

   John Kim
   John
   Kim
   2

05_ 자신의 이름과 주소를 행을 바꿔 출력하는 프로그램을 작성하시오.

a. $-2^7 \sim 2^7-1$
b. $-2^{31} \sim 2^{31}-1$
c. $-2^{63} \sim 2^{63}-1$

byte는 1바이트로 8비트로 구성되어 있으며, 소수점이 없는 정수를 표시할 때 사용합니다. int는 가장 많이 사용하는 변수로 4바이트인 32비트로 구성되어 있으며, 소수점이 없는 정수를 표시할 때 사용하며 정수 계열의 디폴트 데이터형이기도 합니다. long은 8바이트인 64비트로 구성되어 있으며, 소수점이 없는 정수를 표시할 때 사용합니다. 그 밖에 실수를 사용하기 위해서는 float와 double을 사용합니다.

a. 자바는 프로그램 언어입니다.
b. 자바를 처음 배우시는군요.
  열심히 하시길 바랍니다.
c. 자바가 보이는 프로그래밍

print문과 println의 차이를 기억하시길 바랍니다. print문은 라인의 변경이 없이 같은 줄에 모든 문장을 출력하며 println문은 라인의 변경이 함께 포함되어 두 번째 줄 처음부터 그다음 문장이 출력되는데, 이 두 메소드의 차이를 기억하시길 바랍니다. 또한 출력 시 String 변수로 정의된 변수를 print/println 메소드에서 '+' 연산자를 사용하여 문장을 합쳐서 출력할 수가 있습니다.

TEST
char형의 배열을 사용하여 TEST라는 문자를 하나씩 넣어서 초기화를 하였으며, 출력 시에는 각 배열의 자리를 지정하여 각 배열에 들어 있는 문자가 출력됩니다. 배열 순서는 0부터 시작되며 지정한 n개에서 -1을 하면 배열의 최대 길이가 나옵니다.

```
class Chapter1_4 {
    public static void main(String[ ] args){
        String a[ ] = {"John", "Kim"};

        System.out.println(a[0] + " " + a[1]);
        System.out.println(a[0]);
        System.out.println(a[1]);
        System.out.println(a.length);
    }
}
```

첫 번째 출력문에서 공백을 위해서 " "을 삽입하는 것을 잊지 말아야 합니다. 그리고 라인 변경을 위해서 println 명령문을 사용하였습니다. 자바에서는 C에서 사용되는 시퀀스 문자를 지원하고 있기 때문에 print문을 사용 시에는 print("\n");을 사용하면 println과 같은 결과를 출력할 수 있습니다. 네 번째 배열의 길이 출력은 자바에서는 length라는 배열의 길이를 자동으로 측정해 주는 메소드를 사용하면 됩니다.

```
class Chapter1_5 {
    public static void main(String[ ] args){
        System.out.println("성안당");
        System.out.println("경기도 파주시 문발로 112");
    }
}
```

println 메소드를 사용하여 간단하게 출력하는 프로그램으로 두 번의 println 함수를 사용하여 작성하면 됩니다.

2 연산자

컴퓨터를 계산기 대용으로!

이 장에서는 연산자에 대해 학습합니다. 연산자라는 것은 요컨대, 계산에 사용되는 '+', '−' 같은 기호를 말합니다. 단, 컴퓨터 키보드에 '÷'가 없는 것을 보면 알 수 있듯이, 수학에서 사용하는 연산자와는 조금 표기법이 다릅니다. 또한 컴퓨터의 계산에는 산술 연산만 있는 것이 아닙니다.

우선, 소개할 것은 수치 계산을 수행할 때 사용하는 연산자입니다. 여기에는 산수 교과서에서 본 적이 있는 친근한 기호들이 등장합니다. 예를 들면, 컴퓨터에 덧셈 연산을 시키고 싶을 때 사용하는 '+(플러스)'나 뺄셈을 하고 싶을 때 사용하는 '−(마이너스)'도 훌륭한 연산자입니다. 그 밖에도 곱셈, 나눗셈 연산자가 있고, 조금 특이한 연산자로는 나눗셈의 나머지를 구하는 연산자도 있습니다. 연산자는 계산을 수행하는 것만이 아닙니다. Java 언어에는 컴퓨터가 아니면 할 수 없는 다양한 기능을 가진 연산자가 많이 있습니다. 값을 비교할 때 사용하는 **비교 연산자**, 조건 판단을 할 때 사용하는 **논리 연산자** 등이 그것입니다. 이번 장에서는 여러 가지 값을 넣어보고 계산 결과도 시험해 볼 수 있기 때문에, 제1장에서 다룬 프로그램보다는 컴퓨터와의 대화를 더욱 다양하게 즐길 수 있을 것입니다.

▸ 표기법(Notation)
숫자, 문자 또는 기호의 집합을 사용하여 데이터를 나타내는 것, 또는 그 사용 법칙.

▸ 비교 연산자(Relational Operator)
두 값을 비교하여 그 대소 관계를 나타내기 위한 기호로 >, >=, ==, <=, < 등이 있다. 데이터를 검색하거나 추출할 때 조건을 지정하기 위해 사용하거나 프로그램에서 값의 조건에 따라 처리를 바꾸는 경우 사용한다.

꼭 알아야 할 Key Point

 ## 컴퓨터는 1 또는 0의 디지털 세계

2장에서는 흔히들 말하는 "**비트**와 **바이트**란 무엇일까?" 하는 의문에도 답을 하겠습니다.

비트와 바이트를 정확히 이해하려면 **2진수**와 **16진수**에 대해 알아둘 필요가 있습니다. 우리들은 보통 10을 셀 때마다 자릿수가 올라가는 10진수를 사용하고 있습니다. 이것은 사람의 손가락이 10개이기 때문입니다. 반면, 컴퓨터의 내부에서는 0이나 1, 즉 On 또는 Off 두 가지 상태의 데이터밖에 존재하지 않습니다. 모든 정보는 0과 1의 조합(2진수)으로 나타낼 수 있습니다.

0과 1만을 보고 어떤 데이터인지 파악하기는 상당히 어렵습니다. 또한 0과 1밖에 사용할 수 없다면 프로그램의 길이가 지나치게 길어집니다. 그래서, 요즘은 일반적으로 16진수를 사용하게 되었습니다. 이것은 2진수를 4자리씩 끊어, 이 4자리로 표현할 수 있는 $2^4=16$가지의 숫자를 0~9, A~F(10진수의 10~15에 해당)의 문자를 사용하여 표현하는 방법입니다. 이렇게 해서, 2진수 데이터를 조금은 알기 쉬운 모양으로 나타낼 수 있게 되었습니다.

연산자는 프로그램에서 중요한 부분입니다. 앞으로 학습이 진행됨에 따라 난이도도 높아지겠지만 초조해하지 말고, 하나 하나 제대로 이해한 후에 다음으로 넘어가도록 하십시오.

논리 연산자(Logical Operator)
논리 수학을 위한 기본 연산자. 논리곱(&&), 논리합(||), 부정(!) 등이 있다.

비트(Bit)
컴퓨터에서 다루는 데이터의 최소 단위. 디지털 회로에서는 0과 1의 상태는 일반적으로 전압이 인가되어 있거나 인가되어 있지 않은 것으로 나타낸다. 그것이 2진수(binary)의 숫자(digit) 표기와 일치하기 때문에 binary digit를 줄여서 bit라는 조어가 생겨났다. 따라서 1bit는 1자리의 2진수와 같아서 0과 1의 두 종류의 데이터 표현이, 2bit에서는 00, 01, 10, 11의 4 종류의 표현이 가능하다.

바이트(Byte)
보통 컴퓨터가 처리하는 정보의 기본 단위. 8개의 비트가 묶여 있어 1바이트가 나타낼 수 있는 최대의 정수는 8개 비트가 모두 1로 되었을 때 2550l다. 1바이트로 나타낼 수 있는 정보는 0에서 255까지의 256개이며, 보통 영문자 한 글자이다.

산술 연산자(1)

계산에 이용되는 '+'나 '-' 같은 것을 연산자라고 합니다. 연산자를 사용한 계산 방법을 소개합니다.

수치 계산에 사용하는 연산자

Java에서 수치 계산에 사용하는 연산자는 다음과 같습니다.

연산자	기능	사용법	의미
+	+(더하기)	a = b + c	b와 c를 더한 값을 a에 대입한다
-	-(빼기)	a = b - c	b에서 c를 뺀 값을 a에 대입한다
*	×(곱하기)	a = b * c	b와 c를 곱한 값을 a에 대입한다
/	÷(나누기)	a = b / c	b를 c로 나눈 값을 a에 대입한다 (c가 0이면 에러)
%	⋯(나머지)	a = b % c	b를 c로 나눈 나머지를 a에 대입한다 (c가 0이면 에러)
=	=(대입)	a = b	b 값을 a에 대입한다

예 Calculation.java

```
class Calculation {
    public static void main(String[] args) {
        System.out.println("5+5는 " +(5+5) + "입니다.");
        System.out.println("5-5는 " +(5-5) + "입니다.");
        System.out.println("5×5는 " + 5*5 + "입니다.");
        System.out.println("5÷5는 " + 5/5 + "입니다.");
        System.out.println("5÷3의 나머지는 " + 5%3 + "입니다.");
    }
}
```

+ 연산자와 - 연산자는 우선순위가 동일하기 때문에 ( )가 필요합니다(68페이지 참조).

실행 결과

```
5+5는 10입니다.
5-5는 0입니다.
5x5는 25입니다.
5÷5는 1입니다.
5÷3의 나머지는 2입니다.
```

대입 연산자

변수에 값을 대입하는 '=' 연산자는 좌변은 변수, 우변은 값으로 간주합니다. 따라서 int형 변수 a 그 자체의 값을 2 증가시키고 싶을 때는 다음과 같이 씁니다.

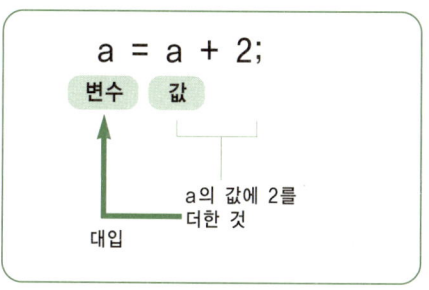

a 값을 2 증가시킨다는 것을 아래와 같이 쓸 수도 있습니다.

```
a += 2;
```

'=' 나 '+=' 를 **대입 연산자**라고 합니다. 대입 연산자에는 그 밖에도 다음과 같은 것들이 있습니다.

연산자	기능	사용법	의미
+=	더한 값을 대입	a += b	a+b의 결과를 a에 대입 (a=a+b와 동일)
-=	뺀 값을 대입	a -= b	a-b의 결과를 a에 대입 (a=a-b와 동일)
*=	곱한 값을 대입	a *= b	a*b의 결과를 a에 대입 (a=a*b와 동일)
/=	나눈 값을 대입	a /= b	a/b의 결과를 a에 대입 (a=a/b와 동일)
%=	나머지를 대입	a %= b	a%b의 결과를 a에 대입 (a=a%b와 동일)

예 Plus.java

```
class Plus {
    public static void main(String[] args) {
        int a = 90;

        a += 10;        ← a=a+10이라고 써도 동일합니다.
        System.out.println("90에 10을 더하면 " + a + "입니다.");
    }
}
```

실행 결과
```
90에 10을 더하면
100입니다.
```

a가 a+2와 같다는 의미가 아닙니다.

산술 연산자(2)

값을 1 증가시키는 증가 연산자와 1 감소시키는 감소 연산자를 소개합니다.

증가 연산자와 감소 연산자

증가 연산자, 감소 연산자는 정수형 변수의 값을 1씩 증가시키거나 감소시킬 경우에 사용합니다.

연산자	명칭	기능	사용법	의미
++	증가(increment) 연산자	변수의 값을 1 증가 시킨다	a++ 또는 ++a	a의 값을 1 증가시킨다
--	감소(decrement) 연산자	변수의 값을 1 감소 시킨다	a-- 또는 --a	a의 값을 1 감소시킨다

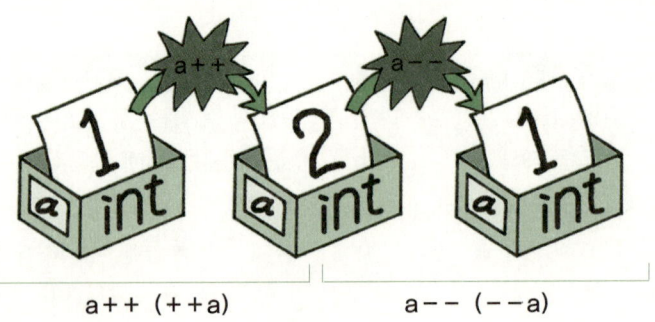

예 One.java

```java
class One {
    public static void main(String[] args) {
        int a = 1;
        System.out.println("처음 값은 " + a + "이었습니다.");

        a++;
        System.out.println("1 증가해서 " + a + "가 됐습니다.");

        a--;
        System.out.println("1 감소해서 " + a +"로 돌아왔습니다.");
    }
}
```

실행 결과

처음 값은 1이었습니다.
1 증가해서 2가 됐습니다.
1 감소해서 1로 돌아왔습니다.

a++와 ++a의 차이

증가·감소 연산자는 각각 두 종류의 표기법이 있는데, 연산자의 위치에 따라 ++a(--a)를 **전치**, a++(a--)를 **후치**라고 합니다. 전치와 후치는 증가·감소 연산을 수행하는 시점이 다른데, 전치의 경우는 변수를 참조하기 전에 먼저 연산을 수행하고, 후치는 변수의 참조 후에 연산을 수행합니다. 그렇기 때문에 다음과 같은 경우가 발생합니다.

```
int x, a = 1;
x = ++a;
```
a에 1을 더한 후, x에 그 값을 대입합니다.
→ x의 값은 2가 됩니다.

```
int x, a = 1;
x = a++;
```
x에 값을 대입한 후, a에 1을 더합니다.
→ x의 값은 1입니다.

예 Position.java

```java
class Position {
   public static void main(String[] args) {
      int a = 1, b = 1;
      System.out.println("전치일 경우 " + ++a + "가 됩니다.");
      System.out.println("후치일 경우 " + b++ + "이 됩니다.");
   }
}
```

실행 결과

전치일 경우 2가 됩니다.
후치일 경우 1이 됩니다.

비교 연산자

조건식을 만들 때 사용하는 비교 연산자를 살펴보겠습니다.

🔒 비교 연산자란?

Java에서는 변수의 값이나 수치를 비교하여 조건식을 만들고, 그 결과에 따라 처리를 바꿀 수 있습니다. 이때 사용하는 연산자를 비교 연산자라고 합니다.

조건이 성립하는 경우를 '**참**(true)', 성립하지 않는 경우를 '**거짓**(false)'이라고 합니다.

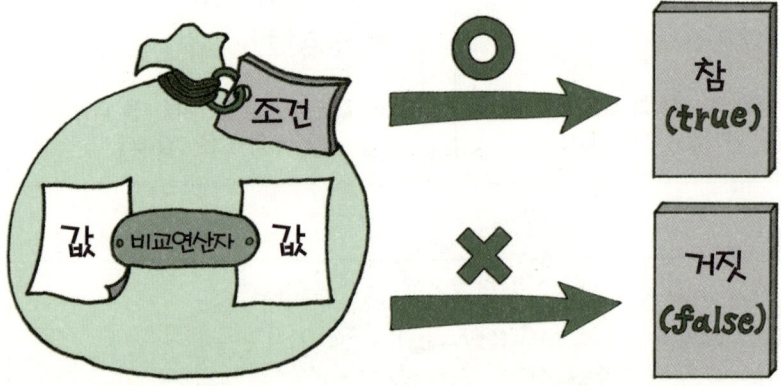

두 개의 기호로 하나의 동작을 하는 것은 스페이스 같은 것으로 사이를 띄우지 말아주세요.

연산자	기능	사용법	의미
==	= (같다)	a == b	a와 b는 같다
<	< (작다)	a < b	a는 b보다 작다
>	> (크다)	a > b	a는 b보다 크다
<=	≦ (이하)	a <= b	a는 b보다 작거나 같다
>=	≧ (이상)	a >= b	a는 b보다 크거나 같다
!=	≠ (같지 않다)	a != b	a와 b는 같지 않다

식이 가지는 값

조건식이나 대입식은 그 자체가 값을 가지고 있습니다.

예를 들면, 조건식이 참일 때 조건식 그 자체는 **true**라는 값을 가지고 있습니다. 조건식이 거짓일 경우는 **false**라는 값을 가지고 있습니다.

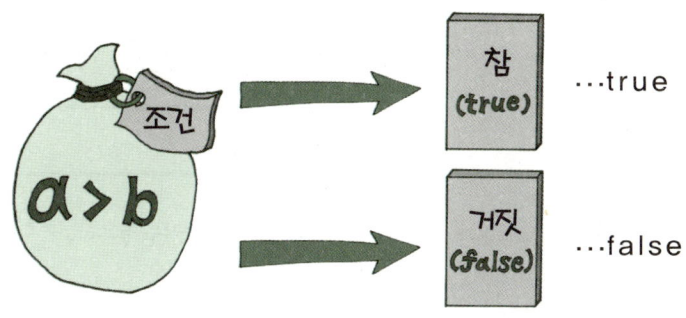

대입식에서는 대입한 값이 그 대입식 전체의 값이 됩니다.

( )로 둘러싸서 대입식 전체를 나타냅니다.

예 Compare.java

```java
class Compare {
    public static void main(String[] args) {
        int a = 10, b = 20;

        System.out.println("a = " + a + " b = " + b );
        System.out.println("a < b ··· " + (a < b));
        System.out.println("a > b ··· " + (a > b));
        System.out.println("a == b ··· " + (a == b));
        System.out.println("a = b ··· " + (a = b));
    }
}
```

비교 연산자는 + 연산자보다 우선순위가 낮기 때문에 ( )가 필요합니다(68페이지 참조).

실행 결과

```
a = 10  b = 20
a < b ··· true
a > b ··· false
a == b ··· false
a = b ··· 20
```

논리형

'참(true) 또는 거짓(false)' 중 하나의 값을 갖는 논리형을 소개합니다.

논리형

boolean형은 true 또는 false 중 하나의 값을 가지는 변수의 형으로, 논리형이라고도 불립니다. 조건식이나 대입식은 논리형의 값을 갖기 때문에, 논리형 변수에 대입할 수 있습니다.

```
boolean t = (a == b);
```

t의 값은 a와 b가 같으면 true, 같지 않으면 false입니다.

예 Compare.java

```java
class Compare {
    public static void main(String[] args) {
        int a = 10, b = 20;
        boolean c, d, e;

        c = a < b;
        d = a > b;
        e = a == b;
        System.out.println("a = " + a + " b = " + b );
        System.out.println("a < b ···" + c);
        System.out.println("a > b ···" + d);
        System.out.println("a == b ···" + e);
    }
}
```

실행 결과

```
a = 10  b = 20
a < b ··· true
a > b ··· false
a == b ··· false
```

조건 연산자

조건 연산자 '? :'는 조건식의 값에 따라 두 가지 중 하나를 선택합니다. 선택하는 것에는 임의의 수치나 문자, 변수 등을 지정할 수 있습니다.

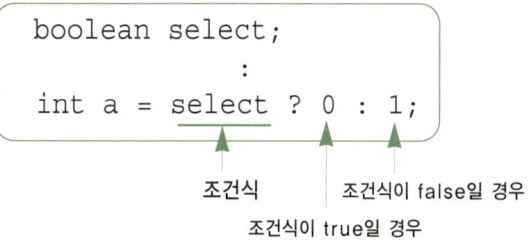

 조건식에는 boolean형 변수도 사용할 수 있습니다

조건에 맞는(true) 경우

':' 의 좌측을 선택합니다.

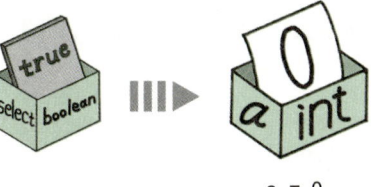

a = 0

조건에 맞지 않는(false) 경우

':' 의 우측을 선택합니다.

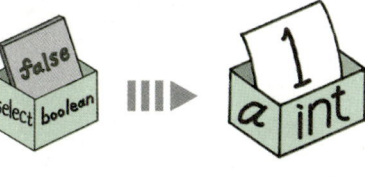

a = 1

예 Truth.java

```
class Truth {
    public static void main(String[] args) {
        String right = "정답", wrong = "오답";
        boolean value;

        value = true;
        String answer = value ? right : wrong;
        System.out.println(answer);

        value = false;
        answer = value ? right : wrong;
        System.out.println(answer);
    }
}
```

실행 결과
```
정답
오답
```

논리형 | 61

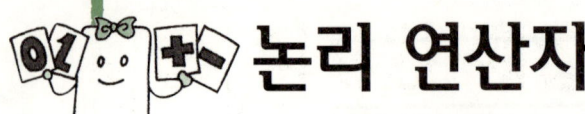

논리 연산자

복수의 조건식을 조합하여 보다 복잡한 조건식을 만들 수 있습니다.

🔓 논리 연산자란?

여러 가지 조건을 조합하여, 보다 복잡한 조건을 나타낼 때 사용하는 것이 논리 연산자입니다.

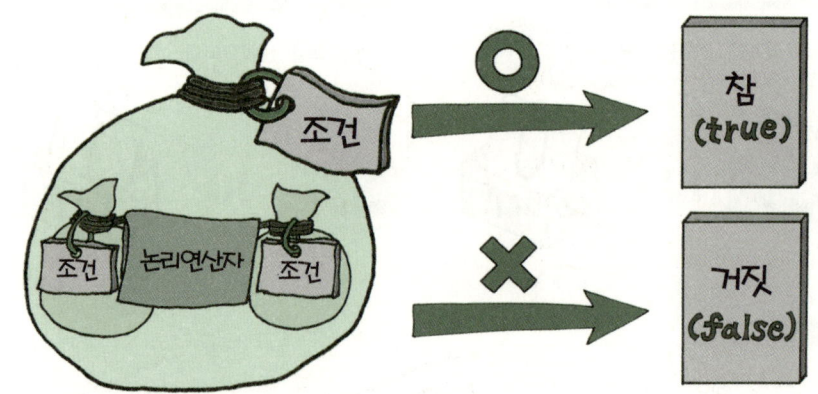

논리 연산자에는 다음의 세 종류가 있습니다.

연산자	기능	사용법	의미
&&	그리고	(a >= 10) && (a < 50)	a는 10 이상이고 50 미만
||	또는	(a == 1) || (a == 100)	a는 1 또는 100
!	~가 아니다	!(a == 100)	a는 100이 아니다

조건 A, B가 있을 때, 논리 연산자의 작용을 도식화하면 다음과 같습니다.

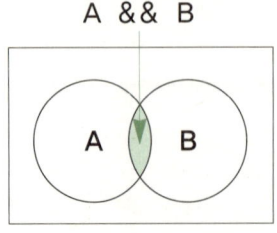
조건 A와 조건 B 모두 만족

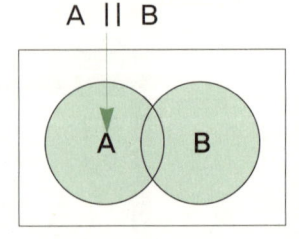
조건 A와 조건 B 중 어느 한쪽을 만족

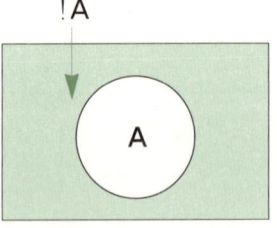
조건 A가 아니다

복잡한 조건식

조금 복잡한 논리 연산의 예를 들어 보겠습니다. 각 연산자는 우선순위(68페이지 참조)에 따라 처리되지만, 의도적으로 관계를 분명히 해야 할 때는 ( )를 사용합니다.

```
a가 50 이상 100 미만입니다
  (50 <= a) && (a < 100)
```

```
b가 0도 1도 아닙니다
  !((b == 0) || (b == 1)) … 'b = 0 또는 b = 1'이 아닙니다.
  !(b == 0) && !(b == 1) … b = 0이 아니고 b = 1도 아닙니다.
  (b != 0) && (b != 1) … b ≠ 0이고 b ≠ 1입니다.
```

50<=a<100이라고는 쓸 수 없습니다.

🔓 논리형의 이용

조건식은 논리형 값을 가지고 있습니다. 때문에 조건식에 boolean형 변수를 이용할 수가 있습니다.

```
c가 5 또는 9입니다
boolean x = (c == 5) … x는 c = 5이면 true, c ≠ 5이면 false
boolean y = (c == 9) … y는 c = 9이면 true, c ≠ 9이면 false
x || y              … x = true 또는 y = true입니다.
                         ↓              ↓
                       c == 5         c == 9
```

예 Or.java

```java
class Or {
   public static void main(String[] args) {
      int a = 3, b = 4;
      boolean x, y;

      x = (a < 0);
      y = (b > 0);
      System.out.println((a == 3) && (b == 3));
      System.out.println(x || y);
   }
}
```

실행 결과
```
false
true
```

수치와 단위

컴퓨터에서 취급하는 수치의 표기 방법과 단위를 소개합니다.

🔓 n진수

우리들이 보통 사용하고 있는 수의 표현법은 10마다 자리가 올라가는 10진수 표현법입니다. 그러나 컴퓨터 세계에서는 2진수와 16진수로 나타내는 것이 일반적입니다.

2진수: 1과 0의 두 가지 상태로 나타냅니다. 컴퓨터 내부에서 가장 기본적인 표기법입니다

10진수: 일반적으로 사용하고 있는 표기 방법으로 0에서 9까지의 숫자를 사용합니다.

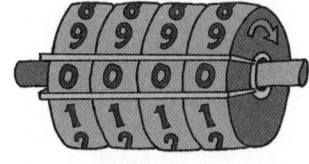

16진수: 16마다 단위가 올라가며, 9 다음에는 A~F의 문자를 사용합니다.

2진수, 10진수, 16진수 사이의 관계는 아래의 표와 같습니다(는 자리 올림).

2진수와 16진수에서는 10은 '십'이 아니라 '일공'이라고 읽습니다.

2진수	10진수	16진수
0	0	0
1	1	1
10	2	2
11	3	3
100	4	4
101	5	5
110	6	6
111	7	7
1000	8	8
1001	9	9
1010	10	A
1011	11	B
1100	12	C
1101	13	D
1110	14	E
1111	15	F
10000	16	10

16진수의 표기 방법

Java 프로그래밍에서 수치를 16진수로 표기하기 위해서는 숫자 앞에 0x를 붙입니다.

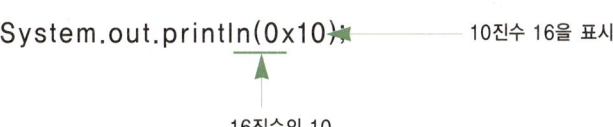

비트와 바이트

컴퓨터에서 다루는 정보는 전기적으로 On인 상태(1)와 Off인 상태(0)로 나타낼 수 있습니다. 1이나 0 값을 가지는 정보의 최소 기본 단위를 **비트**라고 합니다. 또한, 비트가 8개 모인 것(8비트)을 1**바이트**라고 합니다.

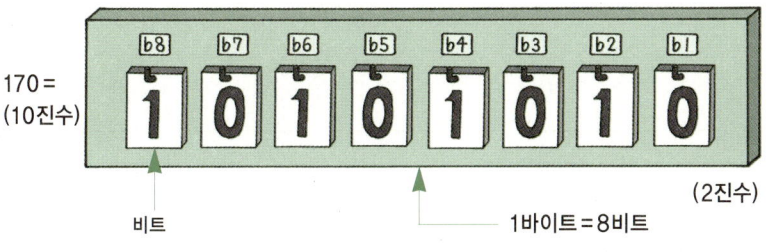

b1을 최하위 비트, b8을 최상위 비트라고 합니다

1바이트로 $2^8=256$가지 정보를 표시할 수 있습니다.

바이트 단위

바이트의 단위는 2^{10} (=1024)마다 단위가 올라갑니다.

단위	읽는 법	의미
KB	킬로바이트	1 KB = 1024 바이트
MB	메가바이트	1 MB = 1024 KB
GB	기가바이트	1 GB = 1024 MB
TB	테라바이트	1 TB = 1024 GB

형 변환

Java에서 계산을 하는 경우, 변수의 형이 매우 중요합니다. 이번에는 형의 변환에 대해 학습합니다.

계산 중의 형 변환

Java에서는 정수끼리 계산을 하면, 그 결과는 정수가 된다는 규칙이 있습니다. 그렇기 때문에 다음과 같이 조금 이상한 결과가 일어나고 맙니다.

> 3÷2의 결과를 구한다 (틀림)
>
> 3 / 2 → 1
> 정수 정수   정수

정수가 되도록 자동적으로 소수점 이하가 잘립니다.

바른 값인 1.5를 산출해 내기 위해서는 실수로 표기하여 계산할 필요가 있습니다.

> 3÷2의 결과를 구한다 (맞음)
>
> 3.0 / 2.0 → 1.5
> 실수 실수   실수

예 Type.java

```java
class Type {
    public static void main(String[] args) {
        System.out.println("3 ÷ 2 = " + 3/2);
        System.out.println("3.0 ÷ 2.0 = " + 3.0/2.0);
        System.out.println("3.0 ÷ 2 = " + 3.0/2);
        System.out.println("3 ÷ 2.0 = " + 3/2.0);
    }
}
```

실수를 포함하는 계산을 할 경우, 정수는 자동적으로 실수로 변환됩니다.

실행 결과

```
3 ÷ 2 = 1
3.0 ÷ 2.0 = 1.5
3.0 ÷ 2 = 1.5
3 ÷ 2.0 = 1.5
```

정수끼리의 연산에서는 제일 범위가 넓은 형으로 변환됩니다.

```
short s = 536;
byte b = 12;        ← byte의 범위는 -128~127
int a = s + b;
         ‾‾‾‾‾
         short형으로 변환된 548이 int형 변수에 대입됩니다.
```

유효 범위가 다른 자료형끼리의 대입

형이 다른 변수끼리 대입할 때, 값의 범위가 좁은 변수를 값의 범위가 넓은 변수에 대입하면, 형이 자동적으로 변환됩니다. 하지만, 범위가 넓은 변수를 좁은 변수에 대입하게 되면 에러가 발생합니다.

형	유효 범위
double	넓다
float	↑
long	↕
int	↓
short	
byte	좁다

○
```
int i = 8;
float f = i;
```

✕
```
double d = 2.8;
long l = d;
```

유효 범위가 좁은 변수에 대입하면 컴파일 에러가 납니다.

캐스트 연산자

'(int)' 처럼 자료형의 이름을 ( )로 둘러싸서 값이나 변수 앞에 쓰면, 그것들을 특정한 형으로 변환할 수 있습니다. 이러한 조작을 **형 변환**(캐스트)이라고 하며, ( )를 **캐스트 연산자**라고 합니다.

예 Cast.java
```java
class Cast {
   public static void main(String[] args) {
      System.out.println("3 ÷ 2 = " + (float)3/2);
      System.out.println("3 ÷ 2 = " + 3/(float)2);
   }
}
```
float형으로 캐스트

실행 결과
```
3 ÷ 2 = 1.5
3 ÷ 2 = 1.5
```

연산의 우선순위

기본적인 연산자들이 한 번씩 등장했으니 이번에는 연산자의 우선순위를 소개하겠습니다.

연산자의 우선순위

식은 기본적으로 좌측에서 우측으로 계산해 가지만 'x는 +보다 우선 계산한다'든지 '( ) 안을 먼저 계산한다' 등의 우선순위가 존재합니다. 식 속에 복수의 연산자가 포함되어 있으면, Java는 다음과 같은 연산자 우선순위에 근거하여 계산합니다. 또한 동일한 순위의 연산자가 나열되어 있을 때는 식의 좌우 어느 쪽부터 적용해 가는지도 규정되어 있습니다.

우선순위	연산자	우선순위가 같은 경우 연산 방향
1	[ ] . (피리어드, 오브젝트 멤버를 선택) ( ) ++ (후치) -- (후치)	→
2	++ (전치) -- (전치) + (부호) - (부호) ~ !	←
3	new 캐스트 연산자	←
4	* / %	→
5	+ -	→
6	<< >> >>>	→
7	< > >= <= instanceof	→
8	== !=	→
9	& (비트연산)	→
10	^	→
11	|	→
12	&&	→
13	||	→
14	? :	←
15	= += -= *= /= %= >>= <<= >>>= &= ^= |=	←

식을 읽는 법

여러 가지 연산자의 우선순위를 살펴봅시다.

우선순위가 다를 때

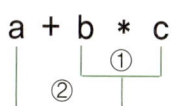

+나 -보다 *와 /를 먼저 계산합니다.

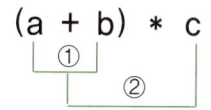

( )로 둘러싸면, 그 안을 먼저 계산합니다.

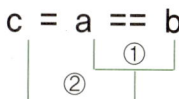

a와 b가 같으면 true, 다르면 false를 boolean형인 c에 대입합니다.

우선순위가 같을 때

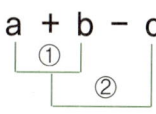

사칙연산은 좌측부터 계산합니다.

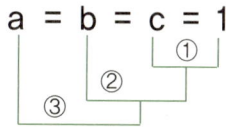

대입은 오른쪽부터 실행합니다.
a, b, c의 값은 모두 1이 됩니다.

> 복잡한 식을 쓸 때는 적당한 위치에서 ( )를 사용하면 읽기 쉬워집니다.

예 Priority.java

```java
class Priority {
    public static void main(String[] args) {
        System.out.println("2×8-6÷2 = " + (2*8-6/2));
        System.out.println("2×(8-6)÷2 = " + 2*(8-6)/2);
        System.out.println("1-2+3 = " + (1-2+3));
        System.out.println("1-(2+3) = " + (1-(2+3)));
    }
}
```

실행 결과

```
2×8-6÷2 = 13
2×(8-6)÷2 = 2
1-2+3 = 2
1-(2+3) = -4
```

알아두면 도움이 되는 Java 프로그래밍 상식

복잡한 논리연산

논리연산 이란 다양한 조건들의 조합이 성립하는지를 '참(true) 또는 거짓(false)'이라는 값으로 도출하는 것이었습니다. 굉장히 어려운 작업처럼 생각되지만, 사실 이렇게 다양한 조건에 근거를 두고 판단해야 하는 일이 일상생활 속에도 넘쳐날 정도로 많이 있습니다.

이해를 돕기 위해, 구체적인 예를 들어 논리연산과 연결시켜 보겠습니다. 유원지의 놀이기구 중에는 놀이기구를 타기 위해서 일정한 조건을 갖춰야 하는 것들이 있습니다.
예를 들면, 아래와 같은 조건들입니다.

❶ 6세 이상(단, 신장 130cm 이상이고 보호자 동반인 경우만 가능)
❷ 신장 130cm 이상
❸ 심장이 약한 분은 삼가십시오.

연령을 age, 신장을 height라고 하고, '건강한 상태'를 health, '보호자 동반'을 pg라고 하면, 이 놀이기구에 타기 위한 조건식은 다음과 같습니다.

> ((age >= 6 && height >= 130) || (height >= 130 && pg)) && health

또 한 가지, 윤년인지 아닌지를 판단하는 조건식을 소개하겠습니다.
그 해가 윤년이 되기 위해서는 아래와 같은 조건이 성립해야 합니다.

❶ 연도가 4로 나누어 떨어진다.
❷ 단, 100으로도 나누어 떨어지는 해는 제외한다.
❸ 400으로 나누어 떨어지는 해는 윤년이다.

아주 복잡한 조건처럼 보이는데, 이것을 Java로 표현하면 다음과 같습니다(변수 year를 연도라고 하겠습니다).

> (year % 4 == 0 && year % 100 != 0) || year % 400 == 0
>   ▲조건1   ▲조건2   ▲조건3

위 식의 값이 true(참)이면 윤년이며, false(거짓)이면 윤년이 아닙니다.

도전! Java 프로그래밍

프로그래밍의 제 1 수칙은 '백문이 불여일행'이라고 합니다. 백 번 듣고 보는 것보다 한 번 프로그래밍을 실행시켜 보는 것이 훨씬 낫다는 말입니다. 실제로 프로그래밍에 도전해 보지 않고서는 프로그래머가 될 수 없습니다. 여기에서는 앞 장에서 배운 내용을 토대로 실제 예를 통해 적용해 보겠습니다. 여러분의 프로그래밍 실력을 쌓을 수 있는 기초가 될 것입니다.

문제

01_ 다음 연산자들의 의미는 무엇일까요?

　a. +=
　b. -=
　c. *=
　d. /=
　e. %=

02_ 다음 논리 연산에 대한 내용을 설명하세요.

　a. (a >= 10) && (a < 50)
　b. (a == 1) || (a == 100)
　c. !(a == 100)

03_ 다음 내용을 조건식으로 나타내 보시오.

　a. b=0 또는 b=1이 아니다.
　b. b=0이 아니고 b=1도 아니다.
　c. b≠0이고 b≠1이다.

04_ 변수 x는 실수형(double)이라고 가정하고 결과 값을 실수와 정수로 출력하는 프로그램을 작성하시오.

　a. x=(int)3.6 + (int)3.3;
　b. x=(int)((2+3) * 10.5);
　c. x=3/5 * 22.0;

a. 더한 값을 대입
b. 뺀 값을 대입
c. 곱한 값을 대입
d. 나눈 값을 대입
e. 나머지를 대입

자바에서 사용하는 연산자 중에 대입 연산자(=)와 수학 연산자의 결합된 형태로 수식을 간결하게 표현할 수 있도록 도와줍니다.

a. a는 10 이상이고 50 미만
b. a 값이 1 또는 100
c. a는 100이 아니다

예를 들어 "X가 Y보다 큰 것이 참이고 Y가 Z보다 큰 것이 참이면 X가 Z보다 큰 것이 참인가?"와 같이 한 번에 하나 이상의 관계 연산이 필요한 경우가 있습니다. 프로그램이 어떤 동작을 하기 위해서는 이런 양쪽의 조건이 참인지, 또는 어떤 다른 조건이 참인지를 결정할 필요가 있을 것입니다. 이럴 때는 논리 연산자를 사용하여 여러 가지 조건을 조합하여 참과 거짓을 결정할 수 있습니다.

a. !((b==0) || (b==1))
b. !(b==0) && !(b==1)
c. (b!=0) && (b!=1)

각각의 연산에 따라 우선순위가 결정되는데, ( ) 연산자가 가장 높은 우선순위를 가지게 되어 ( ) 안의 결과 값을 가지고 나머지 연산을 하게 됩니다.

```
class Chapter2_4 {
    public static void main(String[ ] args){
        double x=0;

        x=(int)3.6 + (int)3.3;
        System.out.println("a. 실수 : " + x + ",
            정수 : " + (int)x);
        x=(int)((2+3)*10.5);
        System.out.println("b. 실수 : " + x + ",
            정수 : " + (int)x);
        x=3/5*22.0;
        System.out.println("c. 실수 : " + x + ",
            정수 : " + (int)x);
    }
}
```

자바에서는 좌변 변수의 데이터 형이 우변 식의 데이터 형보다 유효 범위가 클 경우에만 자동으로 형 변환이 이루어집니다. 그렇기에 우변 식의 데이터 형이 좌변식의 데이터 형보다 유효 범위가 작을 경우는 모두 강제 데이터 형 변환을 해 주어야만 합니다.

3

제어문

프로그램의 흐름을 바꿔 보자!

이 장에서는 실제로 프로그래밍을 하는 과정에서 자주 사용되는 **제어문**에 대해서 소개하도록 하겠습니다. 제어문이란 프로그램의 흐름을 필요에 따라 변경하고 싶을 때 사용하는 것입니다. 프로그램은 원래 물처럼 위에서부터 아래를 향해 흘러가지만, 그렇게 해서는 단순한 동작밖에는 처리할 수 없습니다. 상황에 따라서는 '동일한 처리를 반복' 한다거나 '연산 결과에 따라 동작을 중지' 하고 싶은 경우가 있겠지요. 그럴 때에 활약하는 것이 제어문입니다. 제어문을 사용하면 프로그램의 흐름을 되돌리거나 막을 수도 있습니다.

처음 소개할 것은 **if**문입니다. 이것은 영어의 'if' 라는 단어가 의미하는 것처럼, '만약 ~라면 ~한다' 는 조건분기를 시키는 제어문입니다. 즉, 조건이 '성립하는 경우' 와 '성립하지 않는 경우' 의 두 가지 흐름을 만들어 낼 수 있습니다. 물론 if문을 여러 개 사용하여 두 개 이상의 흐름을 만들어 낼 수도 있습니다

그 다음으로 등장할 것이 **for**문과 **while**문입니다. 이 두 가지는 모두 어떠한 처리를 '반복' 하고자 할 때 사용하는 제어문입니다. for문을 설명하는 페이지에는 단지 4줄로 된 프로그램으로 컴퓨터에 구구단 계산을 시키는 예가 나옵니다. 이 장에서는 for문과 각각 별도의 항목으로 나눠 상세하게 설명합니다.

용어설명

조건분기(Conditional Branch)
어느 조건이 참이냐 거짓이냐를 기준으로 하여 분기하는 것

제어문(Control Statement)
프로그래밍 언어에서 프로그램의 실행 순서를 나타내는 문. goto문과 같은 무조건 제어문과 if문과 같은 조건부 제어문, for문이나 while문과 같은 루프 제어문이 있다.

꼭 알아야 할 Key Point

또한, 간단히 여러 개의 분기를 가능하게 해주는 **switch**문이라는 제어문도 소개할 것입니다. 롤 플레잉 게임 같은 것에서 선택한 항목에 따라, 게임의 흐름이 바뀌는 경우 등에 사용할 수 있습니다.

제어문을 사용하면 컴퓨터에 복잡한 처리를 시킬 수가 있습니다. 그러나 프로그램의 흐름을 바꿈으로 인해 **무한 루프**(영원히 계속하여 반복)를 돌기도 하는 등 여러 가지 잘못된 프로그램을 작성하게 되는 일도 늘어납니다. 각각의 제어문을 바르게 이해하고, 충분히 주의를 기울여 프로그래밍을 하도록 합시다.

롤 플레잉 게임 (Role Playing Game)
게임의 플레이어가 등장 인물의 역할(role)을 맡는 게임. 원래는 테이블 게임의 일종이었으나 컴퓨터 게임으로서는 캐릭터를 조작하면서 여러 가지 경험을 쌓아 레벨업해 가는 어드벤처 게임이나 액션 게임 등을 가리키는 일이 많다.

무한 루프(Endless Loop)
프로그램이 어떤 부분을 반복적으로 무한히 반복하여 거기에서 빠져 나오지 못하는 상태. 주로 프로그램의 논리 오류(logical error) 때문에 발생하지만 다른 원인일 경우도 있다. 무한 루프에 빠지면 프로그램이 끝나지 않고 계속되므로 사용자나 운영 체제가 강제로 중단시켜야만 한다.

if문(1)

제어문의 if는 영어로 '만약 ~라면' 이라는 의미입니다.
Java의 제어문 중에서는 가장 기본적인 것입니다.

🔓 if문이란?

if문은 조건에 따라 처리를 다르게 할 때 사용합니다. 조건에는 비교 연산자와 논리 연산자를 사용한 조건식을 지정합니다.

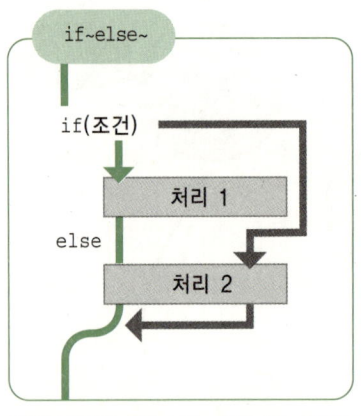

조건이 성립할 때(true)는 처리 1을, 성립하지 않을 때(false)는 처리 2를 수행합니다.

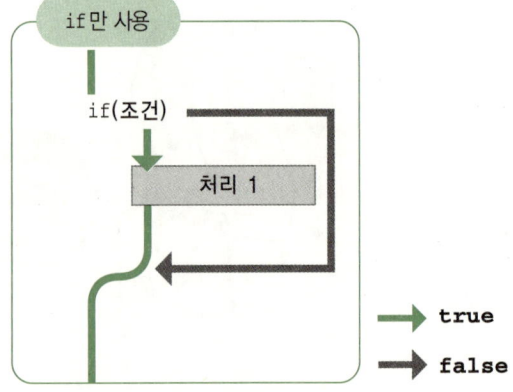

조건이 성립하면 처리 1을 수행하고 성립하지 않으면 아무 것도 하지 않습니다.

예 Even.java

```java
class Even {
    public static void main(String[] args) {
        int a = 5;

        if(a % 2 == 0)
            System.out.println(a + "는 짝수입니다.");
        else
            System.out.println(a + "는 홀수입니다.");
    }
}
```

5÷2의 나머지는 1이기 때문에 else 이하의 처리를 실행합니다.

실행 결과

5는 홀수입니다.

블록

앞 페이지의 '처리 1'과 '처리 2' 부분에는 기본적으로는 하나의 문밖에 쓸 수 없습니다. 복수의 처리를 수행하고 싶을 때는, 처리하고 싶은 내용 전체를 중괄호 { }로 에워싸 하나의 문으로 간주하며, 이것을 **블록**이라고 합니다.

```
if(조건식)
{
    xxxxxxxxxx    ─ 블록
    xxxxxxxxxx
}
else
{
    xxxxxxxxxx    ─ 블록
    xxxxxxxxxx
}
```

→ 공간을 절약하기 위해 다음과 같이 많이 씁니다.

```
if(조건식){
    xxxxxxxxxx
    xxxxxxxxxx
} else {
    xxxxxxxxxx
    xxxxxxxxxx
}
```

> 블록 속에서는 탭으로 들여쓰기를 하는 편이 읽기 쉬운 코드가 됩니다.

예 Score.java

```java
class Score {
    public static void main(String[] args) {
        int s = 65;

        System.out.println("당신의 점수는 " +s+ "점입니다.");

        if(s < 70) {
            System.out.println("평균까지 앞으로 " + (70-s) + "점");   ─ 블록
            System.out.println("힘내세요!");
        } else {
            System.out.println("잘 했습니다!");   ─ 블록은 필요 없지만, 있어도 상관없습니다.
        }
    }
}
```

실행 결과

```
당신의 점수는 65점입니다.
평균까지 앞으로 5점
힘내세요!
```

if문(2)

복잡한 구문을 가진 프로그램에서 사용되는 if문의 응용법을 학습합니다.

🔒 연속된 if문

여러 조건 중 어느 것에 맞느냐에 따라 각각 다른 처리를 수행하고 싶을 때는 if문을 조합하여 사용합니다.

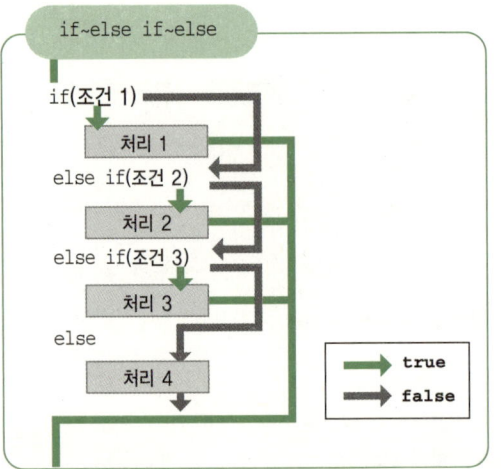

조건 1이 성립 → 처리 1을 실행
조건 2가 성립 → 처리 2를 실행
조건 3이 성립 → 처리 3을 실행
아무것도 성립하지 않는다 → 처리 4를 실행

실행할 처리는 이 중 하나입니다.

예 Rank.java

```java
class Rank {
    public static void main(String[] args) {
        int num = 1000;
        System.out.print(num + "은 ");

        if(0 <= num && num <= 9)
            System.out.println("1자리 수입니다.");
        else if(10 <= num && num <= 99)
            System.out.println("2자리 수입니다.");
        else if(100 <= num && num <= 999)
            System.out.println("3자리 수입니다.");
        else
            System.out.println("4자리 이상입니다.");
    }
}
```

실행 결과

```
1000은 4자리 이상입니다.
```

어떤 조건에도 맞지 않기 때문에 else 이하를 실행합니다.

🔒 중첩된 if문

if문을 비롯하여 제어문은 처리 중간에 다른 제어문을 포함할 수 있습니다. 이렇게 다른 제어문 속에 들어가 있는 것을 **네스트**라고 합니다.

```
if (조건 1)
{
        if (조건 2)
                xxxxxxxxxx      ← 조건 1과 조건 2가 모두 성립될
        else                      경우의 처리
                xxxxxxxxxx      ← 조건 1만 성립할 경우의 처리
}
else
        xxxxxxxxxx              ← 조건 1이 성립하지 않은 경우의 처리
```

첫 번째 층 / 두 번째 층

바르게 들여쓰기를 해두면 읽기가 쉬워집니다.

예 Score.java

```java
class Score {
    public static void main(String[] args) {
        int a = 90;

        if(a > 80){
            if(a == 100)
                System.out.println("만점입니다.");
            else
                System.out.println("조금 더 노력하세요.");
        }
        else
            System.out.println("힘내세요!");
    }
}
```

조건이 성립할 경우의 판단을 위해 if문을 네스트하고 있습니다.

실행 결과

```
조금 더 노력하세요
```

for문

프로그래밍을 하다 보면 똑같은 처리를 반복해야 하는 경우가 자주 있습니다. 그럴 때는 for문을 사용합니다.

for문이란?

for문은 반복 처리를 효율적으로 수행하기 위한 제어문입니다. 일반적으로 카운터를 준비하여, 그 값에 따라 반복 횟수를 결정합니다.

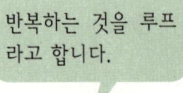
반복하는 것을 루프라고 합니다.

for

카운터 → int i;

for(i = 0; i <= 3; i++)

처리

- 카운터의 초기 값을 설정합니다.
- 반복을 계속하기 위한 조건을 씁니다.
- 카운터 증가 방법을 지정합니다.

i의 초기 값을 0으로 하고, 하나씩 값을 증가해 가면서 3 이하인 동안은 처리를 반복하여 실행합니다.

예 Counter.java

```java
class Counter {
    public static void main(String[] args) {
        int i;
        for(i = 1; i < 4; i++)
            System.out.println("안녕하세요." + i);
    }
}
```

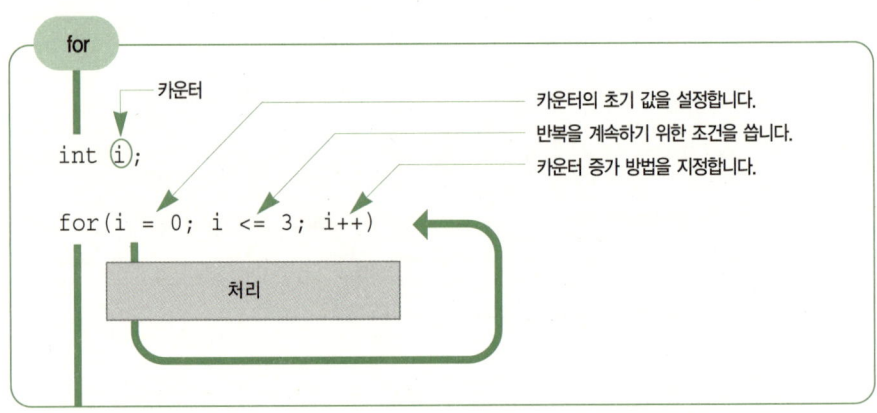

처리 순서:
- 변수 i에 1을 대입
- "안녕하세요. 1"을 표시
- i++를 실행(i =2)
- i<4 이므로 반복
- "안녕하세요. 2"을 표시
- i++를 실행 (i = 3)
- i<4 이므로 반복
- "안녕하세요. 3"을 표시
- i++를 실행(i = 4)
- i<4 가 아니므로 루프를 종료

실행 결과

```
안녕하세요.1
안녕하세요.2
안녕하세요.3
```

2중 루프

for문을 두 개 사용하여, 루프 속에 루프를 집어넣을 수 있습니다. 이것을 **2중 루프**라고 합니다.

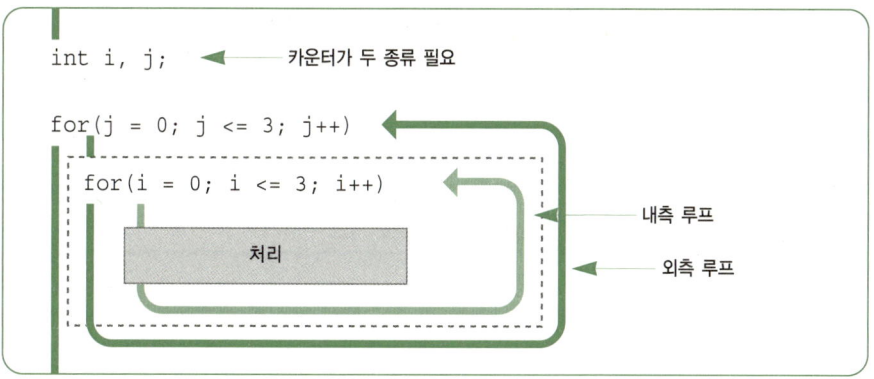

2중 루프에서는 값의 변화가 다음과 같습니다.

```
int i, j;

for(j = 1; j <= 2; j++)
    for(i = 1; i <= 3; i++)
        System.out.println(i-j);
```

j	i	i-j
	1	0
1	2	1
	3	2
	1	-1
2	2	0
	3	1

처리 순서 ↓

예 Multiply.java

```java
class Multiply {
    public static void main(String[] args) {
        int i, j;

        for(j = 1; j <= 9; j++)
            for(i = 1; i <= 9; i++)
                System.out.println(j + "x" + i + "=" + j*i);
    }
}
```

실행 결과

```
1 x 1 = 1
1 x 2 = 2
  :
9 x 8 = 72
9 x 9 = 81
```

구구단을 모두 표시합니다.

＊버전 6.0에서는 for문의 기능이 더욱 확장되었습니다. 자세한 내용은 다음 페이지의 'for문의 확장'을 참고해 주세요.

for문의 확장

배열이나 컬렉션 클래스를 지정하고 요소의 개수만큼 처리를 반복하는 기능이 추가되었습니다.

🔓 요소의 개수만큼 처리를 반복하기

일반적으로 for문에서는 반복할 횟수를 미리 정해서 처리를 수행하지만 배열이나 컬렉션 클래스 등의 요소 수에 따라 처리를 수행할 수 있습니다.

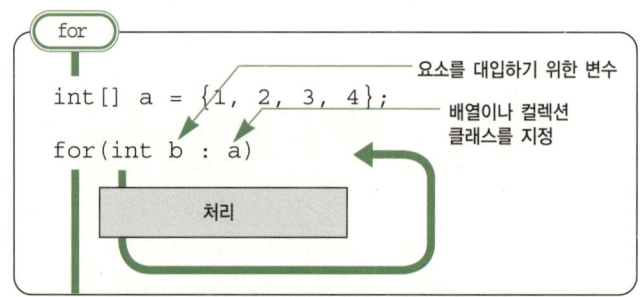

요소의 개수를 미리 계산할 필요가 없어졌어요.

b에 a의 요소를 처음부터 차례대로 대입하고, 요소가 있는 한 처리를 반복합니다.

예 ForLoopSample.java

```java
class ForLoopSample {
    public static void main(String[] args) {
        String[] season = {"봄", "여름", "가을", "겨울"};

        for (String s : season) {
            System.out.println(s);
        }
    }
}
```

실행 결과
```
봄
여름
가을
겨울
```

컬렉션 클래스의 이용

배열과 같이 데이터를 복수 격납할 수 있고, 요소의 추가/삭제/검색 등의 편리한 기능을 가진 컬렉션 클래스라는 것이 있습니다. 이와 같은 클래스로도 왼쪽 페이지에서 소개한 for문을 사용할 수 있습니다.

ArrayList라는 컬렉션 클래스(형)의 객체(변수) lst를 만듭니다(요소의 형태는 String).

예 ForLoopSample2.java

```java
import java.util.*;

class ForLoopSample2 {
    public static void main(String[] args) {
        ArrayList<String> lst = new ArrayList<String>();

        lst.add(new String("0"));
        lst.add(new String("1"));
        lst.add(new String("2"));

        for (String s : lst) {
            System.out.println(s);
        }
    }
}
```

lst에 값을 추가해 갑니다.

lst의 요소를 하나씩 꺼내서 표시합니다.

ArrayList의 add( ) 이외의 메소드에 대해서는 164페이지에서 해설하고 있습니다.

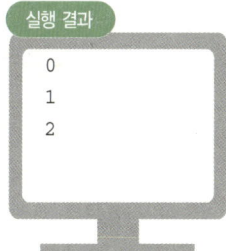

실행 결과
```
0
1
2
```

while문

반복 처리할 횟수가 미리 정해져 있지 않을 때는 while문을 사용합니다.

while문이란?

while문은 어떤 조건이 성립하는 동안만 반복 처리를 실행하는 제어문입니다. for문과 다른 점은 카운터에 해당하는 것이 없다는 것입니다. 주로 키보드로부터 입력을 받는 등 반복 횟수를 알 수 없을 때 사용합니다.

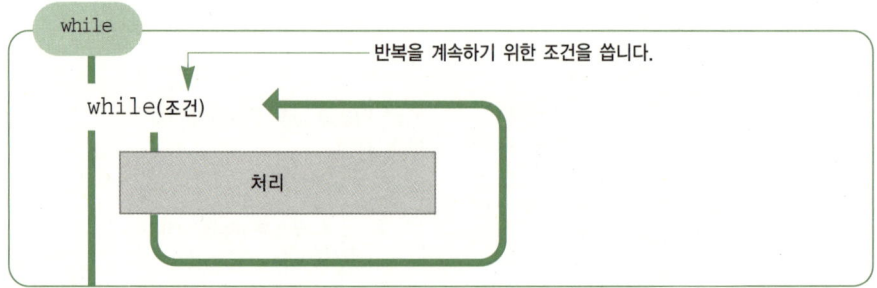

조건이 성립하는 한 처리를 반복합니다.

do ~ while문

do~while문도 while문과 똑같이 반복을 수행하는 제어문입니다. while문은 처리에 앞서 먼저 조건을 평가하기 때문에, 첫 번째 루프를 돌 때 조건이 성립되지 않으면 while문 블록 내의 처리를 한 번도 수행하지 않는 경우가 있는 데 비해, do~while문은 조건을 아래쪽에 쓰기 때문에 반드시 한 번은 처리를 수행하게 됩니다.

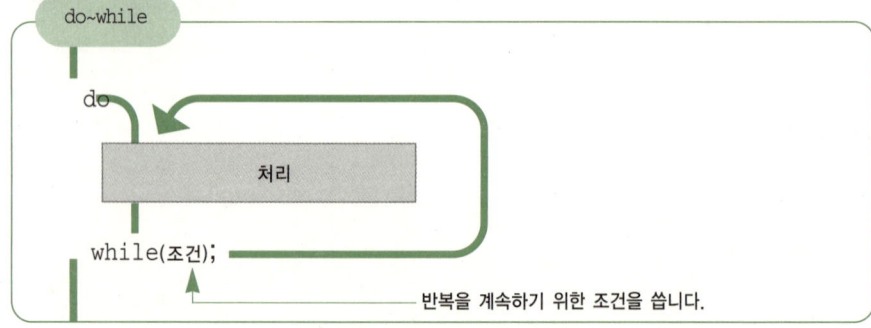

조건이 성립하는 한 처리를 계속 반복합니다(반드시 한 번은 실행합니다).

예 Sum.java

```java
class Sum {
   public static void main(String[] args) {
      int s = 0, i = 0;

      do {
         i = ++i;
         s = s + i;
      } while(i < 10);
      System.out.println("1에서 " + i + "까지의 합은 " + s);
   }
}
```

실행 결과

1에서 10까지의 합은 55

무한 루프에 빠지지 않도록

while문 같은 반복 제어문에서 조건이 항상 성립하도록 조건을 잘못 지정해 버리면 처리를 영원히 반복하게 됩니다. 이것을 무한 루프라고 하며, 프로그램의 버그 중 하나입니다. 조건과 반복 처리의 내용에 주의해서 무한 루프가 되지 않도록 합시다.

✗
```java
int a = 0;

while(a < 5) {
    System.out.println(a);
}
```

주의
a = a + 1; 같이 a를 증가시키는 부분이 없습니다. 이렇게 하면 a값이 변하지 않기 때문에 무한 루프가 되어 버립니다.

루프에서 벗어날 수 없어요.

루프의 중단

반복문 등에서 흐름을 바꿀 때 사용하는 제어문인 break와 continue를 소개합니다.

🔓 반복을 중단하려면 break로

for문이나 while문 같은 반복문을 중단하기 위해서 break문을 사용합니다. 프로그램 실행 중에 break 문을 발견하면 가장 가까운 블록의 끝으로 점프합니다.

break

```
while(조건)
{
    ⋮
    break;
    ⋮
}
```
루프

가장 가까운 블록의 끝으로 점프합니다.

break문은 복수의 블록을 통과할 수 없습니다.

예 Break.java

```java
class Break {
    public static void main(String[] args) {
        int a, b = 2;

        for(a = 0; a < 5; a++) {
            if(b - a <= 0)
                break;
            System.out.println(b + "-" + a + "=" + (b-a));
        }
    }
}
```

b-a의 값이 0 이하가 되면 루프를 종료합니다.

실행 결과
```
2-0=2
2-1=1
```

2-2는 0이 되기 때문에 루프를 종료합니다.

반복을 다음 회로 넘기는 continue

반복문의 처리를 중단하고 루프를 빠져나오는 break문에 대해, continue문은 자신이 위치한 루프의 처리를 중단하고, 다음 차례의 반복을 처음부터 실행시키는 동작을 합니다.

continue

```
while(조건)
{
    ⋮
    continue;
    ⋮
{
```

가장 가까운 루프의 시작으로 돌아갑니다.

루프

예 Continue.java

```java
class Continue {
    public static void main(String[] args) {
        int a, b = 1;

        for(a = 0; a < 4; a++) {
            if(a + b == 2)
                continue;
            System.out.println(a + "+" + b + "=" + (a+b));
        }
    }
}
```

a+b=2일 때는 루프의 시작으로 돌아갑니다.

실행 결과

```
0+1=1
2+1=3
3+1=4
```

1+1은 2가 되기 때문에 표시하지 않고 다음으로 넘어갑니다.

switch문

switch문을 사용하면 많은 선택지를 가지는 분기 처리를 수행할 수 있습니다.

 여러 개의 처리를 선택

switch문은 여러 개의 **case**라는 선택지에서 식의 값과 일치하는 것을 골라 해당되는 처리를 실행합니다. 식의 값이 어떤 case와도 맞지 않을 경우는 **default**로 넘어 갑니다. 각 case의 마지막에는 break문을 써서 선택한 처리만 수행하도록 합니다.

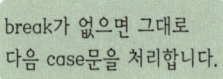

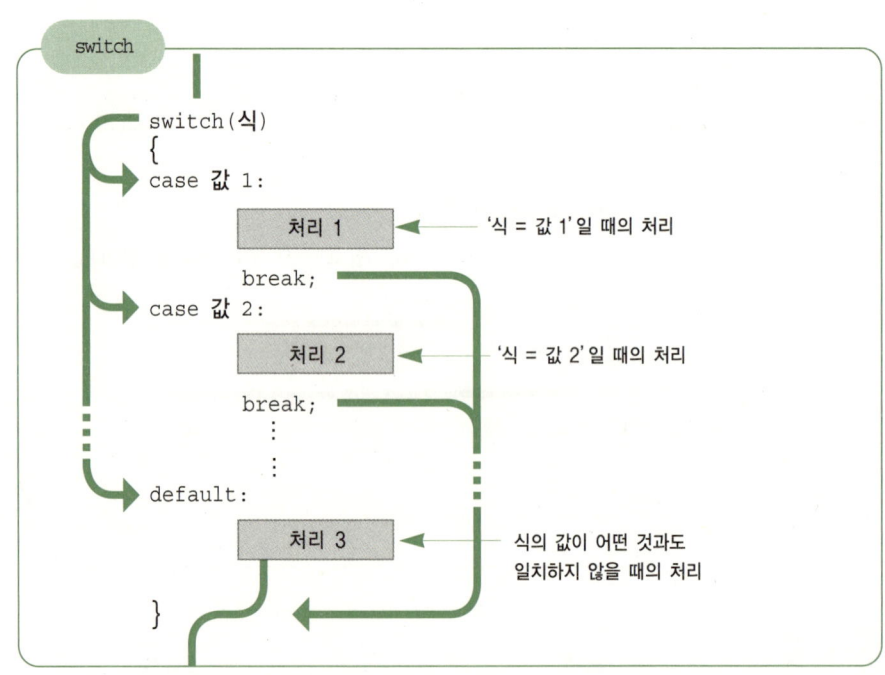

식의 값에 따라 다른 처리를 선택하여 실행합니다.

위에서 '식'에 해당하는 부분에는 char형, byte형, short형, int형 변수를 사용할 수 있습니다. `Java SE 7` '식'에 문자열 형도 지정할 수 있습니다.

그 밖의 경우에는 switch문 대신 'if ~ else if ~ else'를 사용해 주십시오.

```
String d = 1.0;

switch(d) {
    case 1.5:
        System.out.println(d);
        break;
            ⋮
}
```

```
double d = 1.0;

if(d == 1.5) {
    System.out.println(d);
}
else if(⋯
        ⋮
}
```

예 Select.java

```
class Select {
    public static void main(String[] args) {
        for(int a = 5; a <= 8; a++) {
            System.out.print(a + "÷3 = " + a/3);
            switch (a % 3) {
                case 1:
                    System.out.println(" : 나머지는 1입니다.");
                    break ;
                case 2:
                    System.out.println(" : 나머지는 2입니다.");
                    break ;
                default :
                    System.out.println(" : 나머지는 0입니다.");
                    break ;
            }
        }
    }
}
```

실행 결과

```
5÷3 = 1 : 나머지는 2입니다.
6÷3 = 2 : 나머지는 0입니다.
7÷3 = 2 : 나머지는 1입니다.
8÷3 = 2 : 나머지는 2입니다.
```

예제 프로그램 ❶

데이터를 정렬하자

배열에 저장된 데이터를 작은 순서대로 정렬합니다. 정렬에는 for문과 if문을 사용합니다.

소스 코드
Sort.java

```java
class Sort {
    public static void main(String[] args){
        int a[] = {210, 19, 72, 129, 34};
        int b = a.length;    ◀── 배열 a의 요소 수를 돌려줍니다.
        int i, j, k;

        System.out.println("데이터 표시");
        for(i = 0; i < b; i++)
            System.out.print(a[i]+ " ");
        System.out.println();

        for(j = 0; j < b-1; j++) {
            for(i = j+1; i < b; i++) {
                if(a[j] > a[i]) {
                    k = a[j];
                    a[j] = a[i];
                    a[i] = k;
                }
            }
        }

        System.out.println("정렬 후") ;
        for(i = 0; i < b; i++)
            System.out.print(a[i] + " ");
        System.out.println();
    }
}
```

실행 결과

데이터 표시
210 19 72 129 34
정렬 후
19 34 72 129 210

예제 프로그램 ❷
소수를 찾아라

1에서 max까지에 있는 소수를 찾아냅니다. 소수란 1과 자기 자신 이외의 정수로는 나누어 떨어지지 않는 수입니다. 단, 1은 소수가 아닙니다.

소스 코드
Prime.java

```java
class Prime {
    public static void main(String[] args) {
        int max = 100; // 소수를 찾을 범위
        boolean[] a = new boolean[max]; // 소수인지 아닌지 판단하는 배열

        // 배열의 초기화
        for(int i = 0; i < max; i++)
            a[i] = true;

        // 소수인가 아닌가를 판단
        for(int i = 2; i < max; i++) {
            if(a[i-1]) {
                for(int j = 2; i*j <= max; j++)
                    a[i * j - 1] = false;
            }
        }

        // 결과를 표시한다
        for(int i = 1; i < max; i++) {
            if(a[i])
                System.out.print((i + 1) + " ");
        }
        System.out.println();
    }
}
```

소수의 배수는 소수가 아니므로 모두 false로 합니다.

실행 결과

2 3 5 7 11 13 17 19 23 29 31 37 41 43 47 53 59 61 67 71 73 79 83 89 97

알아두면 도움이 되는 Java 프로그래밍 상식

라벨을 지정해서 루프 탈출하기

break 나 continue를 사용하면 for문, while문 같은 루프를 중단할 수 있습니다. 그리고 루프가 중복되어 있을 경우, 기술된 부분의 루프만 빠져나오는 것이 아니라, 바깥 쪽 루프도 빠져나올 수 있도록 할 수 있습니다. 바깥쪽 루프에서 빠져나오고 싶을 경우에는 루프를 시작하는 제어문에 이름(**라벨**)을 붙여 둡니다. 그리고 break, continue 뒤에 중단하고 싶은 루프의 라벨을 지정합니다.

라벨을 지정한 break문은 다음과 같습니다.

```
라벨 :
제어문(조건) {
        ⋮
    제어문(조건) {
            ⋮
        break 라벨;      ──┐
    }                      │ 라벨이 붙은 블록의
        ⋮                  │ 끝으로 점프합니다.
}  ←──────────────────────┘
```

break문에서 라벨을 지정하면 라벨이 가리키는 블록을 중단하고, 그 블록의 끝으로 점프합니다. 또한 continue문으로 라벨을 지정하면 라벨이 가리키는 블록의 시작으로 점프하여, 다음 반복 처리를 수행합니다. 라벨을 지정할 수 있는 것은 break문과 continue문뿐입니다.

C 언어나 C++에서는 goto문이라는 것이 있습니다. 이것은 문에 라벨을 붙여, goto문으로 특정 라벨을 지정하면 그 장소로 점프하게 하는 제어문입니다. 언뜻 보기에 편리할 것 같은 이 제어문이 Java 언어에는 없습니다. 왜냐하면, goto문은 프로그램의 흐름에 관계없이 어디라도 이동해서 프로그램을 혼란스럽게 하기 때문입니다.

일반적으로 프로그램은 위에서 아래로 흐르는 구조를 가지고 있습니다. goto문과 달리 break문이나 continue문은 지정한 라벨의 블록을 빠져나가는 것이기 때문에 프로그램의 흐름을 크게 어지럽히지 않습니다.

도전! Java 프로그래밍

프로그래밍의 제 1 수칙은 '백문이 불여일행'이라고 합니다. 백 번 듣고 보는 것보다 한 번 프로그래밍을 실행시켜 보는 것이 훨씬 낫다는 말입니다. 실제로 프로그래밍에 도전해 보지 않고서는 프로그래머가 될 수 없습니다. 여기에서는 앞 장에서 배운 내용을 토대로 실제 예를 통해 적용해 보겠습니다. 여러분의 프로그래밍 실력을 쌓을 수 있는 기초가 될 것입니다.

문제

01_ 1부터 10까지의 짝수와 홀수의 합을 for문과 if문을 사용하여 출력하는 프로그램을 작성하시오.

02_ 다음 코드의 출력 결과는 무엇일까요?
```
class Chapter3_2 {
   public static void main(String[ ] args){
      int a[ ][ ] = new int[3][3];

      for(int i=0; i < a.length; i++){
         for(int j=0; j <
            a[i].length; j++){a[i][j]= i*10+j;
            System.out.println("a[" + i
            + "][" + j + "] = " + a[i][j]);
         }
      }
   }
}
```

03_ 다음 프로그램은 완벽하지 않습니다. 오류를 찾아보세요..
```
01: class Chapter3_3 {
02:   public static void main(String[ ] args){
03:     int a[5] = new int[ ];
04:     int temp=0;
05:
06:     a[0] = 5; a[1] = 2; a[2] = 9; a[3] = 4; a[4]
            = 13; a[5] = 6;
07:
08:     for(int i=0; i < a.length( ); i++){
09:       temp = a[i] % 2;
10:       switch(temp){
11:         case 0:
12:           System.out.println("배열의 " + i + "번째 숫자는 " + a[i] + "로 짝수입니다.");
13:           break;
14:         case 1:
15:           System.out.println("배열의 " + i + "번째 숫자는 " + a[i] + "로 홀수입니다.");
16:           break;
17:         default;
18:           System.out.println("배열의 " + i + "번째 숫자는 " + a[i] + "로 홀수도 짝수도 아닙니다.");
19:       }
20:    }
21:  }
22: }
```

04_ 다음 결과를 출력하는 프로그램을 for문을 이용하여 작성하시오.

```
      *
     * *
    * * *
   * * * *
```

```
class Chapter3_1 {
    public static void main(String[ ] args){
        int Hsum = 0;
        int Jsum = 0;
        
        for(int i=1; i<=10; i++){
            if((i%2) ==0){
                Jsum += i;
            }else{
                Hsum +=i;
            }
        }
        System.out.println("1부터 10까지의 
            짝수의 합 : " + Jsum);
        System.out.println("1부터 10까지의 
            홀수의 합 : " + Hsum);
    }
}
```

1부터 시작하는 for문을 구현하기 위해서는 초기 값을 1로 지정해 주어야 하며 10까지의 반복을 위해서 조건 연산자로 '<='을 사용하여 10까지의 반복을 구현해 주어야 합니다. 또한 짝수와 홀수의 구분은 2로 나누었을때 나머지가 0이면 짝수이고 나머지가 1이라면 홀수입니다. 그리고 최종적으로 짝수의 합과 홀수의 합을 출력하면 됩니다.

```
a[0][0] = 0
a[0][1] = 1
a[0][2] = 2
a[1][0] = 10
a[1][1] = 11
a[1][2] = 12
a[2][0] = 20
a[2][1] = 21
a[2][2] = 22
```

두 개의 중복된 for문을 사용하여 변수의 초기화와 함께 그 변수값을 출력하는 프로그램입니다. 첫 번째 for문은 배열에서 a[3]을 위해서 반복되는 for문이며 두번째 for문은 배열의 a[3][3]을 위해서 반복되는 for문입니다.

03

03행 : 배열의 크기 지정 방법은 int a[ ] = new int[5]가 되어야 합니다.
06행 : 배열의 크기는 n-1까지이기 때문에 마지막 a[5]는 사용하면 안 됩니다.
08행 : 배열의 크기를 알려주는 메소드는 length( )가 아닌 length입니다.
11, 14, 17행 : switch문의 case에서 구분자는 [;]가 아닌 [:]입니다.

자바에서 length( ) 메소드는 문자열의 길이를 알려주는 메소드로 배열의 length와 헷갈리기 쉬우니 주의하시기 바랍니다.

```
class Chapter3_4 {
    public static void main(String[ ] args){
        for(int i=1; i<=4; i++){
            for(int j=3; j >=i ; j--){
                System.out.print(" ");
            }
            for(int k=0; k<i; k++){
                System.out.print("*");
            }
            System.out.println();
        }
    }
}
```

이 문제를 해결하기 위해서는 세 개의 for문이 필요하기 때문에 기본적으로 중복된 for문을 사용할 수 있어야 합니다. 첫 번째 사용된 for문은 새로운 라인으로 변경을 해 주는 for문이고, 두 번째 사용된 for문은 각 라인에서 빈 공간을 한 칸씩 감소하면서 출력하는 for문입니다. 마지막으로 세 번째로 사용된 for문은 각 라인에서 *을 한 칸씩 증가하면서 출력하는 for문입니다.

4
클래스의 기초

클래스란 무엇일까?

제4장에서는 Java 프로그래밍의 기초를 이루고 있는 **클래스**에 대해서 소개하겠습니다. 지금까지 소개했던 프로그램들을 살펴보니, 제일 처음에 class라고 쓰고 나서 프로그래밍을 시작하고 있네요. 그럼 클래스란 무엇일까요? 간단히 말하면 '데이터와 처리 동작을 한데 모은 것' 입니다. Java 프로그램은 복수의 클래스가 조합하여 이루어져 있습니다.

기존의 프로그래밍 언어는 동작을 하나에서 열까지 기술해야만 하므로, 복잡한 프로그램들은 완성하기까지 손이 많이 갔습니다. 하지만, Java에서는 관련된 데이터와 처리 동작을 모아 클래스라는 부품으로 만들어 두고, 그것들을 자유롭게 조합하고, 필요하면 재이용함으로써 보다 복잡한 프로그램을 만들어 가는 것이 가능합니다.

이처럼 부품(물건= 객체)별로 프로그램을 만드는 개념을 **객체 지향**이라고 부르고, Java 같은 프로그래밍 언어를 **객체 지향 언어**라고 합니다.

용어 설명

오브젝트(Object =객체)
객체 지향 프로그래밍(OOP)에서 중심이 되는 개념으로서 하나의 구성 단위. 객체는 데이터와 그 데이터를 처리하기 위한 프로시저로 구성된다.

객체 지향(Object-Oriented)
데이터와 이를 처리하는 기능이 하나로 이루어져 있는 객체를 모델링하고, 이들 간의 관계를 정의하는 것.

꼭 알아야 할 Key Point

클래스는 설계도와 같은 것

클래스가 어떤 것인지 대강 파악되었나요? 그럼, 조금 더 구체적인 이야기를 해보겠습니다.

Java 프로그램의 기본을 이루고 있는 클래스는 설계도와 같은 것으로, 그 자체로는 이용할 수가 없습니다. 이용하기 위해서는 설계도를 기초로 실체를 만들 필요가 있습니다. 실체화한 것을 **오브젝트(객체)**라고 하며, 실체화하는 작업을 '오브젝트를 생성한다' 또는 '인스턴스화한다'라고 합니다. 클래스는 오브젝트가 되어야 비로소 이용할 수 있게 된다는 것을 기억해 두십시오.

또한, 클래스는 데이터와 처리라는 보다 작은 부품으로 구성되어 있습니다. 이것들의 명칭과 역할 등에 대해 이 장에서 자세히 설명하겠습니다.

제1장에서 제3장까지는 프로그램 내의 부분적인 사항에 대해 소개했지만, 제4장에서는 프로그램의 전체 구조에 대해서 다루겠습니다. 클래스나 오브젝트는 Java를 이해하는 데 가장 중요한 부분이며, 동시에 가장 까다롭고 이해하기 어려운 부분이기도 합니다. 차분히 읽고 머릿속에 이미지를 새기도록 합시다.

인스턴스(Instance)
인스턴스는 추상화 개념 또는 클래스 객체, 컴퓨터 프로세스 등과 같은 틀(template)이 실제 구현된 것.

클래스의 개념

클래스란 무엇이고, 어떻게 정의하는지 살펴보도록 하겠습니다.

🔓 클래스의 개념

클래스는 데이터와 처리 동작을 하나로 모아놓은 것입니다. 데이터를 **필드**, 처리 동작을 **메소드**라고 합니다. 필드와 메소드를 클래스의 **멤버**라고 합니다.

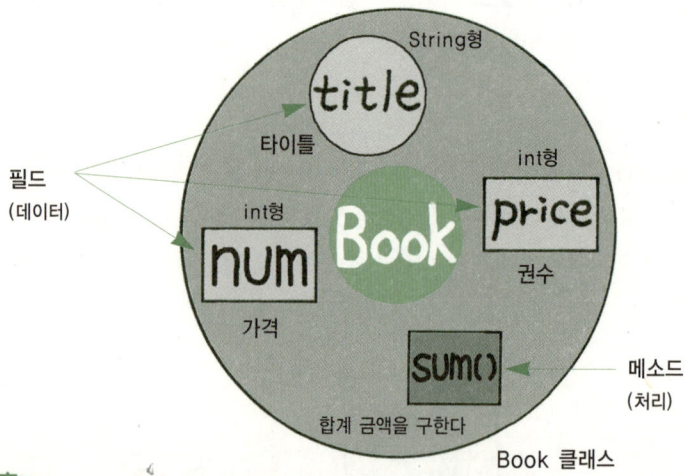

🔓 클래스의 정의

위에서 본 Book 클래스를 Java 코드로 기술하면 다음과 같습니다. 클래스를 기술하는 것을 '클래스를 정의한다' 라고 합니다.

클래스명을 숫자로 시작하면 에러가 납니다.

```
class Book {
    int price;
    int num;
    String title;

    int sum(){
        return price * num;
    }
}
```

클래스명 — 이 뒤의 { } 안에 클래스의 내용을 기술합니다.

필드

메소드

멤버

오브젝트(object)

클래스는 변수에 대한 형과 같은 것으로, 그 자체에 값을 저장할 수는 없습니다. 그래서 클래스를 바탕으로, 값을 저장할 수 있는 변수와 같은 것을 만듭니다. 이것을 **오브젝트**라고 합니다.

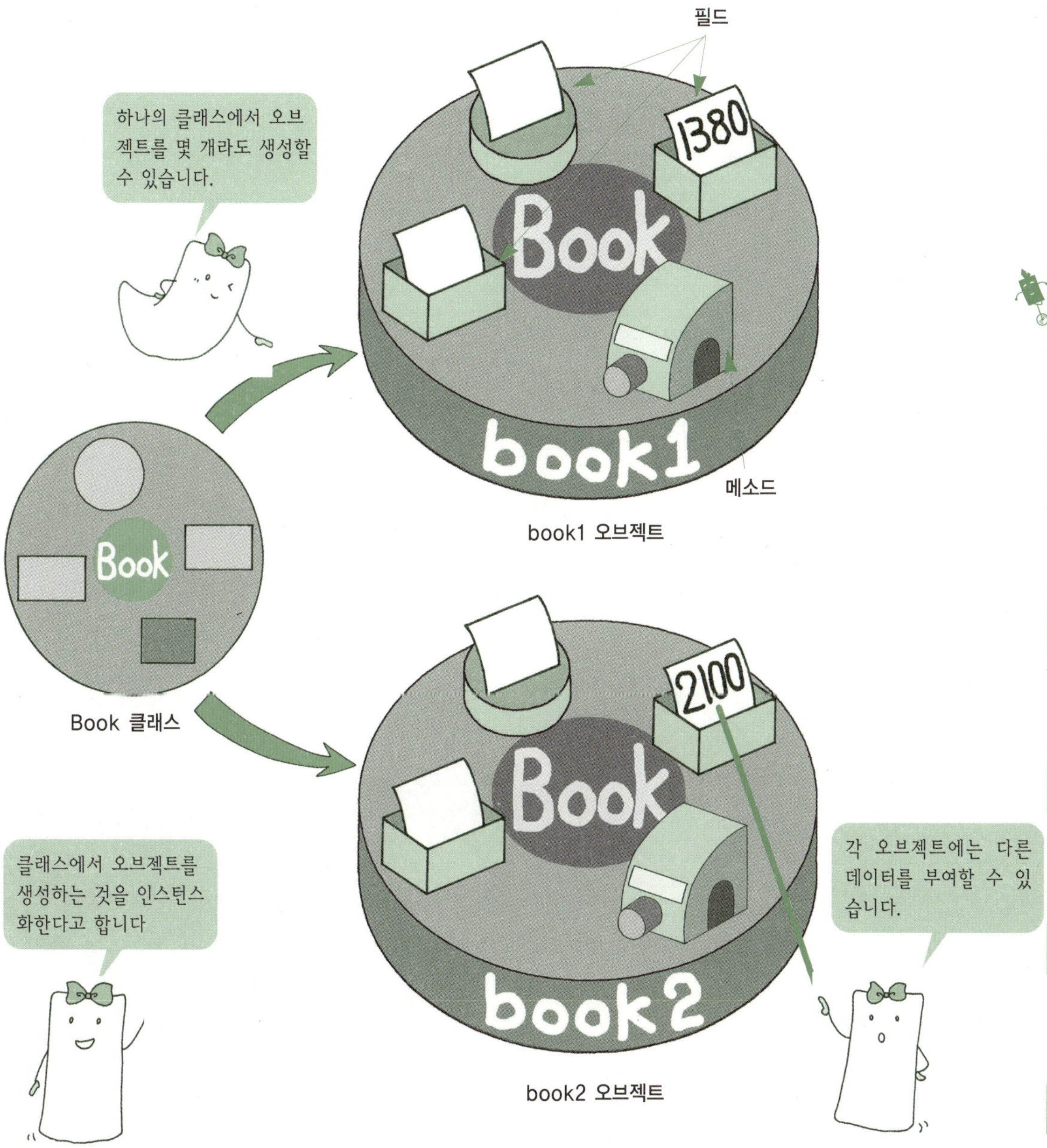

- 하나의 클래스에서 오브젝트를 몇 개라도 생성할 수 있습니다.
- 필드
- 메소드
- Book 클래스
- book1 오브젝트
- book2 오브젝트
- 클래스에서 오브젝트를 생성하는 것을 인스턴스화한다고 합니다
- 각 오브젝트에는 다른 데이터를 부여할 수 있습니다.

오브젝트의 생성

클래스에서 오브젝트를 생성하는 방법을 알아보겠습니다.

🔒 오브젝트를 만드는 방법

Book 클래스에서 book1이라는 이름의 오브젝트를 생성해 봅시다. 오브젝트를 생성하기 위해서는 **new** 연산자가 사용됩니다.

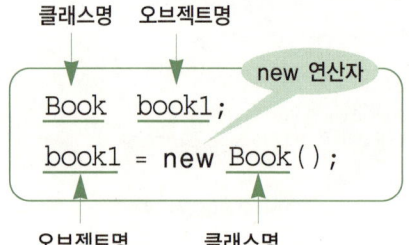

Book 클래스의 멤버   book1 오브젝트의 멤버

Book 클래스   book1 오브젝트

다음과 같이 한번에 기술할 수도 있습니다.

```
Book book1 = new Book();
```

클래스의 정의와 오브젝트의 생성

클래스를 정의하고 오브젝트를 생성하기까지의 흐름을 살펴봅시다.

```
class Student{
    int[] point = new int[3];
    String name;

    double ave() {
         ⋮
    }
}
```
◀── 클래스의 정의

```
class Score {
    public static void main(String[] args) {
        Student kim = new Student();
        Student lee = new Student();
            ⋮
    }
}
```
◀── Student 클래스의 오브젝트 'kim'을 생성

◀── Student 클래스의 오브젝트 'lee'를 생성

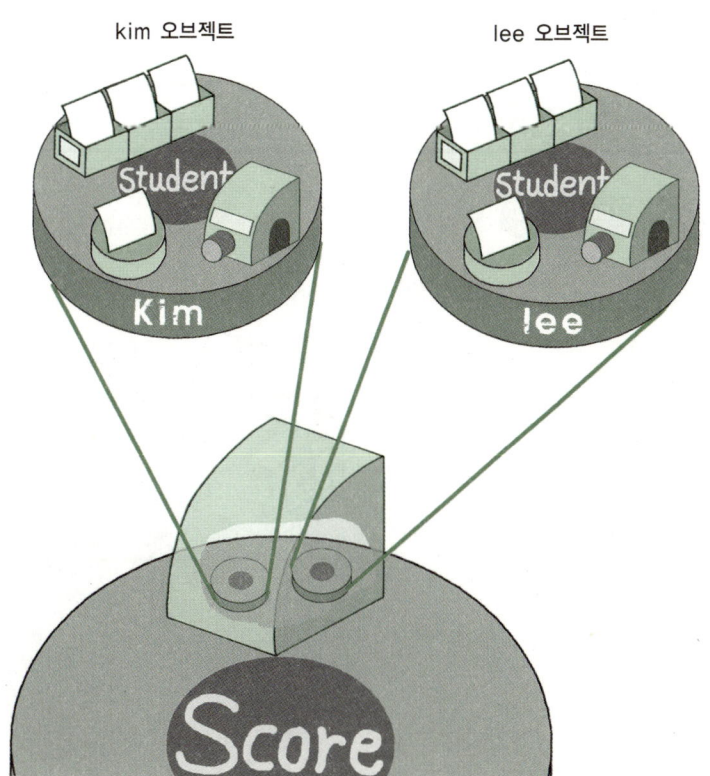

필드

클래스의 멤버인 필드를 정의하고 참조와 대입하는 방법을 알아봅시다.

🔓 필드란?

필드는 클래스 안의 변수를 말합니다. 클래스에 필드를 추가하기 위해서는 다음과 같이 기술합니다. 이것을 **필드의 정의**라고 합니다.

main( ) 등 메소드 안에서 정의한 변수는 필드라고 하지 않습니다.

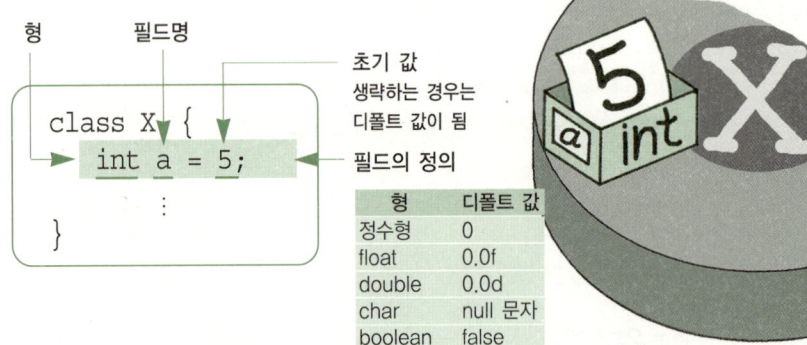

형 필드명

```
class X {
    int a = 5;
    ...
}
```

초기 값
생략하는 경우는
디폴트 값이 됨

필드의 정의

형	디폴트 값
정수형	0
float	0.0f
double	0.0d
char	null 문자
boolean	false
참조형	null

🔓 필드의 참조와 대입

같은 오브젝트 내의 필드

같은 오브젝트 내의 필드를 참조하거나 대입하기 위해서는 필드명을 그대로 기술합니다.

대입
```
a = 9;
```
↑
필드명

참조
```
b = a + 2;
```
↑
필드명

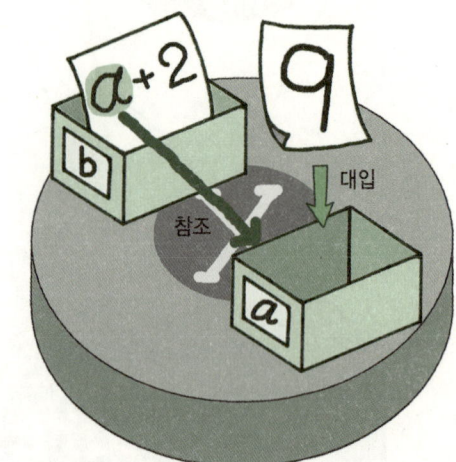

다른 오브젝트의 필드

다른 오브젝트의 필드를 참조하거나 대입하기 위해서는 '.(피리어드)'를 사용하여 다음과 같이 기술합니다.

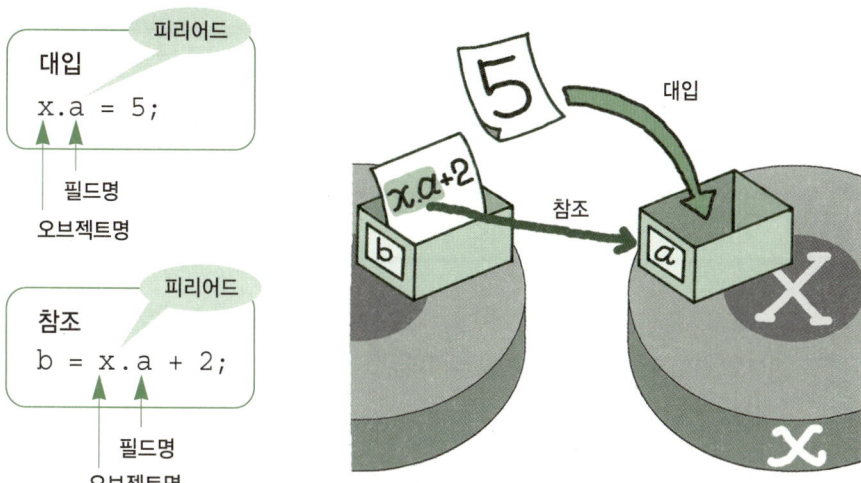

대입
x.a = 5;
피리어드
필드명
오브젝트명

참조
b = x.a + 2;
피리어드
필드명
오브젝트명

예 Weather.java

```
class Wdata {
    int month;
    int day;
    String sky;
}

class Weather {
    public static void main(String[] args) {
        Wdata today = new Wdata();
        today.month = 10;
        today.day = 5;
        today.sky = "맑음";
        System.out.println(today.month + "월"
            + today.day + "일" + today.sky);
    }
}
```

필드의 정의

실행 결과

10월 5일 맑음

필드 | 103

메소드의 정의

클래스의 멤버인 메소드에 대해 이해하고, 정의하는 방법을 알아봅니다.

메소드란?

메소드는 프로그래머가 준 값을 지시대로 처리하여, 결과를 토해 내는 상자와 같은 것입니다. 처리할 재료가 되는 값을 **인수**(파라미터)라고 하고, 결과 값을 반환 값(리턴 값)이라고 합니다. 예를 들어 다음과 같은 메소드를 생각해 보기로 하지요.

add( ) 메소드 :
두 개의 정수값의 합을 얻습니다

위의 메소드를 Java 코드로 기술하면 다음과 같습니다. 이렇게 메소드의 기능을 기술하는 것을 '메소드를 정의한다' 고 합니다.

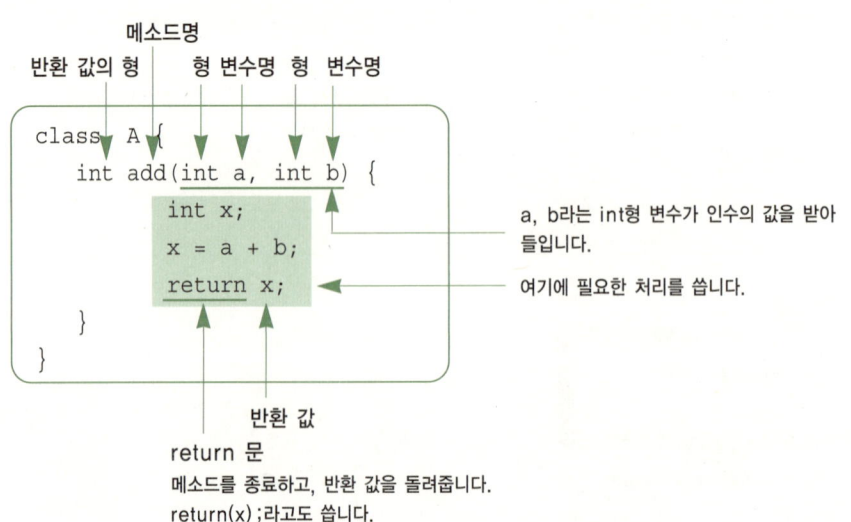

변환 값과 인수를 갖지 않는 메소드

메소드의 반환 값이 없을 때는 반환 값의 형으로 **void**라고 지정합니다.

void는 '비어 있음'이라는 의미입니다.

disp( ) 메소드 :
인수의 정수값을 표시합니다

```
void disp(int a) {
    System.out.println("인수의 값은" + a);
    return;
}
```

반환 값이 없는 경우, return문은 생략할 수 있습니다.

인수가 없이 반환 값이 있을 때는 다음과 같이 됩니다.

half( ) 메소드 :
동일한 오브젝트 내의 필드 a값을 2로 나눈 값을 얻습니다

```
double half( ) {
    double b;
    b = a / 2.0;
    return b;
}
```

또한 인수도 반환 값도 없을 때는 다음과 같이 메소드를 정의합니다.

print( ) 메소드 :
'Hello' 라고 표시합니다

```
void print(){
    System.out.println("Hello");
}
```

메소드 호출하기(1)

동일한 오브젝트 내의 메소드를 호출하고 실행하는 방법을 학습합니다.

🔓 동일한 오브젝트 내의 메소드

동일한 오브젝트 내의 메소드를 호출하기 위해서는 다음과 같이 기술합니다.

인수를 갖는 메소드

인수로는 int형 값을 넘겨줍니다.

```
class A {
    void a(int x) {
        System.out.println("인수는" + x);
    }

    void b() {
        a(5);
    }
}
```

x의 값은 5가 됩니다.

대응

메소드를 호출

메소드명 인수

인수를 갖지 않는 메소드

```
class A {
    void a( ) {
        System.out.println("Hello");
    }

    void b( ) {
        a( );
    }
}
```

메소드명

반환 값의 이용

메소드가 값을 반환할 때는 반환 값의 형에 맞는 변수에 그 값을 저장해 둘 수 있습니다.

```
class Calc {
    int add(int a, int b) {
        return a + b;
    }
              대응        대응
    void print() {
        int c;
        c = add(8, 6);
        ...
    }
}
```

a값은 8, b값은 6이 됩니다.

메소드명 인수

메소드의 반환 값의 형과 변수의 형은 같습니다.

메소드 호출하기(1) | 107

메소드 호출하기(2)

다른 오브젝트의 메소드를 호출하고 실행하는 방법을 학습합니다.

🔓 다른 오브젝트의 메소드

다른 오브젝트의 메소드를 호출하기 위해서는 '.(피리어드)'를 사용하여 다음과 같이 기술합니다.

```
class Calc {
    int add(int a, int b) {         ← a의 값은 3,
        return a + b;                  b의 값은 9가 됩니다.
    }
}
                                    대응
class Math {
    public static void main(String[] args) {
        Calc calc = new Calc();
        System.out.println("3 + 9 = " + calc.add(3, 9) );
        ...                                              ← 인수
    }                           ↑            ↑      ← 메소드명
}                           오브젝트명     피리어드
```

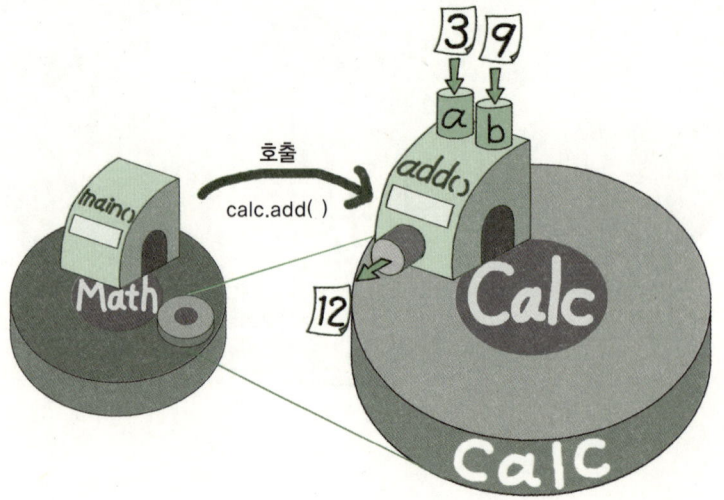

108 4장 클래스의 기초

main() 메소드와 같은 오브젝트 내의 메소드에는 static을 붙입니다.

예 Calculation.java

```java
class Calc {
    int add(int a, int b) {
        return a + b;
    }
}                                           ← 메소드의 정의

class Calculation {
    static void disp() {
        int c;
        Calc calc = new Calc();
        c = calc.add(8, 9);
        System.out.println("8 + 9 = " + c);
    }

    public static void main(String[] args) {
        disp();
    }
}
```

실행 결과

```
8 + 9 = 17
```

가변 길이 인수

버전 6.0에서는 printf( ) 메소드처럼 호출하는 쪽 상황에 맞게 인수의 개수를 변경할 수 있는 가변 인수가 지원됩니다.

가변 길이 인수를 가진 메소드의 기술

지금까지 소개한 메소드는 사용자가 인수의 수를 미리 결정해 두어야 했습니다. 가변 길이 인수의 메소드는 필요한 만큼 자동적으로 인수를 받을 수 있으므로, 사용자가 미리 인수의 수를 결정할 필요가 없습니다.

add( ) 메소드 :
임의 개수의 정수 값의 합을 구한다

상황에 맞게 인수를 받아들이는 곳이 늘어나요.

가변 길이 인수의 메소드는 다음과 같이 기술합니다.

```
        반환 값의 형    메소드명   형   배열명
        class Anyone {
            int add(int...a) {
                int sum = 0;
                for(int i = 0; i < a.length; i++) {
                    sum += a[i];
                }
                return sum;
            }
        }
```

a라는 int형 배열이 인수의 값을 받아들입니다.

가변 길이 인수를 가진 메소드 호출하기

가변 길이 인수를 가지는 메소드는 인수의 개수에 상관없이 호출할 수 있습니다. 가변 길이 인수의 메소드에 인수의 수가 정해진 메소드를 오버로드(112페이지 참조)하는 경우에는 인수의 수가 정해진 메소드가 우선적으로 호출됩니다.

```
class Anyone {
    int add(int...a) {
        ⋮
    }
    void calce()
        int sum = add(1, 2, 3, 4, 5);
        System.out.println(sum);
    }
}
```

a의 값은 {1, 2, 3, 4, 5}가 됩니다.

가변 길이 인수의 메소드는 인수 없이 호출할 수 있어요.

예 VarargsSample.java

```
class VarargsSample {
    int getMax(int...nums) {
        int max = 0;
        for(int i = 0; i < nums.length; i++) {
            if(i == 0) {
                max = nums[0];
            }
            if(max < nums[i]) {
                max = nums[i];
            }
        }
        return max;
    }

    public static void main(String[] args) {
        VarargsSample vt = new VarargsSample();
        System.out.println("(2,5,7,0,1) 최댓값:" + vt.getMax(2,5,7,0,1));
        System.out.println("(100,54,1) 최댓값:" + vt.getMax(100,54,1));
        System.out.println("(10)        최댓값:" + vt.getMax(10));
    }
}
```

실행 결과
```
(2, 5, 7, 0 ,1) 최댓값 : 7
(100, 54, 1)    최댓값 : 100
(10)            최댓값 : 10
```

오버로드

오버로드란 무엇인지 알아봅시다.

🔓 오버로드란?

오버로드란 하나의 클래스 내에 인수의 개수나 형이 다른 동일한 이름의 메소드를 여러 개 정의하는 것입니다.

```
class Calc {
    int add(int a, int b) {
        return a + b;
    }

    int add(int a) {
        return a + 1;
    }
    double add(double a, double b) {
        return a + b;
    }
}
```

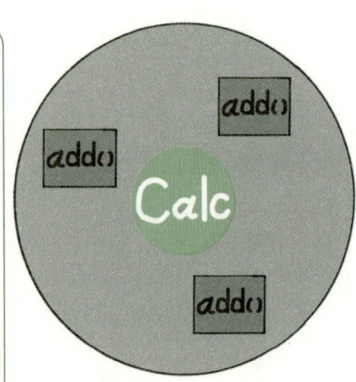

🔓 오버로드된 메소드 호출하기

메소드를 호출할 때 주어진 인수에 따라 인수의 수와 형이 대응하는 메소드가 호출됩니다.

동일한 이름의 메소드라도 인수의 개수와 형이 다릅니다.

add(5, 3)

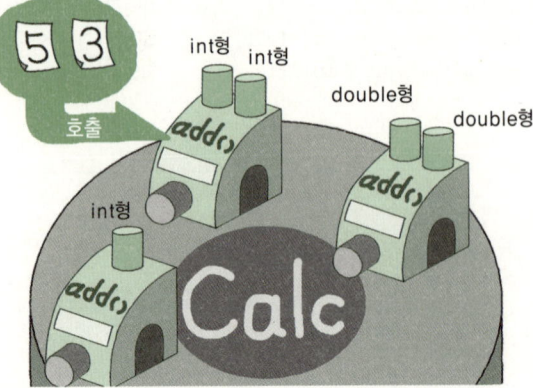

예 Pet.java

```java
class Cat {
   String name;
   String place;
   int age;

   void setData(String n, String p, int a) {
      name = n;
      place = p;
      age = a;
   }

   void print() {
       System.out.println(place + ":" + name + "  " + age + "살");
   }

   void print(String p, int a) {
      place = p;
      System.out.println(place + ":고양이는" + a + "마리입니다.");
   }

   void print(String variety) {
      System.out.println(place + ":" + name + "  "
                         + age + "살" + variety);
   }
}

class Pet {
   public static void main(String[] args) {
      Cat cat1 = new Cat();
      Cat cat2 = new Cat();
      Cat cat3 = new Cat();
      cat1.setData("로빈", "우리집", 10);
      cat2.setData("아이", "옆집", 14);
      cat1.print("잡종");
      cat2.print();
      cat3.print("우리집", 0);
   }
}
```

대응하는 메소드를 호출

실행 결과

```
우리집 : 로빈 10살 잡종
옆집 : 아이 14살
우리집 : 고양이는 0마리입니다.
```

생성자

오브젝트를 생성할 때 호출되는 생성자에 대해서 알아봅시다.

🔓 생성자란?

생성자란 오브젝트 생성과 함께 자동적으로 호출되는 특수한 메소드입니다.

인수가 없는 생성자

생성자에는 반환 값이 없습니다.

```
class A {
    int  a, b, c;

    A( ){
        a = 0;
        b = 0;
        c = 0;
    }
       ⋮
}

class TestA {
       ⋮
    A a = new A();
       ⋮
}
```

→ 클래스와 같은 이름

→ 생성자

→ 오브젝트의 생성 = 생성자의 호출

필드를 초기화할 때 등에 이용할 수 있습니다.

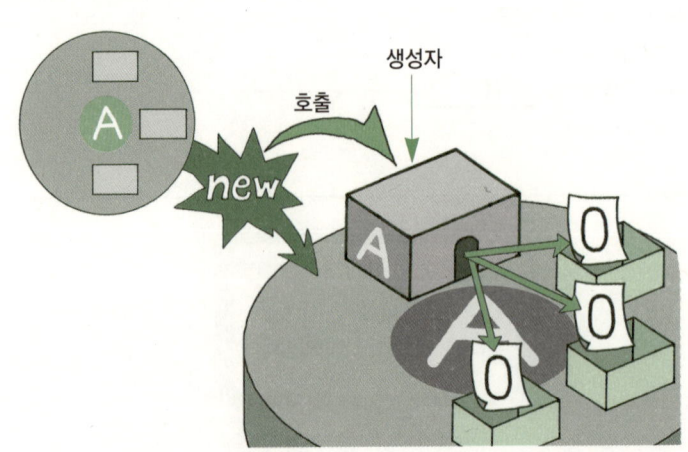

인수가 있는 생성자

```
class B {
    int  s, t;

    B(int a, int b) {
        s = a;
        t = b;
    }
        ⋮
}
class TestB {
        ⋮
    B b = new B(3, 4);
        ⋮
}
```

↑ 생성자

예 Books.java

```
class Book {
    int price;
    int num = 0;
    String title;

    Book(String t, int p) {
        title = t;
        pric = p;
    }

    void print() {
        System.out.println("제    목: " + title);
        System.out.println("가    격: " + price);
        System.out.println("주문 수량: " + num);
        System.out.println("합계 금액: " + price * num);
    }
}

class Books {
    public static void main(String[] args) {
        Book book = new Book("C가 보이는 그림책", 12000) ;
        book.num = 10;
        book.print();
    }
}
```

실행 결과

제   목 : C가 보이는 그림책
가   격 : 12000
주문 수량 : 10
합계 금액 : 120000

여러 가지 생성자

디폴트 생성자와 복제 생성자를 소개합니다.

🔓 디폴트 생성자

생성자를 기술하지 않는 경우, 인수가 없는 생성자가 자동으로 만들어집니다. 이것을 **디폴트 생성자**라고 합니다.

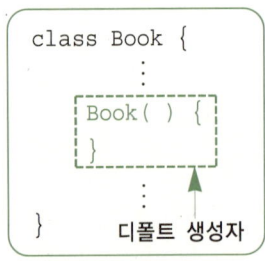

 디폴트 생성자

＊실제는 기술하지 않습니다.

🔓 복제 생성자

동일한 클래스의 오브젝트를 인수로 받아서, 대응하는 필드에 값을 대입하는 생성자를 **복제 생성자**라고 합니다. 복제 생성자는 전달받은 오브젝트를 복제합니다.

book2 오브젝트는 book1 오브젝트와 같은 값을 가지고 있습니다.

 복제 생성자

예 Books.java

```java
class Book {
    String title;
    String writer;

    Book(String t, String w) {
        title = t;
        writer = w;
    }

    Book(Book copy) {
        title = copy.title;
        writer = copy.writer;
    }

    void print() {
        System.out.println("제 목:" + title);
        System.out.println("저 자:" + writer);
    }
}

class Books {
    public static void main(String[] args) {
        Book book1 = new Book("C가 보이는 그림책","ANK");
        book1.print();
        Book book2 = new Book(book1);
        book2.title = "Java가 보이는 그림책";
        book2.print();
    }
}
```

실행 결과

```
제 목 : C가 보이는 그림책
저 자 : ANK
제 목 : Java가 보이는 그림책
저 자 : ANK
```

생성자도 오버로드할 수 있습니다.

main( ) 메소드

main( ) 메소드, 커맨드라인 인수의 사용법을 이해합시다.

🔒 메인( ) 메소드의 형식

main( ) 메소드는 프로그램을 실행할 때 최초로 호출되는 메소드로 하나의 클래스에 한개만 기술할 수 있습니다. main( ) 메소드는 다음과 같이 기술합니다.

메소드의 내용을 { } 안에 기술합니다.

- 메소드의 수식자: `public static`
- 반환 값의 형: `void`
- 커맨드라인 인수: `String[] args` 「String... args」라고도 쓸 수 있습니다.

```
public static void main(String[] args) {
    ⋮
}
```

기술하는 장소와 관계없이 main( ) 메소드를 제일 먼저 실행합니다.

예 Tea.java

```
class Eat {
    void print1() {
        System.out.print(" E ");
    }
    void print2() {
        System.out.print(" A ");
    }
    void print3() {
        System.out.print(" T ");
    }
}
class Tea {
    public static void main(String[] args) {
        Eat eat = new Eat();
        eat.print3();
        eat.print1();
        eat.print2();
        System.out.Println();
    }
}
```

프로그램의 시작점

메인( ) 메소드

실행 결과

```
T E A
```

커맨드라인 인수 가져오기

main( ) 메소드의 인수는 String 클래스의 배열로 되어 있습니다. 이 인수는 커맨드 프롬프트로부터 입력을 받아들입니다.

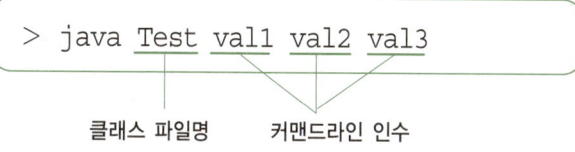

클래스 파일명 　 커맨드라인 인수

예 Main.java

```
class Main {
    public static void main(String[] args) {
        int i;
                                    ← 배열 args의 요소 수
        if(args.length == 0) {
            System.out.println("커맨드라인 인수가 없습니다.");
        } else {
            for(i = 0; i < args.length; i++)
                System.out.println((i+1) + ":" + args[i]);
        }
    }
}
```

인수를 주지 않았을 때의 처리

실행 결과

```
>Java Main orange apple grape
1 : orange
2 : apple
3 : grape
```

※ 굵은 글자는 키보드로 입력한 글자

예제 프로그램

성적을 표시해 보자

Test 클래스에는 교과명, 점수라는 필드가 있고, Student 클래스에는 학생 번호, 이름, 과목수라는 필드가 있습니다. Test 클래스와 Student 클래스를 이용하여 성적을 관리하는 프로그램을 만들어 보겠습니다.

소스 코드
Classroom.java

```java
class Test {
    String subject; // 필드  교과명
    int point;      // 필드  점수

    void setPoint(String s, int p) { // 점수를 설정하는 메소드
        subject = s;
        point = p;
    }

    String getPoint() { // 한 과목의 점수를 가져오는 메소드
        return subject + ":" + point;
    }
}

class Student {
    int id;           // 필드  학생 번호
    String name;      // 필드  이름
    int subnum;       // 필드  과목 수
    Test[ ] test;     // 필드  테스트 클래스의 오브젝트 배열

    Student(int i, String n, int s) { // 생성자
        id = i;
        name = n;
        subnum = s;
        test = new Test[s];
        for(int j = 0; j < s; j++)
            test[j] = new Test(); // 배열의 요소 하나하나에 대해
    }                             // new에서 오브젝트를 생성

    String getName()  { // 이름을 가져오는 메소드
        return id + ":" + name;
    }

    int getGrade() { // 총점을 가져오는 메소드
        int sum = 0;
        for(int i = 0; i < subnum; i++)
            sum += test[i].point;
        return sum;
    }
}
```

```java
        // 메소드의 오버로드
        int getGrade(int a) {  // 성적을 평가하는 메소드
            int base = 100 * subnum / a;
            int rank = getGrade() / base + 1;
            return (rank > a) ? a : rank; //rank가 a보다 클 때는 a를,
                                          //그 이외는 rank를 돌려줍니다.
        }

        void printScore() {  // 성적을 표시하는 메소드
            System.out.println(getName());
            for(int i = 0; i < subnum; i++)
                System.out.print(test[i].getPoint() + " ");
            System.out.println();
            System.out.println("총점 " + getGrade());
            int rank = 5;
            System.out.println(rank + "단계 평가" + getGrade(rank));
            System.out.println();
        }
}

class Classroom {
    public static void main(String[] args) {
        Student kim = new Student(12, "김주현", 3);
        kim.test[0].setPoint("국어", 95);
        kim.test[1].setPoint("영어", 83);
        kim.test[2].setPoint("수학", 76);
        kim.printScore();

        Student lee = new Student(7, "이 진", 3);
        lee.test[0].setPoint("국어", 66);
        lee.test[1].setPoint("영어", 97);
        lee.test[2].setPoint("수학", 72);
        lee.printScore();
    }
}
```

실행 결과

```
12 : 김주현
국어 : 95  영어 : 83  수학 : 76
총점 254
5단계 평가 5

7 : 이 진
국어 : 66  영어 : 97  수학 : 72
총점 235
5단계 평가 4
■
```

{ 알아두면 도움이 되는 **Java 프로그래밍 상식** }

가비지 컬렉터

가비지 컬렉터란 더 이상 사용하지 않게 된 오브젝트를 자동적으로 청소해 주는 Java의 편리한 기능입니다. 불필요해져 쓰레기(가비지)가 된 오브젝트를 회수(컬렉트)하기 때문에 가비지 컬렉터라고 부르는 것입니다.

오브젝트는 컴퓨터 내의 메모리(데이터를 기록해 두는 장소)에 존재합니다. 가비지 컬렉터는 메모리 상에 있는 사용이 끝난 오브젝트를 자동적으로 파기하여 메모리를 다시 이용할 수 있도록 해줍니다. 메모리상에 공간을 마련하여 이용할 수 있는 상태로 만드는 것을 '메모리 확보'라고 하며, 한번 확보했던 메모리를 재이용할 수 있는 상태로 하는 것을 '메모리 해제'라고 합니다. C 언어나 C++에는 가비지 컬렉터 기능이 없기 때문에 메모리상에 있는 불필요한 것들을 수동으로 관리해야 합니다. Java는 사용 후의 오브젝트에 대해 신경쓰지 않아도 되는 만큼, 프로그래밍에 전념할 수 있겠지요.

오브젝트의 사용을 마쳤는지 어떤지의 판단을 가비지 컬렉터가 합니다. 사용이 끝난 오브젝트를 '오브젝트명 = null'로 해두면, 사용이 끝났다는 것을 가비지 컬렉터에 알려줄 수도 있습니다. 가비지 컬렉터는 사용이 끝났다고 판단된 오브젝트를 자동적으로 회수하지만, 강제적으로 회수하고 싶은 경우에는 다음과 같이 기술합니다.

```
System.gc();
```

그러나 위와 같이 해도, 불필요한 오브젝트가 발견되지 않을 경우에는 아무 일도 일어나지 않습니다. 또한 가비지 컬렉터는 자동적으로 호출되기 때문에, 실제로 쓸 일은 거의 없습니다.

도전! Java 프로그래밍

프로그래밍의 제 1 수칙은 '백문이 불여일행'이라고 합니다. 백 번 듣고 보는 것보다 한 번 프로그래밍을 실행시켜 보는 것이 훨씬 낫다는 말입니다. 실제로 프로그래밍에 도전해 보지 않고서는 프로그래머가 될 수 없습니다. 여기에서는 앞 장에서 배운 내용을 토대로 실제 예를 통해 적용해 보겠습니다. 여러분의 프로그래밍 실력을 쌓을 수 있는 기초가 될 것입니다.

문제

01_ Study라는 클래스를 정의하고 Study 클래스를 사용하여 English, Java 오브젝트를 생성하는 프로그램을 작성하시오.

02_ 다음의 프로그램에서 필드와 메소드를 찾아 보세요.

```java
class Chapter4_2 {
    int a = 5;
    int b = 3;

    static int sum(int c, int d){
        int x;
        x = c + d;
        return x;
    }

    static float average(int c, int d){
        float x;
        x=(c+d)/2;
        return x;
    }

    public static void main
            (String [ ] args){
        Chapter4_2 c4 = new
          Chapter4_2( );
        System.out.println(sum(c4.a ,
          c4.b));
        System.out.println(average(c4.a,
          c4.b));
    }
}
```

03_ 다음 프로그램의 출력 결과는 무엇일까요?
```java
class Chapter4_3 {
    public static void main(String [ ] args){
        Sum c4 = new Sum( );
        System.out.println("4 + 6 = " +
          c4.add(4, 6));
    }
}

class Sum{
    int add(int a, int b){
        int x ;
        x = a + b;
        return x;
    }
}
```

04_ 다음과 같이 정의된 클래스 안의 method()에 대해서 오버로딩을 구현하였다. 이중에서 잘못된 곳을 찾고 그 이유를 설명하시오.
```
01 : class Chapter4_4 {
02 :     boolean method(int a){}
03 :     boolean method(long a){}
04 :     void method(int a){}
05 :     boolean method(int a, int b){}
06 : }
```

05_ 커맨드 화면에서 자신의 이름과 직위를 입력받아 출력하고 입력을 하지 않았거나 잘못 입력하였을 경우에는 사용법이 출력되는 프로그램을 작성하시오.

```
class Study {
    public static void main(String [ ] args){
        Study English = new Study( );
        Study Java = new Study( );
    }
}
```

먼저 Study라는 이름의 클래스를 선언하고 Study 클래스에서 English와 Java 오브젝트를 생성하기 위해 new라는 연산자를 사용하면 됩니다.

필드 : int a, int b
메소드 : sum(int c, int d), average(int c, int d),
　　　　 main(String [ ] args)

필드는 클래스 안의 변수를 말하는데 메소드 안에서 정의한 변수 int x와 float x는 필드라고 하지 않습니다. 그렇기에 필드는 a와 b이며 메소드로는 리턴형이 int형이며 합계를 처리해 주는 int sum()과 리턴형이 float형이며 두 변수의 평균을 계산해 주는 float average()와 마지막으로 main() 메소드가 있습니다.

4 + 6 = 10

Chapter4_3의 클래스에서 Sum 클래스로 c4라는 이름의 오브젝트를 생성하고 '.(피리어드)'를 사용하여 Sum 클래스 안에 있는 리턴형이 int형인 add() 메소드를 사용합니다. add() 메소드에 인수 두 개를 넘겨주고 그것에 대한 합을 int형으로 돌려 받아서 chapter4_3의 main() 메소드에서 출력합니다.

04행 : void method(int a){ }이 잘못되었다.

오버로딩은 이름은 같지만 인자의 타입과 개수에 의해 구분되기 때문에 04행에서 void method(int a)는 02행에서 정의한 boolean method(int a)와 리턴형이 다를 뿐 int형의 인수가 하나인 것이 동일합니다. 중복 선언으로 인하여 04행이 잘못되었습니다.

```
class Chapter4_5 {
public static void main(String [ ] args){
    if((args.length ==0)||(args.length ==1)){
        System.out.println("이름과 직위를 입력
            하지 않았거나 잘못 입력하셨습니다.");
        System.out.println("사용법 : java
            Chapter4_5 이름 직위");
    }else{
        System.out.println("이름 : " + args[0]);
        System.out.println("직위 : " + args[1]);
    }
}
}
```

이 문제를 해결하기 위해서는 커맨드라인상에서 인자를 전달받는 법을 알아야 하는데, 커맨드라인상에서 인자를 받기 위해서는 컴파일된 소스 파일명과 전달하고자 하는 인자를 입력해 주면 됩니다.

5

클래스의 상속

클래스의 편리한 기능

제4장에서는 클래스란 어떤 것인가, 그 기본에 대해서 학습했습니다. 이 장에서는 클래스에 대해 보다 깊이 있게 학습하도록 하겠습니다.

Java는 객체 지향 언어라고 앞에서 소개했습니다. 객체 지향 언어의 가장 큰 특징 중 하나가 바로 **상속**입니다. 상속이란 클래스가 가지고 있는 멤버를 다른 클래스에 계승시키는 것입니다. 이때, 원래 클래스를 **슈퍼 클래스**, 상속을 받는 클래스를 **서브 클래스**라고 합니다. 상속한 멤버는 서브 클래스에서 정의하지 않아도 사용할 수가 있으며, 게다가 서브 클래스 내에서 정의한 멤버도 사용할 수 있습니다. 슈퍼 클래스는 **부모 클래스**, 서브 클래스는 **자식 클래스**라고도 합니다. 양자의 관계를 부모와 자식의 관계로 간주하고, 멤버를 부모가 가지고 있는 집이나 가재 도구라고 하면, 상속은 부모로부터 물려받은 집에 필요한 가재 도구들을 새로 들여놓는 것 같은 이미지입니다. 처음부터 모두 새로 준비하는 것보다 훨씬 간단하지요. 이것이 상속의 편리함입니다. 프로그램상에서 어떻게 활용하는지 차분히 살펴보도록 하세요.

상속(Inheritance)
하나의 클래스 객체가 정의되었을 때, 차후 정의되는 어떠한 서브 클래스라도 일반 클래스들의 정의 중에서 하나 또는 그 이상의 정의를 물려받을 수 있다는 개념.

오버라이딩(Overriding)
상위 클래스에서 선언한 메소드를 하위 클래스에서 다시 정의해서 사용하는 것. 코드를 반복해서 사용하지 않고도 형태의 변형만으로 코드를 다시 사용할 수 있도록 지원한다.

꼭 알아야 할 Key Point

 ## 어떤 것이라도 상속되는가?

상속에 대한 이미지가 그려지나요? 조금 더 깊이 생각해 보기로 하겠습니다.

'상속하면 어떤 경우라도 슈퍼 클래스의 모든 멤버를 자신의 것처럼 사용할 수 있을까요?'

유감스럽게도 그렇지는 않습니다. private라고 기술되어 있는 멤버는 서브 클래스에 상속되지 않습니다. 이 private는 **접근 제한자**라고 하여, 상속을 제한하는 기능 외에 필드와 메소드의 이용을 제한하는 기능을 합니다. 예를 들면, 어떤 필드와 메소드가 외부로부터 영향을 받지 않도록 하고 싶을 때 private를 기술하면 이들을 보호할 수 있습니다. private 접근 제한자를 붙인 멤버는 자신의 전용 금고에 넣어 소중하게 보관하고 있는 상태가 됩니다. 이렇게 하면 외부에서 볼 수도, 멋대로 사용할 수도 없습니다.

또한 이 장에서는 상속한 멤버를 재정의하는 방법인 **오버라이딩**과 필드와 클래스에 붙이는 접근 제한자와 그 기능에 대해 설명하겠습니다.

이제부터는 Java가 아니면 하기 힘든 프로그램이 등장합니다. 어렵다고 포기하지 말고, 한 발 한 발 앞으로 나가도록 합시다.

필드(Field)
어떤 목적을 가진 하나의 레코드나 메시지 헤더 또는 컴퓨터 명령어와 같은 특정한 종류의 데이터를 위해 사용되는 지정된 영역. 길이는 미리 정해지는 것이 보통이며 한 필드는 더 작은 필드들로 나뉠 수 있다.

상속

다른 클래스의 멤버를 이어받는 기능인 클래스의 상속에 대해 이해해 봅시다.

🔓 클래스의 상속이란?

클래스에는 다른 클래스의 멤버를 계승하는 기능이 있습니다. 이것을 '클래스의 **상속**'이라고 합니다. 상속의 흐름을 살펴보겠습니다.

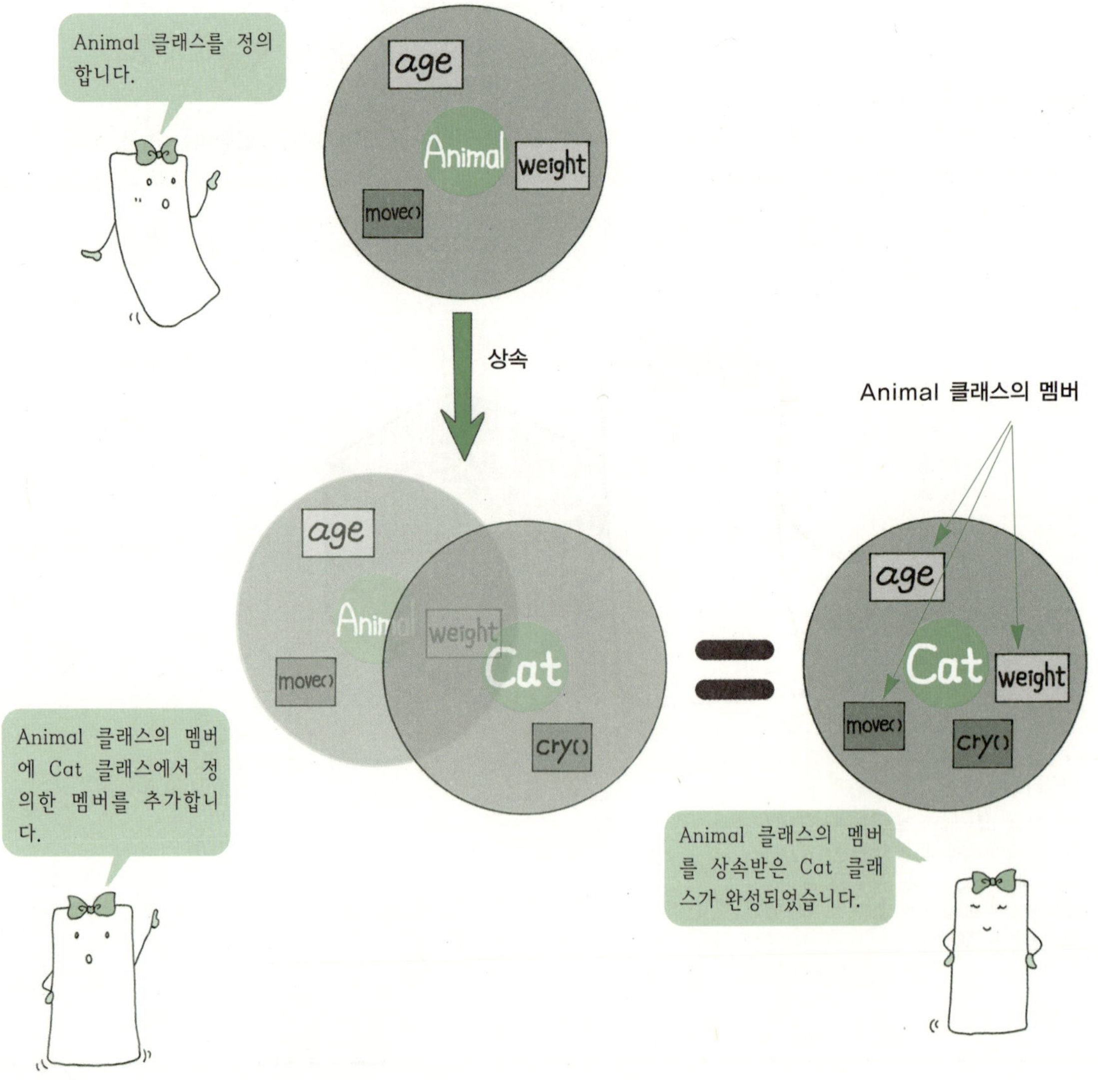

> Animal 클래스를 정의합니다.

상속

> Animal 클래스의 멤버에 Cat 클래스에서 정의한 멤버를 추가합니다.

Animal 클래스의 멤버

> Animal 클래스의 멤버를 상속받은 Cat 클래스가 완성되었습니다.

슈퍼 클래스와 서브 클래스

물려받은 클래스를 **슈퍼 클래스**(부모 클래스)라고 하고, 슈퍼 클래스로부터 물려받아 만든 클래스를 **서브 클래스**(자식 클래스)라고 합니다. 서브 클래스는 얼마든지 만들 수 있지만 상속해 주는 부모 클래스는 단 하나뿐입니다.

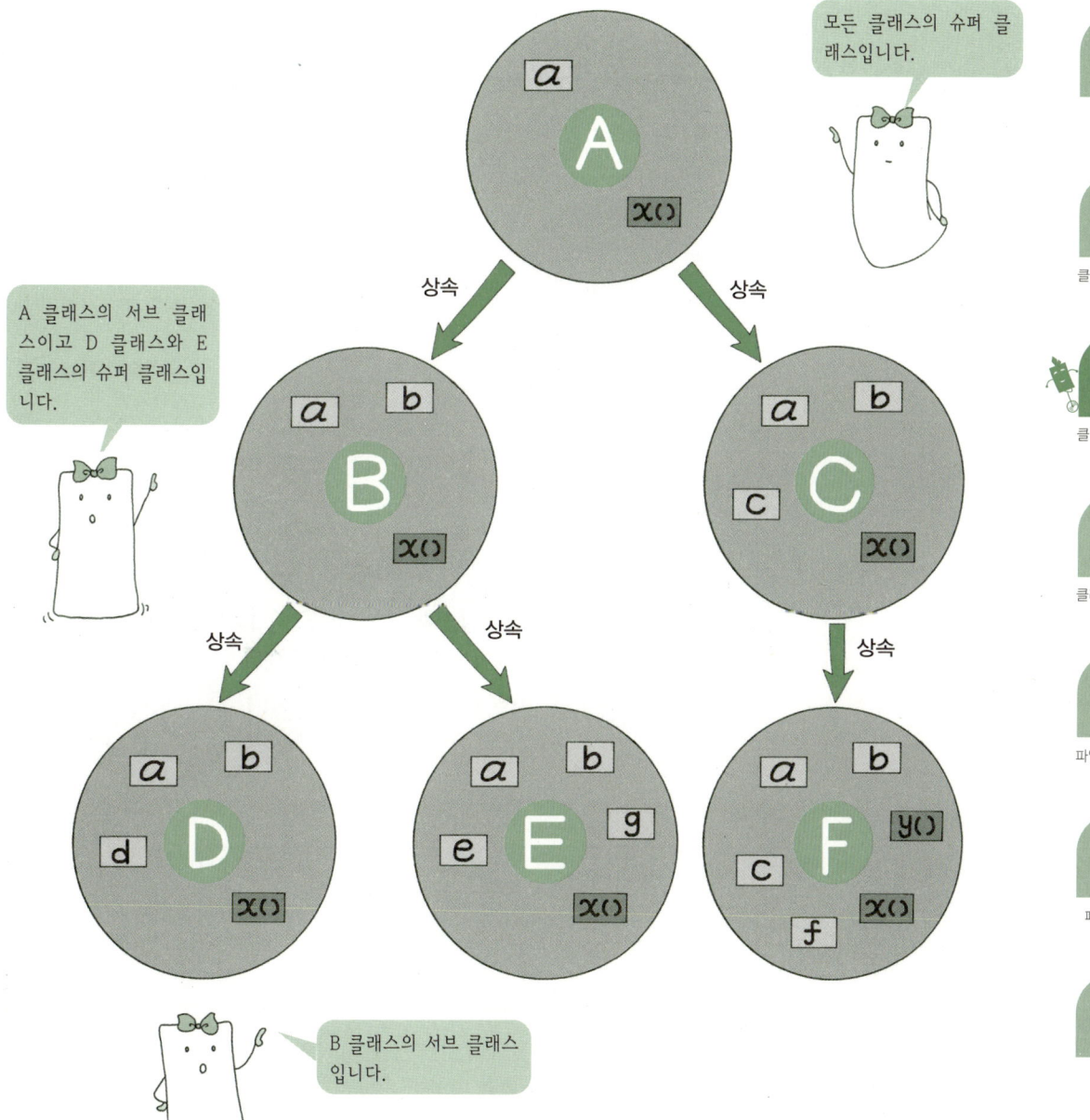

상속의 정의

서브 클래스를 정의하는 방법을 알아보겠습니다.

🔓 상속의 정의

서브 클래스를 만들기 위해서는 **extends**를 사용합니다.

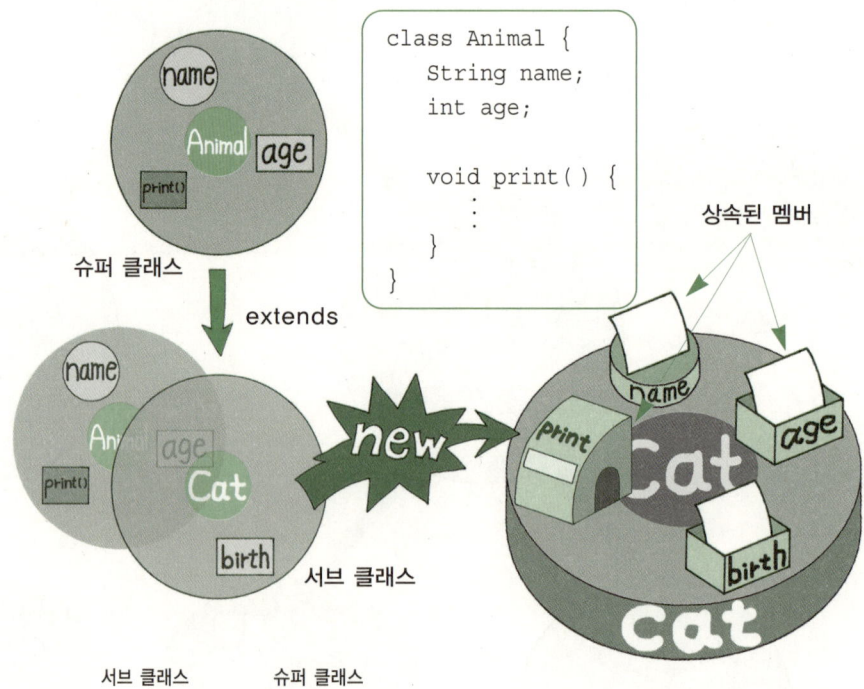

```
class Animal {
    String name;
    int age;

    void print() {
        ⋮
    }
}
```

상속된 멤버

서브 클래스   슈퍼 클래스

```
class Cat extends Animal {
    int birth;
}

class Pet {
    public static void main(String[] args) {
        Cat cat = new Cat();
            ⋮
    }
}
```

서브 클래스의 오브젝트는 슈퍼 클래스의 멤버를 이용할 수 있습니다.

예 Bookshelf.java

```java
class Book {
    String title;
    String genre;

    void printBook() {
        System.out.println("제 목 :" + title);
        System.out.println("장 르 :" + genre);
    }
}

class Novel extends Book {
    String writer;

    void printNov() {
        printBook();
        System.out.println("저자 :" + writer);
    }
}

class Magazine extends Book {
    int day;

    void printMag() {
        printBook();
        System.out.println("발매일 :"+ day +"일");
    }
}

class Bookshelf {
    public static void main(String[] args) {
        Novel nov = new Novel();
        nov.title = "구운몽";
        nov.genre = "고전문학";
        nov.writer = "김만중";
        Magazine mag = new Magazine();
        mag.title = "월간 자바 그림책";
        mag.genre = "컴퓨터";
        mag.day = 20;
        nov.printNov();
        System.out.println();
        mag.printMag();
    }
}
```

슈퍼 클래스 Book

서브 클래스 Novel

서브 클래스 Magazine

실행 결과

제 목 : 구운몽
장 르 : 고전문학
저자 : 김만중

제 목 : 월간 자바 그림책
장 르 : 컴퓨터
발매일: 20일

private 접근 제한자

필드와 메소드는 다른 오브젝트로부터 숨길 수가 있습니다. 그 방법에 대해 알아보겠습니다.

private

접근 제한자는 클래스와 그 멤버의 성질을 지정합니다. **private 접근 제한자**를 앞에 붙인 멤버는 다음과 같은 성질을 가집니다.

오브젝트 간의 참조

private을 붙인 멤버는 다른 오브젝트에서 이용할 수 없게 됩니다.

private이 아닌 메소드를 통해서라면 private 멤버를 이용할 수 있습니다.

```
class X {
    private int a;

    int getA() {
        return a;
    }
}

class Y {
    void print() {
        X x1 = new X();
          :
    }
}
```

private

서브 클래스의 상속

private 멤버는 상속할 수 없습니다.

private를 가진 멤버는 서브 클래스로 상속할 수 없습니다.

```
class Z extends X {
    int b;
}
```

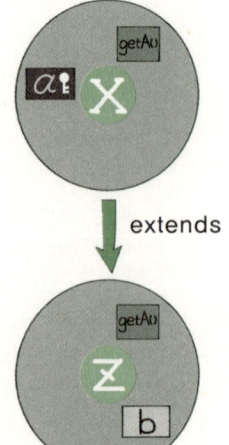

예 TestPerson.java

```java
class Person {
    private String name;   ← private 필드

    void setName(String n) {
        name = n;
    }                              ─ private가 붙어 있지 않은 메소드

    String getName() {
        return name;
    }
}
class Girl extends Person {
    void print() {
        System.out.println(getName() + "양");
    }
}
class TestPerson {
    public static void main(String[] args) {
        Girl nara = new Girl();
        nara.setName("나라");
        nara.print();
    }
}
```

실행 결과

```
나라 양
```

private 멤버는 서브 클래스로 계승되거나, 다른 오브젝트에서 이용할 수 없습니다.

```java
class Person {
    private String name;
```
```java
class Girl extends Person {
    void print() {
        System.out.println(name);   ← 상속 불가
    }
```
```java
class TestPerson {
    public static void main(String[] args) {
        Person nara = new Person();
        nara.name = "나라";   ← 이용 불가
```

컴파일 에러가 납니다.

오버라이딩

슈퍼 클래스의 메소드는 서브 클래스에서 다시 정의할 수 있습니다.

🔓 오버라이딩이란?

오버라이딩이란 상속된 메소드와 동일한 이름, 동일한 인수를 가지는 메소드를 정의하여 메소드를 덮어쓰는 것입니다.

```
class Greeting {
    void bye() {
        System.out.println("good bye");
    }
}
        ⋮
    Greeting greeting = new Greeting();
    greeting.bye();
        ⋮
```

```
class Insa extends Greeting {
    void bye() {
        System.out.println("안녕히 계세요.");
    }
}
        ⋮
    Insa insa = new Insa();
    insa.bye();
        ⋮
```

오버라이딩된 메소드가 호출됩니다.

액세스 수식자의 변경

오버라이딩에서는 메소드의 수식자를 변경할 수 있습니다. 단, 제한이 약한 것을 강하게 할 수는 없습니다.

액세스 수식자	제한
public	약하다
protected	↕
없음	
private	강하다

super

서브 클래스 안에서 **super**라는 말을 사용하면 슈퍼 클래스의 필드와 메소드를 참조할 수 있습니다.

```
class Insa extends Greeting {
    void byeEnglish() {
        super.bye();
    }
}      :
```
          ↑
       메소드명

예 Pet.java

```
class Animal {
    String name;
    int age;

    void printPet() {
        System.out.println("이름:" + name);
        System.out.println("나이:" + age);
    }
}

class Cat extends Animal {
    String variety;

    void printPet() {
        super.printPet();
        System.out.println("종류:" + variety);
    }
}

class Pet {
    public static void main(String[] args) {
        Cat cat = new Cat();
        cat.name = "양순이";
        cat.age = 5;
        cat.variety = "페르시안";
        cat.printPet();
    }
}
```

슈퍼 클래스의 메소드를 참조

printPet() 메소드의 오버라이딩

실행 결과

```
이름 : 양순이
나이 : 5
종류 : 페르시안
```

오버라이드의 확장

반환 값의 형이 완전히 일치하지 않더라도 오버라이딩할 수 있습니다.

반환 값의 형이 다른 경우의 오버라이드

버전 6.0에서는 반환 값과 형(클래스)이 다른 메소드도 오버라이딩 할 수 있습니다. 단, 반환 값의 형은 상속한 메소드의 반환 값의 형의 서브 클래스라야 합니다.

```
class SuperZ {
    Object getName() {
        return new String("SuperZ");
    }
}

class SubX extends SuperZ {
    String getName() {
        return new String("SubX");
    }
}
        ⋮
        SubX xx = new SubX();
        System.out.println(xx.getName());
        ⋮
```

String은 Object (160페이지 참조)의 서브 클래스이므로 오버라이딩 할 수 있어요.

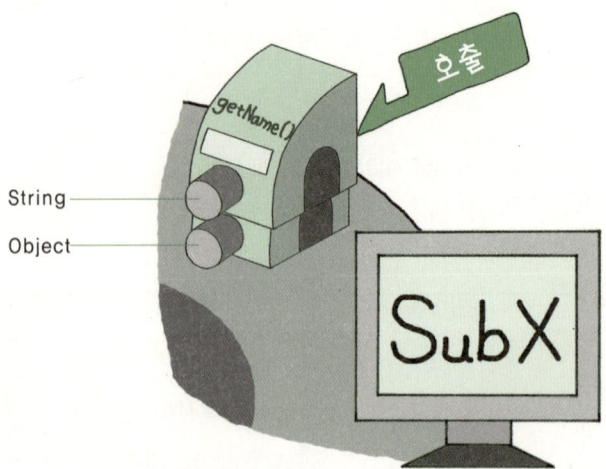

예 OverRideSample.java

```java
class SuperZ {
    Number num() {
        return null;
    }
}

class SubX extends SuperZ {
    Double num() {
        return new Double(10) ;
    }
}

class OverRideSample {
    public static void main(String[] args) {
        SubX xx = new SubX( );
        System.out.println(xx.num( ));
    }
}
```

실행 결과

```
10.0
```

여러 가지 제한자

제한자의 한 종류인 final과 static을 소개합니다.

🔓 final

final은 필드나 클래스에 붙이는 제한자입니다. final을 붙이면 필드는 값을 변경할 수 없게 되고, 클래스는 상속할 수 없게 됩니다.

```
final int a = 3;
```

```
final class Animal {
    ⋮
}
```

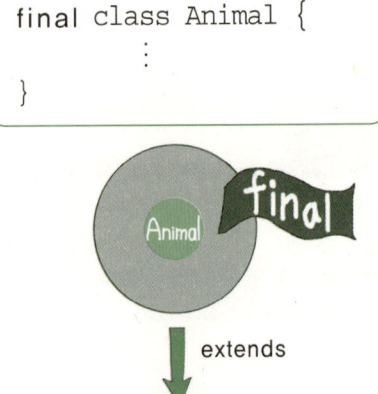

🔓 static

static은 필드와 메소드에 붙이는 제한자입니다.
같은 클래스에서 생성된 오브젝트들은 static을 붙인 필드의 값을 공유합니다.

값을 공유하고 있습니다.

```
class A {
    static int a;
}
    ⋮
    A a1 = new A();
    A a2 = new A();

    a1.a = 50;
    ⋮
```

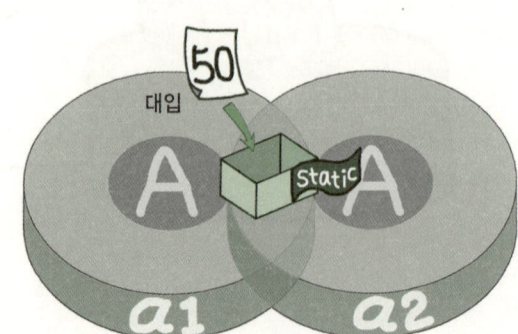

어떤 오브젝트에서도 같은 동작을 하는 메소드에는 static 키워드를 붙여주는 것이 좋겠지요. static을 붙인 메소드는 다음과 같은 성질을 가집니다.

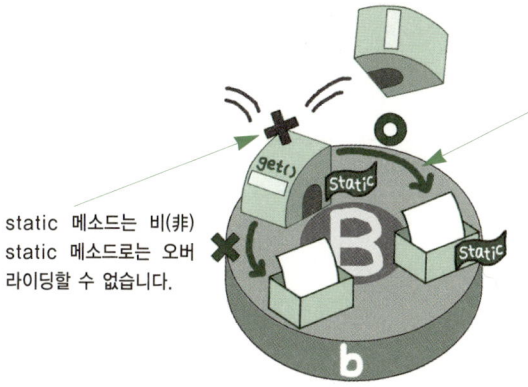

static 메소드에서 동일한 오브젝트 내의 멤버를 이용하기 위해서는 멤버에 static을 붙여야만 합니다.

static 메소드는 비(非) static 메소드로는 오버라이딩할 수 없습니다.

static을 붙인 멤버는 오브젝트를 생성하지 않고도 사용할 수 있습니다. 이때, 다른 오브젝트에서 참조하기 위해서는 오브젝트 이름이 아닌 클래스명을 지정합니다.

B.get(); ← 클래스명

예 Shopping.java
```java
class Purse {
    static int money = 0;

    void printMoney(int in, int out) {
    money = money + in - out;
    if(money < 0)
        System.out.println((-1 * money) + "원 부족합니다.");
    else
        System.out.println("잔금은 " + money + "원입니다.");
    }
}

class Shopping {
    public static void main(String[] args) {
        Purse store1 = new Purse();
        Purse store2 = new Purse();
        store1.printMoney(1000, 100);
        store2.printMoney(0,250);
        store1.printMoney(0,800);
    }
}
```

실행 결과
잔금은 900원입니다.
잔금은 650원입니다.
150원 부족합니다.

예제 프로그램

매출 전표 만들기

Drink 클래스와 그 서브 클래스인 Alcohol 클래스를 사용하여 음료수 매출 전표를 만들어 보겠습니다.

소스 코드
Payment.java

```java
class Drink {
    String name; // 상품명
    int price;   // 단가
    int count;   // 수량

    // 생성자
    Drink(String n, int p, int c) {
        name = n;
        price = p;
        count = c;
    }

    int getTotalPrice() { // 금액을 계산
        return count * price;
    }

    static void printTitle() {
        System.out.println("상품명\t\t단가\t수량\t금액");
    }

    void printData() {
        System.out.println(name + "\t" + price + "\t"
                         + count + "\t" + getTotalPrice());
    }
}

class Alcohol extends Drink {
    float alcper; // 알코올 도수

    // 생성자
    Alcohol(String n, int p, int c, float a) {
        super(n, p, c); // 슈퍼 클래스의 생성자를 호출한다
        alcper = a;
    }

    // 메소드 오버라이딩
    static void printTitle() {
```

\t로 탭을 삽입한다.

```java
            System.out.println("상품명(도수[%])\t단가\t수량\t금액");
        }

        // 메소드 오버라이딩
        void printData() {
            System.out.println(name + "(" + alcper + ")" + "\t" + price
                    + "\t" + count + "\t" + getTotalPrice());
        }
    }

    class Payment {
        public static void main(String[] args) {
            Drink coffee = new Drink("커피", 200, 3);
            Drink tea = new Drink("녹차", 150, 2);
            Alcohol wine = new Alcohol("와인", 300, 2, 15.0f);

            Drink.printTitle();
            coffee.printData();
            tea.printData();
            System.out.println();

            Alcohol.printTitle();
            wine.printData();
            int sum = coffee.getTotalPrice() + tea.getTotalPrice()
                    + wine.getTotalPrice();
            System.out.println("\n*** 합계 금액" + sum + "원 ***");
        }
    }
```

실행 결과

```
상품명      단가    수량    금액
커피       200    3      600
녹차       150    2      300

상품명(도수[%])  단가    수량    금액
와인(15.0)     300    2      600

* * * 합계 금액 1500원 * * *
```

알아두면 도움이 되는 Java 프로그래밍 상식

this

this 는 기술된 오브젝트 그 자체를 나타냅니다. 오브젝트 내의 필드와 메소드는 필드명, 메소드명만으로 이용할 수 있었지만, 정확히는 그 앞에 'this.' 라는 키워드를 붙입니다. 「this.」는 생략해도 상관없기 때문에 보통 쓰지 않습니다.

this를 사용하면 메소드의 인수나 변수에 필드와 같은 이름을 붙여도 그것들을 구분하여 사용할 수 있습니다. 예를 들면, 인수로 받은 값을 필드에 대입하는 생성자를 생각해 보겠습니다.

```java
Person(String a, int b) {
    name = a;
    age = b;
}
```

이 생성자는 인수로 받은 변수 a, b를 name, age 필드에 대입하고 있습니다. 이때, 'this.' 를 사용하면 인수에 필드명과 같은 name, age라는 이름을 붙일 수 있습니다.

```java
Person(String name, int age) {
    this.name = name;
    this.age = age;
}
```

좌변의 this.name은 오브젝트의 필드인 name을 말하며, 우변의 name은 생성자의 인수인 name을 가리킵니다. 인수와 필드를 같은 이름으로 하면 생성자에 전달하는 인수를 쉽게 이해할 수 있습니다.

도전! Java 프로그래밍

프로그래밍의 제 1 수칙은 '백문이 불여일행' 이라고 합니다. 백 번 듣고 보는 것보다 한 번 프로그래밍을 실행시켜 보는 것이 훨씬 낫다는 말입니다. 실제로 프로그래밍에 도전해 보지 않고서는 프로그래머가 될 수 없습니다. 여기에서는 앞 장에서 배운 내용을 토대로 실제 예를 통해 적용해 보겠습니다. 여러분의 프로그래밍 실력을 쌓을 수 있는 기초가 될 것입니다.

문제

01_ 먼저 과목 이름 name과 과목 담임 teacher라는 변수와 그것을 출력하는 printmsg( )라는 메소드를 갖는 Study라는 클래스를 선언하고 상속을 받아서 Sub_Java라는 서브 클래스를 선언한 후 Study_Java라는 클래스에서 상속받은 Sub_Java의 오브젝트를 생성하여 과목 이름은 자바이고 과목 담임은 성안당이라고 출력되는 프로그램을 작성하시오.

02_ 자바에서 사용되는 접근 제한자 private에 대해 설명하시오.

03_ 상속에 대해서 작성된 다음 프로그램에서 잘못된 곳을 찾으세요.
```
01: class Super{
02:     private int a;
03:     private int b;
04:     void setVar(int c, int d){
05:         a = c;
06:         b = d;
07:     }
08: }
09:
10: class Sub extend Super{
11:     void printmsg( ){
12:         System.out.println("변수 a : " + a);
13:         System.out.println("변수 b : " + b);
14:     }
15: }
16:
17: class Chapter5_3 extends Sub {
18:     public static void main(String args[ ]){
19:         Sub S = new Sub( );
20:         setVar(4, 6);
21:         S.printmsg( );
22:     }
23: }
```

04_ 다음의 차이점은 무엇인가?
a. 변수 a를 수식자 final을 사용하여 정의한 것과 사용하지 않고 정의한 것.
b. 변수 b를 수식자 static을 사용하여 정의한 것과 사용하지 않고 정의한 것.

05_ 다음 프로그램의 출력 결과는 무엇일까요?
```
class Super{
    void printmsg( ){
        System.out.println("상위 클래스입니다.");
    }
}

class Sub extends Super{
    void printmsg( ){
        super.printmsg( );
        System.out.println("서브 클래스입니다.");
    }
}
class Chapter5_5 {
    public static void main(String args[ ]){
        Sub sub = new Sub( );
        sub.printmsg( );
    }
}
```

```
class Study{
    String name;
    String teacher;

    void printmsg( ){
        System.out.println("과목 : " + name);
        System.out.println
            ("과목 담임 : " + teacher);
    }
}

class Sub_Java extends Study{
}

class Study_Java extends Sub_Java {
    public static void main(String args[ ]){
        Sub_Java SJ = new Sub_Java( );
        SJ.name = "자바";
        SJ.teacher = "성안당";
        SJ.printmsg( );
    }
}
```

자바에서는 상속을 위해서 extends라는 연산자를 사용하며 Study를 상속받은 Sub_Java 클래스는 Study 클래스에서 정의된 변수와 메소드를 자신의 것처럼 사용할 수 있습니다. 주의할 점은 자바는 다중상속을 지원하지 않는다는 점입니다.

접근 제한자인 private는 클래스의 필드와 메소드를 다른 오브젝트로부터 숨기기 위해서 사용하는데 private를 붙인 멤버는 다른 오브젝트에서는 이용할 수 없으며 상속을 받은 클래스에서도 역시 사용이 불가능하다. 하지만 private가 아닌 메소드를 이용해서는 private 멤버를 사용할 수 있다.

03

10행 : 상속을 받기 위해서는 extend가 아니라 extends를 사용해야 한다.
12행, 13행 : Super 클래스에서 private로 선언된 변수는 직접적으로 사용할 수 없다.
20행 : setVar( ) 함수는 S.setVar( )으로 고쳐야 한다.

상속을 위한 연산자는 extends 연산자이며 private로 선언된 변수는 직접적으로 사용할 수가 없으며 private가 아닌 메소드를 통해서 접근해야 합니다. 상속된 함수는 오브젝트를 사용해야만 사용할 수 있습니다.

a. final은 필드(변수)나 클래스에 붙이는 수식자로 수식자 final을 사용하여 변수 a를 선언하면 변수(필드) a의 값을 변경할 수 없게 된다. 또한 클래스에 final 수식자를 붙이면 다른 클래스로 상속할 수 없게 된다.
b. static은 필드(변수)나 메소드에 붙이는 수식자로 수식자 static을 사용하여 변수 b를 선언하면 변수(필드) b는 같은 클래스에서 값을 공유하게 된다. 또한 main( ) 메소드에서는 static이 붙은 필드(변수)만이 접근 가능하다.

상위 클래스입니다.
서브 클래스입니다.

Sub 클래스는 Super 클래스의 상속을 받았지만 printmsg( ) 메소드를 오버라이닝시켜서 출력 결과는 Sub 클래스에서 선언된 printmsg( ) 메소드가 호출됩니다. 또한 Sub 클래스의 printmsg( )에서 super 연산자를 통해서 Super 클래스의 printmsg( ) 메소드를 호출하였습니다. 주의할 점은 super의 사용 없이 printmsg( ) 메소드를 호출하면 자기 자신을 호출하여 무한루프에 빠지게 됩니다.

# 6

클래스의 응용

클래스의 여러 가지 특성

'자바의 이해 = 클래스의 이해'라고 해도 좋을 정도로 Java에 있어서 클래스는 중요합니다. 이 장에서는 클래스의 구조와 상속 등에 대한 이해를 바탕으로 좀 더 알아두었으면 하는 부분들에 대해 소개하겠습니다.

우선, **추상 클래스**와 **추상 메소드**라는 단어가 등장합니다. 추상 메소드라는 것은 호출하는 방법만 있고 실제로 무엇을 하는 것인지 정의되어 있지 않은 빈 메소드를 말하며, 추상 클래스는 추상 메소드를 포함하는 클래스를 말합니다.

추상 메소드는 서브 클래스에서 오버라이딩할 때 구체적인 처리를 기술해야만 합니다. 그런데, 왜 이런 귀찮은 작업을 하는 것일까요? 그 의문에 답하기 위해, 우선 상속했을 때의 클래스의 위상에 대해 생각해 보겠습니다. 여기에 Insect(곤충) 클래스와 그것을 상속한 Butterfly(나비) 클래스가 있다고 합시다. 둘 중, Insect 쪽이 보다 '일반적'이고, Butterfly 쪽이 보다 '구체적'이지요. 추상 메소드는 일반적인 클래스에서 세세한 부분은 접어둔 채 이야기를 진행하고 싶을 때 유용한 수단입니다.

예를 들면, 성장하는 모습을 나타내는 grow( )라는 메소드를 만든다고 합시다. 곤충의 성장 과정은 몇 가지가 있지만, 여기서는 나비로 대표되는 '알→애벌레→번데기→성충'이라는 패턴을 생각해 보겠습니다. 각각의 과정에 있어서 형태와 기간은 곤충의 종류에 따라 달라지겠지요? 그래서 Insect 클래스 안에서 al( )이랑 ebule( ) 등의 추상 메소드를 만들고 grow( ) 메소드에서부터 그것들을 바른 순서대로 호출합니다. 자세한 내용은 Butterfly 클래스에서 오버라이딩한 메소드에 두면 됩니다. 추상 메소드(클래스)를 언제 사용하는지 이해가 되나요?

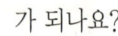

꼭 알아야 할 Key Point

 클래스를 다른 시점에서 보았을 때

곤충이라면 무엇이든 잡을 수 있는 잠자리채가 있다고 합시다. 물론 이 잠자리채를 사용하면 나비도 잡을 수 있습니다. 이때 나비를 곤충으로 간주했기 때문에 '곤충이라면 잡을 수 있다' 는 규칙이 나비에게도 해당된 것입니다. 하지만, 곤충은 나비의 한 종류가 아니기 때문에 그 반대 논리는 성립되지 않습니다.

같은 것을 클래스에도 적용할 수 있습니다. 예를 들면, 인수의 형이 Insect 클래스인 메소드가 있다고 합시다. 이 메소드의 인수로서 Butterfly 클래스의 오브젝트를 줄 수가 있습니다. Butterfly 클래스도 Insect 클래스의 동료이기 때문입니다.

이렇게 클래스는 실제 모습이 같더라도 부모 클래스로서도 자식 클래스로서도 다룰 수 있는 성질이 있습니다. 이것을 **다형성**이라고 합니다. 다형성을 확실히 이해하고 제대로 사용할 수 있게 되면, 보다 확장성이 풍부한 프로그램을 만들 수 있습니다.

이 장에서는 그 밖에도 클래스와 유사한 **인터페이스**, 모든 클래스의 슈퍼 클래스인 **Object 클래스**가 등장합니다. 클래스를 보다 깊이 이해하고 수준 높은 프로그래밍으로 도약하는 초석으로 삼아 주십시오.

추상 클래스

추상 클래스란 무엇인가? 추상 클래스를 정의하는 방법을 살펴보겠습니다.

🔓 추상 메소드와 추상 클래스

처리 내용을 기술하지 않고 호출하는 방법만을 정의한 메소드를 **추상 메소드**라고 합니다. 추상 메소드를 가진 클래스를 **추상 클래스**라고 합니다.

메소드에서 무엇을 하는가는 서브 클래스에서 결정합니다.

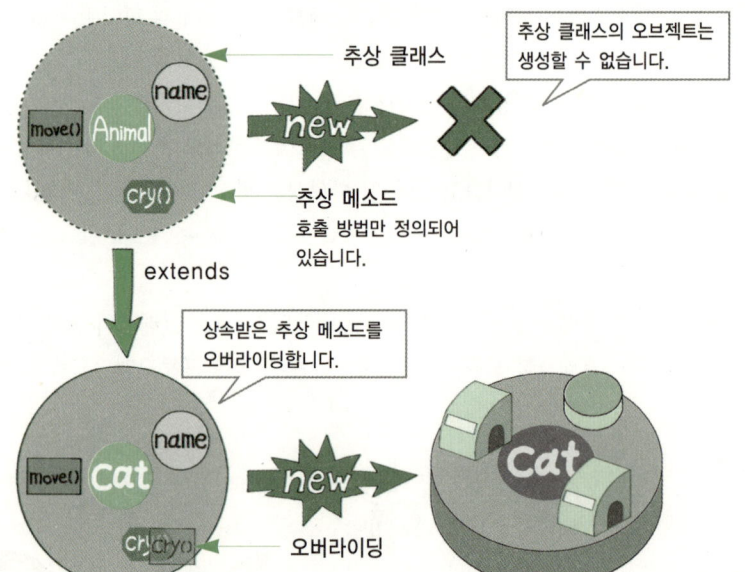

🔓 추상 메소드와 추상 클래스의 정의

추상 메소드, 추상 클래스는 **abstract** 수식자를 사용하여 다음과 같이 정의합니다.

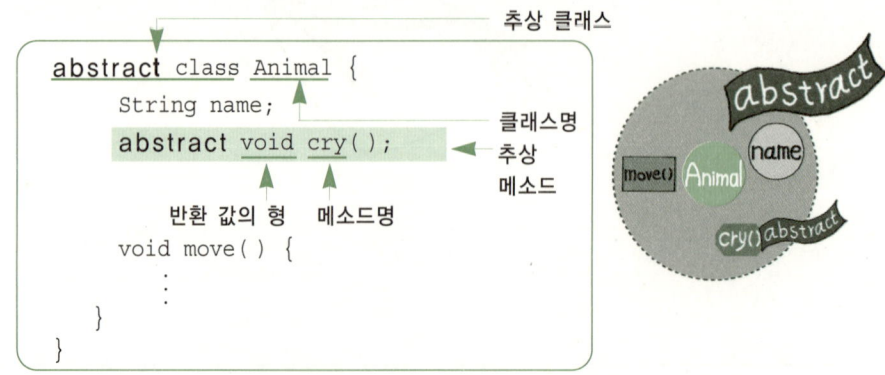

```
abstract class Animal {
    String name;
    abstract void cry();
    void move() {
        :
    }
}
```

추상 클래스의 이용

추상 클래스를 상속받은 오브젝트를 생성하기 위해서는 다음과 같이 합니다.

```
abstract class Animal {
    abstract void cry();
        :
}
class Cat extends Animal {
    void cry() {
        System.out.println("야옹");
    }
        :
}
```

↑ 추상 메소드의 오버라이딩

추상 메소드를 오버라이딩합니다.

예 Calculation.java

```
abstract class Calc1 {
    int a;
    int b;
    abstract void answer();

    void setData(int m, int n) {
        a = m;
        b = n;
    }
}

class Plus extends Calc1 {
    void answer() {
        System.out.println(a + " + " + b + " = " + (a+b));
    }
}

class Calculation1 {
    public static void main(String[] args) {
        Plus plus = new Plus();
        plus.setData(27, 32);
        plus.answer();
    }
}
```

실행 결과
```
27 + 32 = 59
```

인터페이스

인터페이스란 무엇인가? 그 사용법에 대해 학습합니다.

🔒 인터페이스란?

인터페이스란 상속 관계가 아닌 클래스에 기능을 제공하는 구조입니다. 클래스와 비슷한 구조이지만, 정의와 추상 메소드만이 멤버가 될 수 있다는 점이 다릅니다. 클래스에서 인터페이스를 이용하도록 하게 하는 것을 '인터페이스의 **구현**'이라고 합니다.

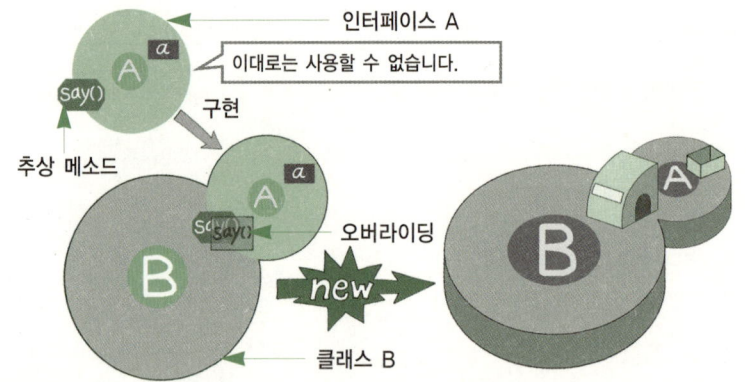

🔒 인터페이스의 정의와 구현

인터페이스를 구현하기 위해서는 **implements**를 사용합니다.

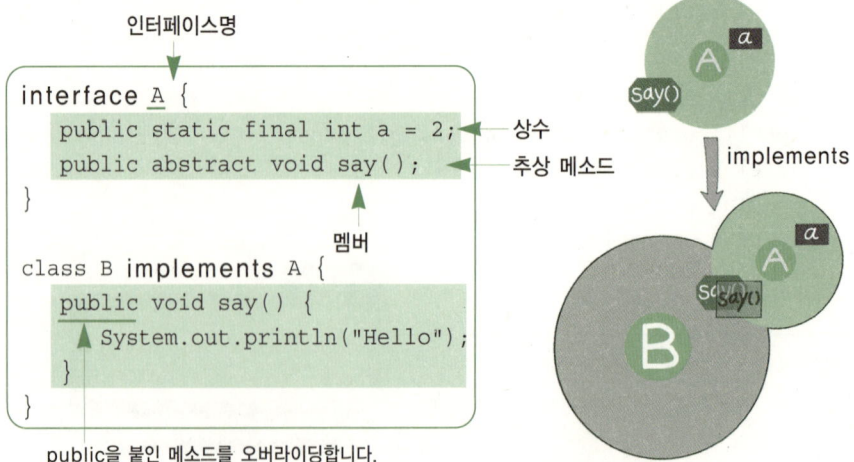

인터페이스의 정의에서는 다음과 같이 수식자를 생략할 수 있습니다.

```
interface A {
    int a = 2;
    void say();
}
```

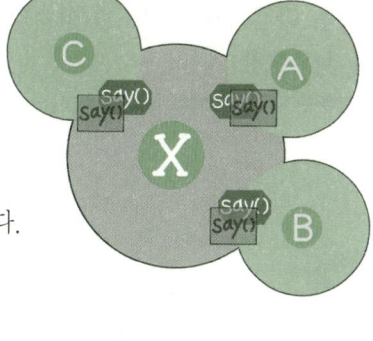

또한 인터페이스는 몇 개라도 구현할 수 있습니다.

클래스명   인터페이스명

```
class X implements A, B, C {
    ⋮
}
```

인터페이스명을 , (콤마)로 구분하여 기술합니다.

예 Meet.java

```
inferface Greet {
    void greet();
}

interface Talk {
    void talk();
}

class Morning implements Greet, Talk {
    public void greet() {
        System.out.println("안녕하세요!");
    }

    public void talk() {
        System.out.println("날씨 좋네요.");
    }
}

class Meet {
    public static void main(String[] args) {
        Morning morning = new Morning();
        morning.greet();
        morning.talk();
    }
}
```

이 부분이 없으면 컴파일 에러가 납니다.

실행 결과

```
안녕하세요!
날씨 좋네요.
```

인터페이스의 상속

인터페이스는 다른 인터페이스를 상속할 수 있습니다.
그 방법을 살펴보겠습니다.

🔓 인터페이스의 상속

인터페이스는 클래스와 같이 상속할 수가 있습니다.

```
interface A {
    int e;
    void f();
}

interface B extends A {
    int g;
    void h();
}
```

복수의 인터페이스를 상속하여 새로운 인터페이스를 만들 수도 있습니다.

인터페이스명

```
interface X extends A, B, C {
        ⋮
}
```

인터페이스명을 ,(콤마)로 구분하여 기술합니다.

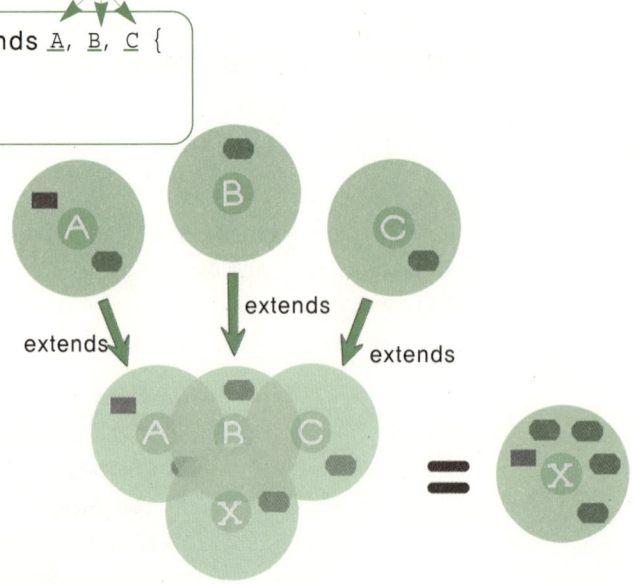

extends와 implements

어떤 클래스를 상속하고, 나아가 인터페이스를 구현하는 경우에 다음과 같이 정의합니다.

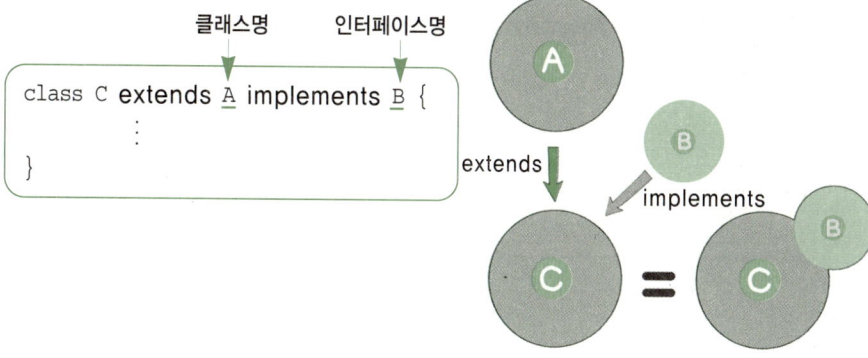

extends를 먼저 기술합니다.

예 Meet.java

```java
interface Greet {
    void greet();
}

interface Bye extends Greet {
    void bye();
}

class Greeting implements Bye {
    public void greet() {
        System.out.println("안녕하세요.");
    }

    public void bye() {
        System.out.println("안녕히 계세요.");
    }
}

class Meet {
    public static void main(String[] args) {
        Greeting greeting = new Greeting();
        greeting.greet();
        greeting.bye();
    }
}
```

실행 결과

안녕하세요.
안녕히 계세요.

Java SE 8

인터페이스가 특수한 메소드

인터페이스에는 추상 메소드뿐 아니라 구체적인 처리를 기술할 수 있는 특수한 메소드를 정의할 수 있습니다.

🔓 디폴트 메소드

기본적으로 인터페이스에는 처리의 중심이 없는 추상 메소드밖에 기술할 수 없지만, 디폴트 메소드로서 정의한다면 오버라이드되지 않았을 때의 기정 동작을 기술할 수 있습니다. 디폴트 메소드는 오버라이드할 필요가 없습니다.

통상의 인터페이스

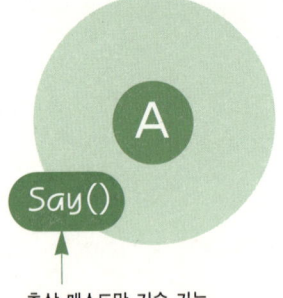

추상 메소드만 기술 가능

```
interface A {
    public int getValue();
}
```
추상 메소드는 처리를 기술할 수 없습니다

디폴트 메소드의 인터페이스

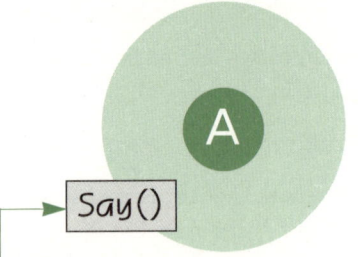

디폴트 메소드로 해서 인터페이스에 처리를 기술할 수 있습니다

```
interface A {
    public default int getValue() {
        return 123;
    }
}
```
처리를 기술할 수 있습니다!

디폴트 메소드로 하려면 default를 붙입니다.

🔓 static 메소드

인터페이스 내의 static 수식이 붙은 메소드에는 처리 내용을 기술할 수 있습니다. 또한 인스턴스화하지 않아도 「인터페이스명.메소드명」의 형식으로 직접 참조할 수 있습니다.

```
interface A {
    public static int getValue() {
        return 123;
    }
}
```
static 메소드로 하려면 static을 붙입니다.

예 say.java

```java
interface Greet1 {
    void greet();
}
interface Greet2 {
    public default void afternoon();
        system.out.println("안녕하세요");
    }
}
interface Greet3 {
    static void evening();
        system.out.println("안녕하세요");
    }
}

class Greeting implements Greet1, Greet2 {
    public void greet() {
        system.out.println("안녕하세요");
    }
}

class say{
    public static void main(String[] args){
        Greeting g = new Greeting();
            g.greet();
            g.afternoon();
            Greet3.evening();
    }
}
```

통상의 인터페이스

디폴트 메소드의 인터페이스

static 메소드의 인터페이스

통상의 오버라이드

실행 결과
안녕하세요!
안녕하세요!
안녕하세요!

인터페이스가 특수한 메소드 | 155

다형성(1)

다형성(폴리모피즘)이란 무엇인가, Java에서의 다형성이란 무엇인지를 알아보겠습니다.

오브젝트의 다형성

상속한 클래스의 오브젝트는 슈퍼 클래스로도 서브 클래스로도 다룰 수 있습니다. 이렇게 하나의 오브젝트와 메소드가 많은 형태를 가지고 있는 것을 **다형성**(폴리모피즘)이라고 합니다.

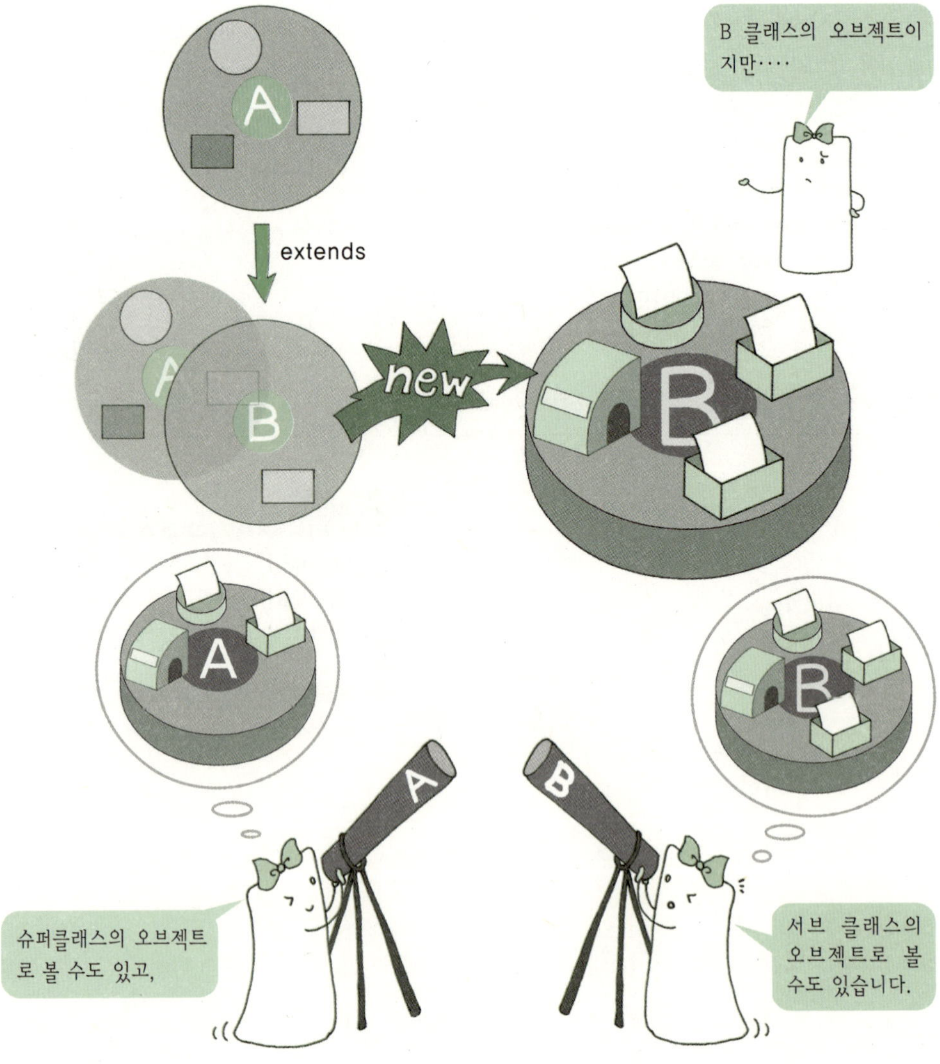

슈퍼 클래스에 오브젝트 대입하기

서브 클래스의 오브젝트는 슈퍼 클래스의 오브젝트에 대입할 수 있습니다.

```
class A {
   int m = 10;

   void p() {
      ⋮
   }
}

class B extends A {
   int n = 20;

   void p() {
      ⋮
   }
}
```

```
A a = new A();
B b = new B();
b.m = 30;
a = b;
```

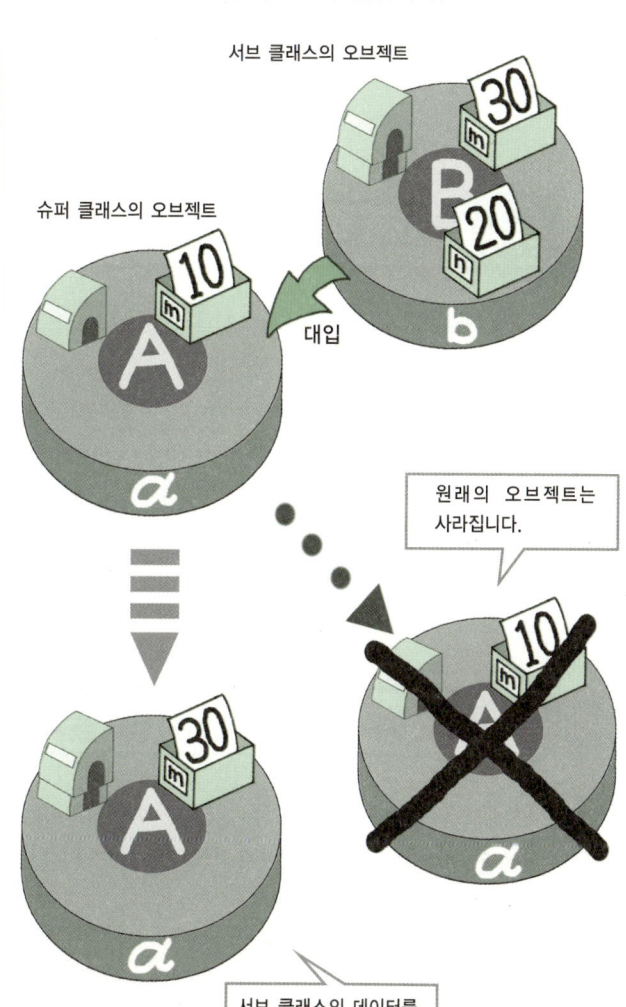

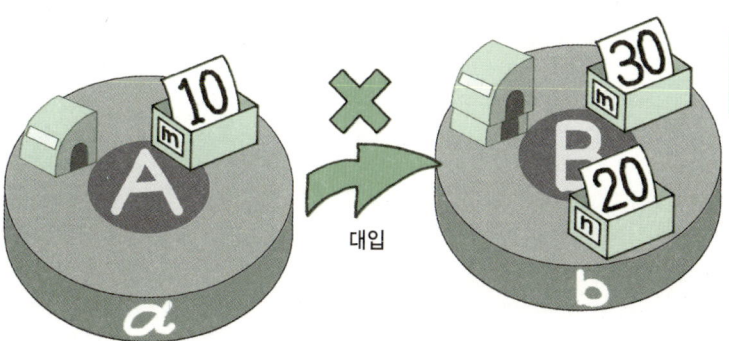

다형성(1)

다형성(2)

다형성을 이용하여 프로그램을 만들어 봅시다.

🔓 슈퍼 클래스의 오브젝트 생성

서브 클래스의 오브젝트는 슈퍼 클래스의 오브젝트로 생성할 수 있습니다.

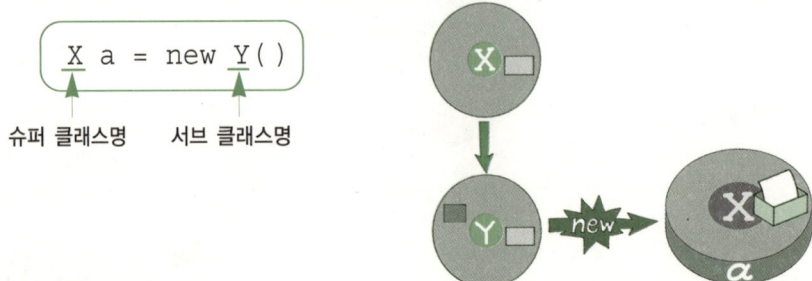

🔓 슈퍼 클래스와 서브 클래스의 오브젝트

메소드는 오브젝트를 인수로 받을 수 있습니다. 슈퍼 클래스의 오브젝트를 인수로 하는 메소드에 서브 클래스의 오브젝트를 줄 수가 있습니다.

```
class E {
    void bye() {
        System.out.println("good bye");
    }
}

class J extends E {
    void bye() {
        System.out.println("안녕히 계세요");
    }
}
```

슈퍼 클래스로서 받아들입니다.

E 클래스의 서브 클래스

안녕히 계세요

서브 클래스의 데이터를 처리하게 됩니다.

```
    void greet(E e) {
        e.bye();
    }
        ⋮
    J j = new J();
    greet(j);
```

추상 클래스의 활용

서브 클래스에서 오버라이딩할 메소드는 슈퍼 클래스에서 추상 메소드로 해두면 처리를 나중에 결정할 수 있어 편리합니다.

예 Calculation2.java

```java
abstract class Calc2 {
    int a;
    int b;

    abstract int result();

    void printResult() {
        System.out.println(result());
    }

    void setData(int m, int n) {
        a = m;
        b = n;
    }
}

class Plus extends Calc2 {
    int result() { return a+b; }
}

class Minus extends Calc2 {
    int result() { return a-b; }
}

class Calculation2 {
    public static void main(String[] args) {
        int x = 54, y = 12;
        Calc2 calc1 = new Plus();
        Calc2 calc2 = new Minus();
        calc1.setData(x, y);
        calc2.setData(x, y);
        System.out.print(x + " + " + y + " = ");
        calc1.printResult();
        System.out.print(x + " - " + y + " = ");
        calc2.printResult();
    }
}
```

실행 결과
```
54 + 12 = 66
54 - 12 = 42
```

오브젝트의 종류

모든 클래스의 슈퍼 클래스인 Object 클래스와, 클래스와 오브젝트의 관계를 조사하는 방법을 소개합니다.

🔓 Objet 클래스

Object 클래스는 모든 클래스의 슈퍼 클래스입니다.

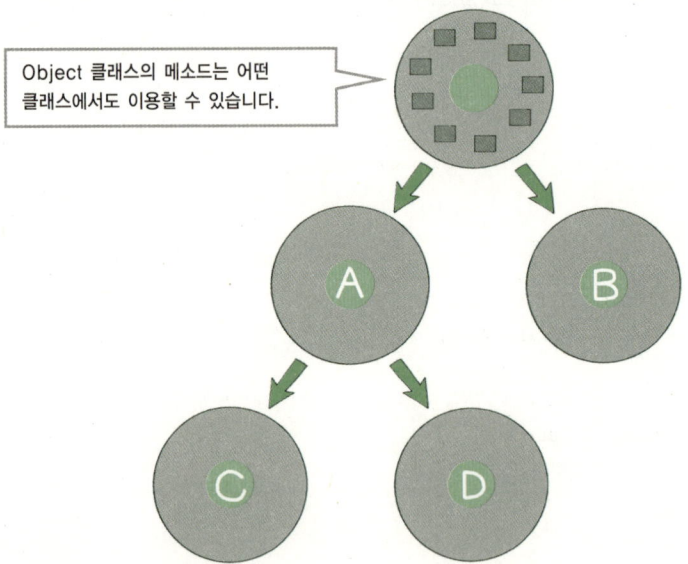

Object 클래스의 메소드는 어떤 클래스에서도 이용할 수 있습니다.

어떤 클래스의 오브젝트도 Object 클래스의 오브젝트로 다룰 수 있습니다.

🔓 instanceof

instanceof는 오브젝트가, 지정한 클래스의 오브젝트인지를 조사하기 위한 연산자입니다. instanceof는 다음과 같이 기술합니다.

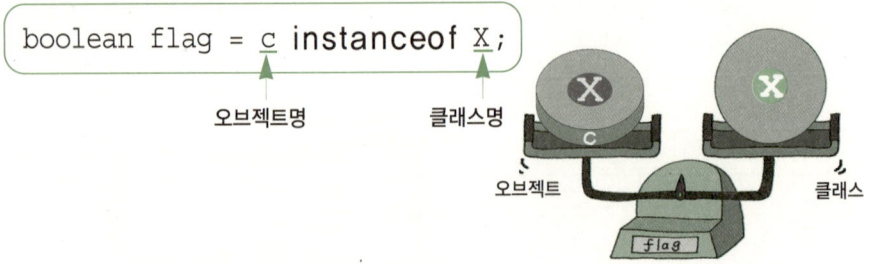

왼쪽 오브젝트가 오른쪽 클래스 또는 서브 클래스의 오브젝트라면 true

instanceof는 지정한 인터페이스를, 오브젝트가 구현하고 있는지를 조사할 수도 있습니다.

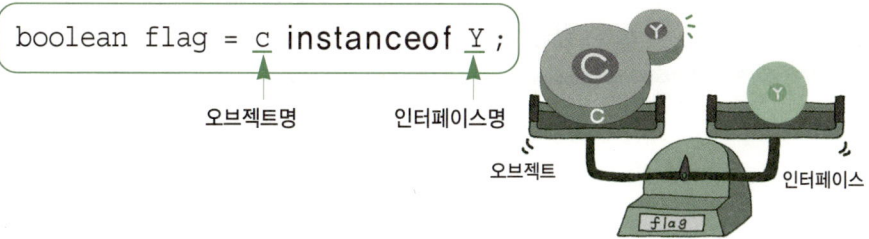

왼쪽 오브젝트가 오른쪽 인터페이스를 구현하고 있으면 true

예 CheckCry.java

```java
interface Cry {
    void cry();
}

class Cat implements Cry {
    public void cry() {
        System.out.println("야옹~");
    }
}

class Dog {
    public void cry() {
        System.out.println("멍멍");
    }
}

class CheckCry {
    public static void main(String[] args) {
        Cat cat = new Cat();
        Dog dog = new Dog();

        if(cat instanceof Cry) {
            cat.cry();
        }
        if(dog instanceof Cry) {
            dog.cry();
        }
    }
}
```

실행 결과

```
야옹~
```

제네릭

형을 파라미터로 하여 추상적으로 표현할 수 있습니다. 이것을 잘 이용하면 번거로운 형 캐스팅 과정이 필요 없습니다.

🔓 제네릭(Generics)이란?

제네릭(Generics)이란 클래스의 정의 내에서 이용되는 형을 파라미터로 다루는 것입니다. 오브젝트를 만들기 전까지는 형을 추상적으로 표현하고, 오브젝트 생성 시에 구체적인 형을 지정합니다.

클래스 정의 — 형 변수를 선언

```
class A <T> {
    private T t;        ← 필드의 형으로 사용
    public Method1(T x) {    ← 인수의 형으로 사용
        ⋮
    }
    public T Method2() {    ← 메소드의 형으로 사용
        ⋮
    }
}
```

참조 — 형을 지정

```
⋮
A<String> a = new A<String>();
⋮
String s1 = "foo";
a.Method1(s1);
⋮
String s2 = a.Method2();
⋮
```
↑ 지정한 형(String)

제네릭 사용하기

ArrayList 등의 컬렉션 클래스(164페이지 참조)는 오브젝트를 관리하는 기능을 제공하며, 격납하는 오브젝트의 형(클래스)은 제네릭으로 지정하도록 되어 있습니다.

컬렉션 클래스의 격납 데이터

예 GenericSample.java

```java
import java.util.*;

class GenericSample {
    public static void main(String[] args) {

        ArrayList<Integer> lst = new ArrayList<Integer>();

        for(int i = 0; i < 5; i++) {
            lst.add(i * 3); // 3의 배수를 차례대로 추가
        }

        for(int i = 0; i < list.size(); i++) {
            System.out.println(list.get(i));
        }
    }
}
```

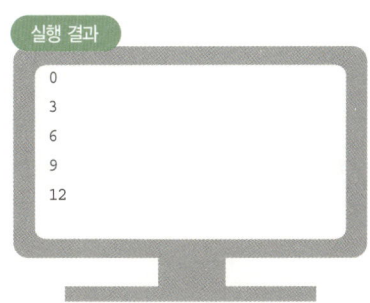

실행 결과
```
0
3
6
9
12
```

컬렉션 클래스

java.util 패키지에는 몇 개의 컬렉션 클래스가 준비되어 있습니다.

 컬렉션 클래스

컬렉션 클래스는 오브젝트 데이터의 관리를 지원하는 클래스를 총칭하는 말입니다. 예를 들어, ArrayList 클래스는 컬렉션 클래스의 한 종류입니다.

ArrayList 클래스

ArrayList는 배열처럼 요소(오브젝트)를 격납할 수 있습니다. ArrayList 클래스의 주요 메소드를 소개합니다.

메소드명	기능	사용 방법(a는 위치를 나타내는 번호, b는 오브젝트명)
add()	요소의 추가	ArrayList list = new ArrayList(); list.add(b);
	요소의 삽입	ArrayList list = new ArrayList(); list.add(a, b);
set()	요소의 교체	ArrayList list = new ArrayList(); list.set(a, b);
get()	요소의 취득	ArrayList list = new ArrayList(); Object b = list.get(a);
indexof()	요소의 위치를 취득	ArrayList list = new ArrayList(); int x = list.indexof(b);
remove()	요소의 삭제	ArrayList list = new ArrayList(); list.remove(a);
clear()	모든 요소를 삭제	ArrayList list = new ArrayList(); list.clear();
size()	요소 수를 취득	ArrayList list = new ArrayList(); int y = list.size();
toArray()	요소를 배열에 격납	ArrayList list = new ArrayList(); Object[] b = list.toArray();

*배열과 마찬가지로 위치를 나타내는 번호(인덱스)는 0부터 시작합니다.

예 ListTest.java

```java
import java.util.*;

class ListTest {
    public static void main(String[] args) {
        ArrayList<String> lst = new ArrayList<String>();
        String a = "a", b = "b", c = "c", d = "d";

        lst.add(a);
        lst.add(b);
        lst.add(c);
        System.out.println(lst);

        lst.add(2, d);    ← 인덱스 2에 오브젝트를 삽입
        System.out.println(lst);

        lst.set(1, d);    ← 인덱스 1에 오브젝트를 덮어쓰기
        System.out.println(lst);
    }
}
```

각 요소가 [ ]에 싸여 표시됩니다.

실행 결과

```
[a, b, c]
[a, b, d, c]
[a, d, d, c]
```

열거형

열거형을 이용하면 상수를 다루기가 편합니다.

열거형이란?

열거형은 사용자가 독자적인 상수를 정의할 수 있게 해 줍니다. 상수를 그대로 기술할 수 있기 때문에 코드가 읽기 쉬워집니다.

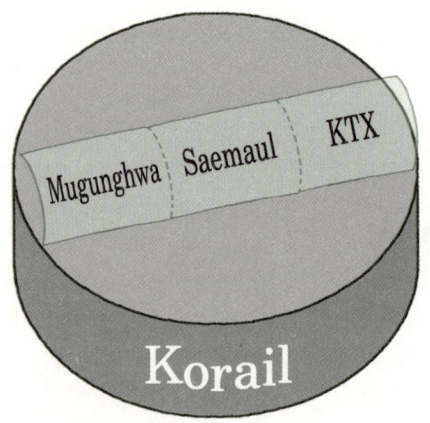

연관된 상수를 모아 둘 수 있어요.

열거형의 선언

열거형 선언은 다음과 같이 기술합니다.

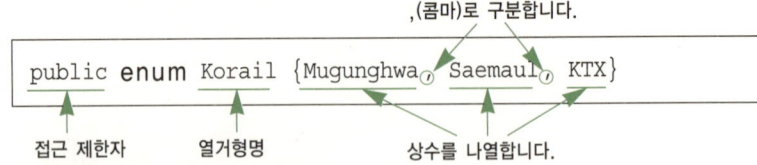

열거형 변수의 선언과 대입

열거형 변수의 선언과 대입은 다음과 같이 기술합니다.

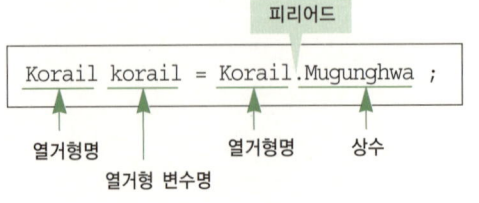

Korail형 변수에는 'Mugunghwa', 'Saemaul' 'KTX' 중 하나가 들어갈 수 있어요.

열거형의 장점

메소드의 인수와 변수에 열거형을 사용하면 보기도 편하고 오류가 없는 프로그램을 작성할 수 있습니다.

예 EnumSample.java

```java
import java.util.List;
import java.util.ArrayList;
enum Animal {Cat, Dog, Rabbit}

class Pet {
    private Animal kind;
    private String name;
    public Pet(Animal aml, String nm) {
        kind = aml;
        name = nm;
    }
    public Animal getKind() {
        return kind;
    }
    public String getName() {
        return name;
    }
}

class EnumSample {
    public static void main(String[] args) {
        List<Pet> lst = new ArrayList<Pet>(3);
        lst.add(new Pet(Animal.Dog, "바둑이"));
        lst.add(new Pet(Animal.Cat, "나비"));
        lst.add(new Pet(Animal.Rabbit, "초롱이"));
        for(Pet pt : lst) {
            if(pt.getKind() == Animal.Dog) {
                System.out.println("Dog name : " + pt.getName());
            }
        }
    }
}
```

Pet 클래스의 변수 kind에는 Cat, Dog, Rabbit밖에 들어가지 않으므로 틀린 값이 들어갈 일이 없습니다.

실행 결과

```
Dog name : 바둑이
```

예제 프로그램

도형의 면적과 둘레를 구해 보자

추상 클래스의 서브 클래스를 이용하여 각 도형의 면적과 둘레를 계산합니다. 서브 클래스들은 같은 메소드를 가지고 있지만 다른 처리를 수행합니다.

소스 코드
SizeFigure.java

```java
// 추상 클래스 Figure
abstract class Figure {
    abstract void area();   // 면적
    abstract void around(); // 둘레

    void measure() {
        area();
        around();
        System.out.println();
    }
}

//추상 클래스의 서브 클래스 Square
class Square extends Figure {
    double side;
    double height;

    Square(double s) { // 생성자
        side = height = s;
    }

    Square(double s, double h) { // 생성자 오버라이딩
        side = s;
        height = h;
    }

    void area() { // 추상 메소드의 오버라이딩
        System.out.println("사각형의 면적:" + (side * height));
    }

    void around() { //추상 메소드의 오버라이딩
        System.out.println("사각형의 둘레:" + (2 *
                            (side + height)));
    }
```

```java
// 추상 클래스의 서브 클래스 Circle
class Circle extends Figure {
    final double pi = 3.14;
    double radius;

    Circle(double r) {  // 생성자
        radius = r;
    }

    void area() {  // 추상 메소드의 오버라이딩
        System.out.println("원의 면적:" + (radius * radius *
                            pi));
    }

    void around() {  // 추상 메소드의 오버라이딩
        System.out.println("원의 둘레:" + (2 * radius * pi));
    }
}

class SizeFigure {
   public static void main(String[] args) {
        Figure fig1 = new Square(2.5);
        Figure fig2 = new Square(2.3, 3.7);
        Figure fig3 = new Circle(3.6);
        fig1.measure();
        fig2.measure();
        fig3.measure();
   }
}
```

실행 결과

사각형의 면적 : 6.25
사각형의 둘레 : 10.0

사각형의 면적 : 8.51
사각형의 둘레 : 12.0

원의 면적 : 40.6944
원의 둘레 : 22.608

알아두면 도움이 되는 Java 프로그래밍 상식

오브젝트의 복제

이번 장에서 소개한 Object 클래스는 사전에 몇 가지 메소드를 준비되어 있습니다. 여기서는 그중 하나인 오브젝트 복제본(클론)을 만드는 기능을 가진 clone() 메소드를 소개합니다. Object 클래스에 있는 메소드는 당연히 모든 클래스에 상속되어 있지만, 곧바로 사용할 수는 없습니다. clone() 메소드를 사용하기 위해서는 Cloneable 이라는 인터페이스를 구현할 필요가 있습니다.

clone() 메소드에서는 int형, long형 등 기본 데이터 형의 변수는 그 실체가 복제되지만, String형 같은 클래스는 복제되지 않습니다. 실은 클래스가 실체를 다른 장소에 가지고 있기 때문입니다. 예를 들면, String형을 선언하면 그곳에는 '실체가 있는 장소'를 가리키는 정보만 저장되고, 그 정보에 의해 데이터가 다루어집니다. 이런 형의 변수를 참조형 변수라고 합니다.

참조형 변수를 clone() 메소드에서 복제하면 참조 정보만 복제되기 때문에 실제로는 복제 원본과 복제본의 오브젝트가 같은 장소에 있는 변수를 공유하게 됩니다. 이것을 **shallow copy**라고 합니다. 그러나, 이 방법은 한쪽 오브젝트에서 데이터를 변경하면, 당연히 다른 쪽 오브젝트의 데이터도 변경되어 버립니다. 그래서 일반적으로 clone() 메소드를 사용할 경우에는 public을 붙여서 clone() 메소드를 오버라이딩하여, 하나 하나의 멤버를 복제하도록 합니다. 이렇게 모든 멤버를 복제하는 방법을 **deep copy**라고 합니다.

deep copy의 예

```java
class Person implements Cloneable {
    String name;
    int age;

    public Object clone() {
        Person a = new Person();
        a.name = new String(name);
        a.age = age;
        return a;
    }
}
```

```java
Person x = new Person();
    ⋮
Person y = (Person)x.clone();
```

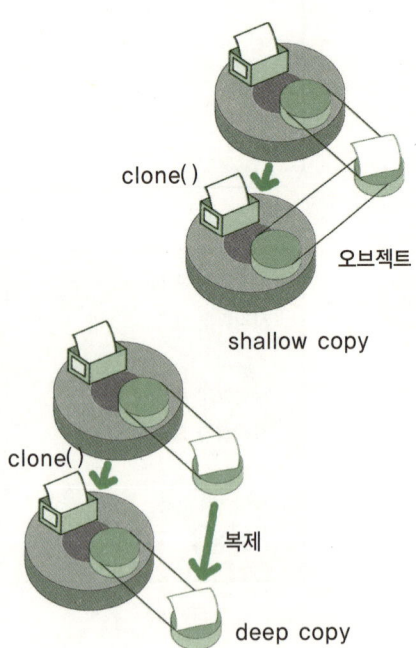

도전! Java 프로그래밍

프로그래밍의 제1 수칙은 '백문이 불여일행'이라고 합니다. 백 번 듣고 보는 것보다 한 번 프로그래밍을 실행시켜 보는 것이 훨씬 낫다는 말입니다. 실제로 프로그래밍에 도전해 보지 않고서는 프로그래머가 될 수 없습니다. 여기에서는 앞 장에서 배운 내용을 토대로 실제 예를 통해 적용해 보겠습니다. 여러분의 프로그래밍 실력을 쌓을 수 있는 기초가 될 것입니다.

문제

01_ 추상클래스 Study로부터 상속받아 Study_Java 클래스를 생성하고, "자바가 보이는 그림책"을 출력하시오. 추상 클래스 Study는 추상 메소드 printmsg()를 가지고 있습니다.

02_ 인터페이스에 대해서 작성된 다음 프로그램에서 잘못된 곳을 찾으세요.
```
01: interface Super{
02:     void printmsg_super( ){ };
03: }
04:
05: interface Sub{
06:     void printmsg_sub( ){ };
07: }
08:
09: class Super_Sub implements Super, Sub{
10:     void printmsg_super( ){
11:         System.out.println("상위 클래스 입니다.");
12:     }
13:     void printmsg_sub( ){
14:         System.out.println("하위 클래스 입니다.");
15:     }
16: }
17:
18: class Chapter6_2{
19:     public static void main(String[ ] args){
20:         Super_Sub SS = new Super_Sub( );
21:         SS.printmsg_super( );
22:         SS.printmsg_sub( );
23:     }
24: }
```

03_ 다음 프로그램의 출력 결과는 무엇일까요?
```
class Study{
    String name;
    String teacher;

    void setName(String name_val , String teacher_val){
        name = name_val;
        teacher = teacher_val;
    }

    public void printmsgs( ){
        System.out.println("상위 클래스에서의 출력 입니다.");
        System.out.println("과목은 " + name + " 이고, 담당자는 " + teacher + " 입니다.");
    }
}

class Study_Sub extends Study{
    public void printmsgs( ){
        System.out.println("서브 클래스에서의 출력 입니다.");
        System.out.println("과목은 " + name + " 이고, 담당자는 " + teacher + " 입니다.");
    }
}

class Chapter6_3{
    public static void main(String[ ] args){
        Study_Sub SS = new Study_Sub( );
        SS.setName("자바", "성안당");
        SS.printmsgs( );

        Study S = new Study_Sub( );
        S.setName("C", "성안당");
        S.printmsgs( );
    }
}
```

```
abstract class Study{
    abstract void printmsg( );
}

class Study_Java extends Study{
    void printmsg( ){
        System.out.println("자바가 보이는 그
림책");
    }

    public static void main(String args[ ]){
        Study_Java SJ = new Study_Java( );
        SJ.printmsg( );
    }
}
```

추상 클래스에 대한 선언은 abstract라는 수식자를 사용하여 선언합니다. 또한 추상 클래스에서는 메소드의 내용을 기술하지 않고, 호출하는 방법만 정의하고, 추상 클래스를 상속받은 클래스에서 추상 클래스에 선언된 메소드를 오버라이딩하여 오브젝트를 생성한 후 사용합니다. 주의할 점은 추상 클래스의 오브젝트는 직접 생성할 수 없습니다.

02, 06행 : 인터페이스에서 구현된 메소드는 이름만 선언해야 하기 때문에 { }는 없어야 한다.
09행 : 인터페이스를 다중 상속 받을 경우, 구분자는 ' ; '가 아닌 ' , '이다.
10, 13행 : 인터페이스에서 선언된 메소드를 오버라이딩하여 재선언할 경우 메소드에는 public 접근 제한자가 있는 메소드를 오버라이딩하여야 한다.

서브 클래스에서의 출력입니다.
과목은 자바이고, 담당자는 성안당입니다.
서브 클래스에서의 출력입니다.
과목은 C이고, 담당자는 성안당입니다.

이 프로그램은 다형성에 관한 내용으로 서브 클래스는 상위 클래스의 오브젝트를 생성하여 사용할 수가 있습니다. 문제에서도 Study_Sub 클래스는 상위 클래스인 Study 클래스로 오브젝트를 사용하여 Study 클래스의 printmsgs( ) 대신 Study_Sub 클래스의 printmsgs( )를 사용하여 출력합니다. 이렇게 다형성을 통해서 하나의 오브젝트로 여러 유형의 오브젝트를 참조하여 사용할 수 있습니다.

7

파일과 스트림

파일이란 무엇인가?

이 장에서는 Java로 파일을 다루는 방법을 소개합니다. 어떤 소프트웨어로 만든 데이터를 저장하면 데이터 파일이 생성됩니다. 그리고 그 파일을 읽어들일 수 있습니다. Java에서도 파일에 데이터를 저장하기도 하고, 이미 존재하는 파일을 읽어들이는 프로그램을 개발할 수 있습니다.

본 주제로 들어가기 전에 우선 파일의 종류를 확인해 보지요. 파일은 크게 **텍스트 파일**과 **바이너리 파일**로 나뉩니다. 양자를 구분하는 방법은 '사람이 읽을 수 있느냐 없느냐' 입니다. 텍스트 파일은 사람이 이해할 수 있는 규칙에 기초하여 기록되어 있는 바이너리 파일은 의미가 없는 데이터를 나열한 것처럼 보입니다. 가까운 예로, 지금까지 작성해 온 Java 프로그램은 텍스트 파일이고, 그것을 컴파일한 것은 바이너리 파일입니다. Java는 물론 두 종류의 파일을 모두 다룰 수 있습니다.

파일과 프로그램 사이를 흐르는 개울

Java에서 파일과 데이터를 취급할 경우, **스트림**이라는 개념을 사용합니다. 영어의 stream에는 '흐름', '작은 시내' 등의 의미가 있는데, 데이터가 프로그램과 파일 사이를 흘러가는 이미지를 그려보면 딱 맞는 표현인 것 같습니다.

그러면, 여기서 파일을 읽고 쓰는 순서를 간단히 살펴보겠습니다.

❶ 데이터를 흘려보내기 위한 스트림을 준비한다.
❷ 파일에서 프로그램으로 또는 프로그램에서 파일로 데이터를 흘려보낸다.
❸ 스트림을 닫는다.

꼭 알아야 할 Key Point

이렇게 3단계로 프로그램을 만들어 나갑니다. 자세한 이야기는 나중에 하겠지만, 데이터를 흐르게 하는 본체는 **스트림 클래스**라는 특수한 클래스로부터 생성된 오브젝트입니다. 오브젝트가 중개 역할이 되어 데이터를 주고받는 것을 도와주고 있는 것입니다.

 ## 트러블 대책도 잊지 말 것!

그럼, 만약 중간에 돌발적으로 발생한 큰 돌이나 나무로 인해 흐름이 막혀 버리면 어떻게 될까요? 큰 돌이나 나무를 프로그램상의 트러블이라고 하면, 당연히 프로그램은 예상할 수 없는 상태에서 정지하거나 폭주해 버립니다. 프로그래머는 이런 문제들을 방지하기 위해 사전에 대책을 세울 필요가 있습니다.

Java에서는 프로그램 실행 중에 발생하는 에러를 **예외**라고 하고, 사전에 준비해 둔 에러 대책을 **예외처리**라고 합니다. 이 책에서는 특히 파일을 다룰 때 에러가 발생하기 쉬우므로, 파일과 같은 장에서 예외를 소개하고 있습니다.

변수에 저장해 둔 데이터는 프로그램을 종료하면 사라져 버립니다. 컴퓨터의 전원을 꺼도 데이터가 사라지지 않게 하기 위해서는 파일에 기록하여 하드디스크 등에 저장해야 합니다. 파일 사용법을 마스터하고, 데이터를 능숙하게 활용할 수 있게 되면 분명히 프로그래밍할 수 있는 범위가 넓어질 것입니다.

스트림

스트림은 흐름이라는 뜻입니다. Java 언어에서 데이터 입출력은 스트림을 통해서 수행됩니다.

파일의 종류

파일은 크게 텍스트 파일과 바이너리 파일의 두 종류가 있습니다. 바이너리 파일은 텍스트 에디터로는 문자로서 읽을 수 없습니다.

문자로 읽을 수 있는 것
Java 소스 파일이나 HTML 파일 등

문자로 읽을 수 없는 것
컴파일 후의 클래스 파일, 그림, 음성 파일 등

스트림

파일을 읽고 쓸 때 데이터의 흐름을 **스트림**이라고 합니다. Java에서는 파일을 읽고 쓰기 위해 스트림 전용 클래스로 생성된 오브젝트를 사용합니다.

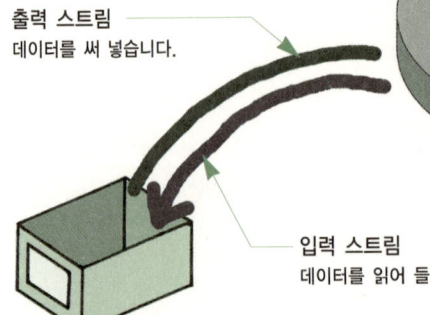

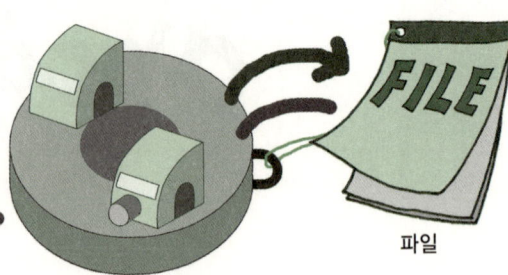

스트림 오브젝트를 단순히 스트림이라고 하기도 합니다.

출력 스트림
데이터를 써 넣습니다.

입력 스트림
데이터를 읽어 들입니다.

스트림 오브젝트
(스트림 클래스)

파일

문자 스트림과 바이트 스트림

스트림은 취급하는 데이터에 따라 문자 스트림과 바이트 스트림으로 나뉩니다.

문자 스트림 … 16비트 유니코드 문자 데이터를 다룹니다.

바이트 스트림 … 8비트 데이터를 다룹니다.

스트림을 다루다

Java에는 스트림을 위한 클래스가 java.io 패키지에 마련되어 있습니다. 그 클래스들은 다음과 같은 추상 클래스의 서브 클래스로 되어 있습니다.

스트림	입력 스트림	출력 스트림
문자 스트림	Reader	Writer
바이트 스트림	InputStream	OutputStream

java.io 패키지에 들어 있는 스트림 클래스를 이용하기 위해서는 다음과 같은 문을 프로그램의 맨 처음에 기술합니다.

```
import java.io.*;
```

기술하지 않으면 컴파일 에러가 발생합니다.

예외

컴파일한 파일을 실행하면 에러가 발생하는 경우가 있습니다.
이 에러를 예외라고 합니다.

예외와 예외처리

예외(Exception)란 프로그램을 실행했을 때 발생하는 에러를 말합니다. 예를 들면, 수치를 0으로 나눈다거나, 배열의 범위 밖을 이용하거나 하면 예외가 발생합니다. 이런 예외에 대응하는 것을 **예외처리**라고 합니다.

예외처리를 해두면 비정상 종료를 막을 수 있습니다.

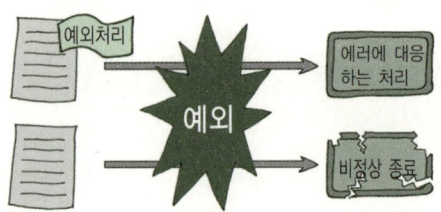

Java는 예외가 발생하면 자동적으로 전용 클래스(예외 클래스)의 오브젝트가 생성됩니다. 예외 클래스는 Exception 클래스와 그 서브 클래스가 있습니다.

예외처리 방법

try, catch, finally

예외가 발생할 것 같은 처리를 수행할 경우에 try문, catch문, finally문을 사용합니다.

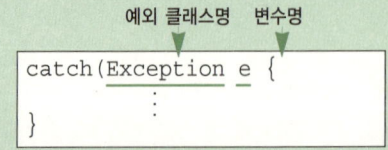

try
{ } 안에 예외가 발생할 것 같은 처리를 기술합니다.

catch
예외의 종류를 나타내는 예외 오브젝트를 인수로 받아들입니다.

예외 클래스명 변수명
```
catch(Exception e {
    :
}
```

finally
{ } 속의 처리는 예외가 일어나든 일어나지 않든 항상 실행됩니다. finally문은 생략할 수 있습니다.

throws절

예외가 일어날 것 같은 메소드는 다음과 같이 **throws**를 사용하여 메소드에서 일어날 수 있는 예외 클래스를 지정해 둡니다. 메소드를 호출한 곳에, 이 예외를 받아 줄 catch 문이 없으면 컴파일 에러가 됩니다.

```
throws
         try {
             a(b);

             int b = 1;
         } catch(Exception e) {
             ...
         }

     void a(int b) throws Exception {
         ...
     }
```

에러가 일어났을 때 → 대응
예외 클래스명

> 예외 클래스를 Exception으로 하면 어떤 에러에도 대응할 수 있습니다.

예 Main.java

```java
class Main {
    public static void main (String[] args) {
        try {
            back(args[0]);
        }  catch(Exception e) {
            System.out.println("커맨드라인 인수가 없습니다.");
        } finally {
            System.out.println("종료합니다.");
        }
    }
    static void back(String a) throws Exception {
        System.out.println(a);
    }
}
```

실행 결과

```
>java Main apple
apple
종료합니다.

>java Main
커맨드라인 인수가 없습니다.
종료합니다.
```

※굵은 글자는 키보드로 입력한 글자

문자 읽기

텍스트 파일을 읽어 들이는 것을 예로 들어 문자를 읽어 들이는 방법을 알아봅시다.

🔓 텍스트 파일을 읽어 들이는 순서

file1.txt에서 한 문자의 데이터를 읽어봅시다.

1. 파일을 연다

텍스트 파일을 읽기 위해서는 **FileReader**라는 스트림 클래스를 사용합니다.
FileReader 클래스의 오브젝트를 만들면 파일을 열 수 있습니다.

FileReader는 Reader의 서브 클래스입니다.

오브젝트명　　　　　　　　파일명

```
FileReader in = new FileReader("file1.txt");
```

2. 데이터를 읽어 온다

데이터를 읽기 위해서는 **read( )** 메소드를 사용합니다. read( ) 메소드는 읽어 온 문자를 int형 정수로 반환합니다. 읽어 올 데이터가 없으면 -1을 반환합니다.

```
int c;
c = in.read();
```

3. 파일을 닫는다

파일을 닫기 위해서는 **close( )** 메소드를 사용합니다.

```
in.close();
```

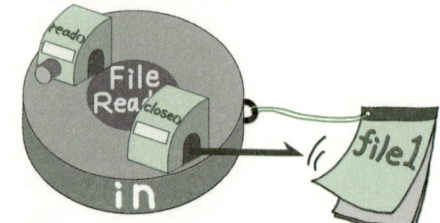

파일을 끝까지 읽는다

파일을 끝까지 읽기 위해서는 read( ) 메소드가 -1을 반환할 때까지 읽기를 반복합니다.

```
    ⋮
int c;
String s = new String();
while((c = in.read()) != -1)
    s = s + (char)c;
    ⋮
```

읽어 온 데이터를 문자형으로 변환하여 String 클래스의 오브젝트에 대입

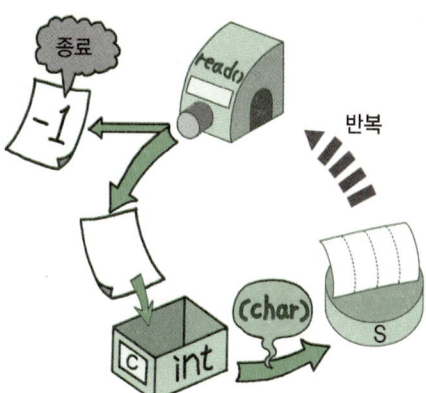

예 ReadText.java

```java
import java.io.*;

class ReadText {
    public static void main(String[] args) {
        try {
            FileReader in = new FileReader(args[0]);
            int c;
            String s = new String();
            while((c = in.read())!= -1)
                s = s + (char)c;
            System.out.print(s);
            in.close();
        } catch(IOException ie) {
            System.out.println("파일이 존재하지 않습니다.");
        } catch(Exception e) {
            System.out.println("파일을 지정하지 않았습니다.");
        }
    }
}
```

ganada.txt의 내용
가나다라마
바사아자차
카타파하

입출력 시의 예외를 표시하는 예외 클래스

미리 ganada.txt를 준비해 둡니다.

실행 결과

```
>java ReadText ganada.txt
가나다라마
바사아자차
카타파하
>java ReadText ganada
파일이 존재하지 않습니다.
```

커맨드라인 인수로 전달한 파일을 읽어 화면에 표시합니다.

파일명에 확장자를 쓰지 않아, 예외처리를 수행합니다.

※ 굵은 글자는 키보드로 입력한 글자

문자 쓰기

프로그램으로 텍스트 파일을 만들어 봅시다.

텍스트 파일을 쓰는 순서

"Hello"라는 문자열을 file2.txt에 써 봅시다.

1. 파일을 연다

텍스트 파일에 써 넣으려면 **FileWriter**라는 스트림 클래스의 오브젝트를 사용합니다.

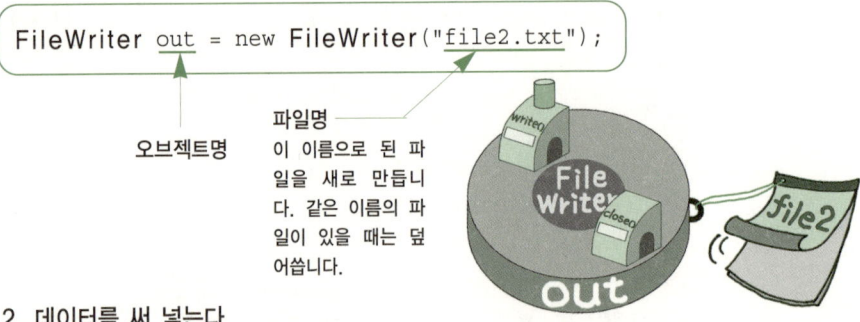

> FileWriter는 Writer의 서브 클래스입니다.

오브젝트명

파일명 — 이 이름으로 된 파일을 새로 만듭니다. 같은 이름의 파일이 있을 때는 덮어씁니다.

2. 데이터를 써 넣는다

데이터를 써 넣을 때는 write( ) 메소드를 사용합니다. write( ) 메소드는 인수로 주어진 데이터를 파일에 써 넣습니다.

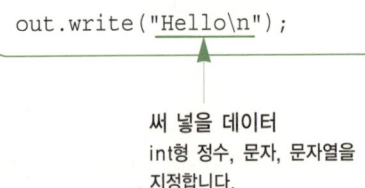

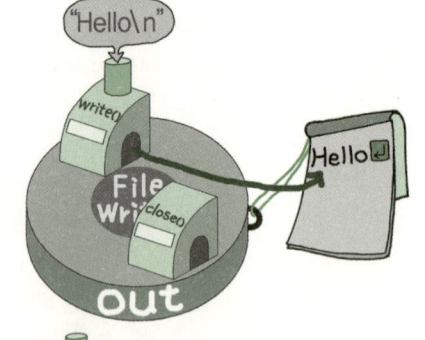

써 넣을 데이터
int형 정수, 문자, 문자열을 지정합니다.

3. 파일을 닫는다

```
out.close( );
```

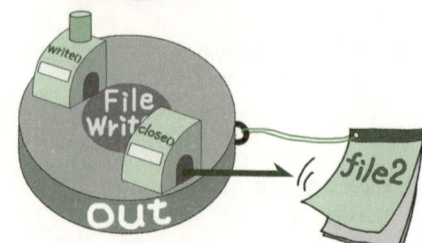

줄 바꿈 문자

텍스트 파일 안에서 줄 바꿈(개행)을 표현하는 방법은 OS에 따라서 조금 다르기 때문에 개행 문자(\n)를 그대로 보존하면 오류가 생길 수 있습니다. 그래서 다음과 같이 해서 OS에서 사용되는 개행 문자를 취득해서 이용합니다.

```
String lf = System.getProperty("line.separator");
```

`Java SE 7` 간결하게 다음과 같이 씁니다.

```
String lf = System.lineSeparator();
```

예 WriteText.java

```java
import java.io.*;

class WriteText {
    public static void main(String[] args) {
        try {
            FileWriter out = new FileWriter("math.txt");
            String lf = System.getProperty("line.separator");
            int a = 10, b = 5;
            out.write("덧셈:");
            out.write(a + "+" + b + "=" + (a+b) + lf);
            out.write("뺄셈:");
            out.write(a + "-" + b + "=" + (a-b) + lf);
            out.close();
        } catch(Exception e) {
            System.out.println(e);
        }
    }
}
```

math.txt는 WriteText.java와 동일한 디렉토리에 자동으로 작성됩니다.

실행 결과
```
>java WriteText
```

math.txt의 내용
덧셈:10+5=15
뺄셈:10-5=5

※굵은 글자는 키보드로 입력한 글자

바이너리 파일의 읽기·쓰기(1)

텍스트 파일과 마찬가지로 바이너리 파일을 읽고 써 봅시다.

🔒 바이너리 파일을 읽는 순서

file3.dat에서 1 바이트의 데이터를 읽어 봅시다.

1. 파일을 연다

바이너리 파일을 읽기 위해서는 FileInputStream이라는 스트림 클래스의 오브젝트를 사용합니다.

```
FileInputStream in = new FileInputStream("file3.dat");
```
오브젝트명 / 파일명

FileInputStream은 InputStream의 서브 클래스입니다.

2. 데이터를 읽어 온다

데이터를 읽기 위해서는 read( ) 메소드를 사용합니다. read( ) 메소드는 읽어 들인 1바이트의 데이터를 int형 정수로 반환합니다. 읽어 들일 데이터가 없으면 -1을 반환합니다.

```
int c;
c = in.read( );
```

3. 파일을 닫는다

파일을 닫기 위해서 close( ) 메소드를 사용합니다.

```
in.close( );
```

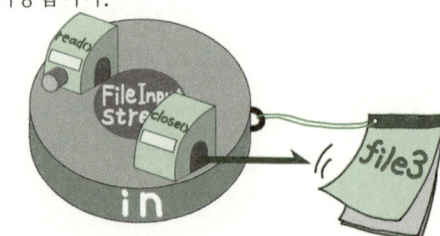

바이너리 파일의 쓰기 순서

file4.dat에 byte형 변수 세 개분의 데이터를 작성해 봅시다.

1. 파일을 연다

바이너리 파일을 쓰기 위해서는 FileOutputStream이라는 스트림 클래스의 오브젝트를 사용합니다.

```
FileOutputStream out = new FileOutputStream("file4.dat");
```
오브젝트명 / 파일명

FileOutputStream은 OutputStream의 서브 클래스입니다.

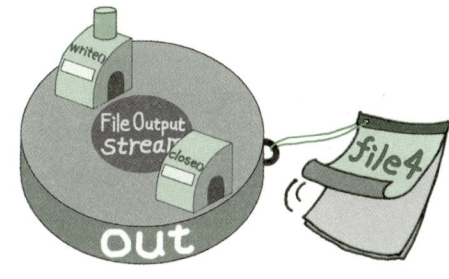

2. 데이터를 써 넣는다

데이터를 쓰기 위해서는 **write( )** 메소드를 사용합니다. write( ) 메소드는 인수로 주어진 데이터를 파일에 써 넣습니다. 인수로는 int형이나 byte형 값을 지정합니다.

```
out.write(65);
```
써 넣을 데이터

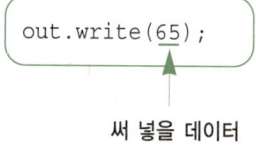
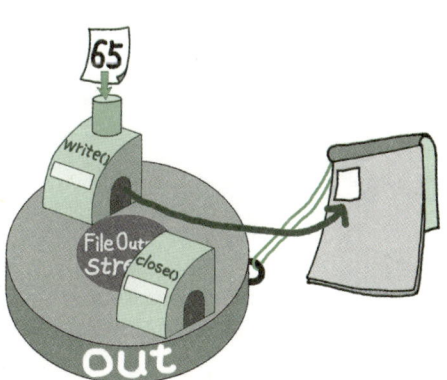

3. 파일을 닫는다

```
out.close( );
```

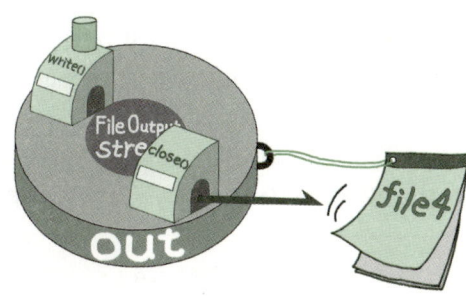

바이너리 파일의 읽기·쓰기(2)

바이트 스트림 데이터를 문자로 읽고 쓰는 것을 생각해 봅시다.

문자 스트림으로 변환하기

InputStreamReader 클래스와 OutputStreamWriter 클래스의 오브젝트를 사용하면, 바이트 스트림을 문자 스트림으로 변환할 수 있습니다.

InputStreamReader

바이너리 입력을 문자 입력으로 변환하기 위한 클래스입니다. InputStreamReader 클래스의 오브젝트는 바이너리 데이터를 읽어 들일 오브젝트를 인수로 받습니다.

```
FileInputStream ifile = new FileInputStream("file5.dat");
InputStreamReader in = new InputStreamReader(ifile);
```
　　　　　　　　　　　오브젝트명　　　　　　　　　　InputStream 클래스의 오브젝트

InputStreamReader는 Reader의 서브 클래스입니다.

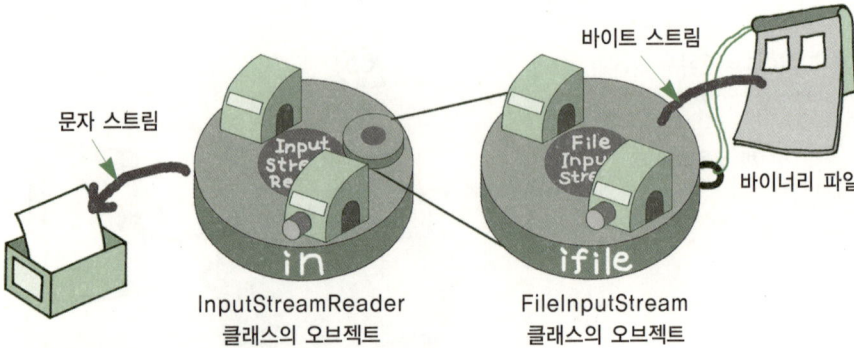

문자 스트림 / 바이트 스트림 / 바이너리 파일

InputStreamReader 클래스의 오브젝트　　FileInputStream 클래스의 오브젝트

OutputStreamWriter

바이너리 출력을 문자 출력으로 변환하는 클래스입니다. OutputStreamWriter 클래스의 오브젝트는 바이너리 데이터를 써 넣을 오브젝트를 인수로 받습니다.

```
FileOutputStream ofile = new FileOutputStream("file5.dat");
OutputStreamWriter out = new OutputStreamWriter(ofile);
```
　　　　　　　　　　　오브젝트명　　　　　　　　　　OutputStream 클래스의 오브젝트

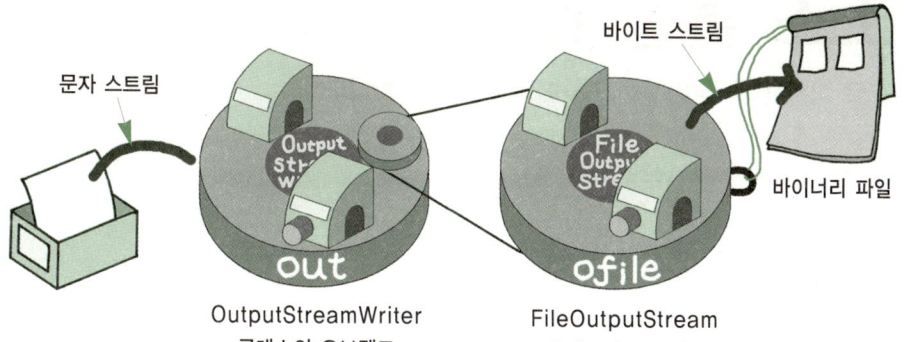

문자 스트림
OutputStreamWriter 클래스의 오브젝트

바이트 스트림
FileOutputStream 클래스의 오브젝트

바이너리 파일

OutputStreamWriter는 Writer의 서브 클래스입니다.

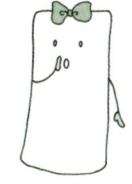

예 InOut.java

```java
import java.io.*;

class InOut {
    public static void main(String[] args) {
        try {
            String filename = "file.dat";
            FileOutputStream out = new FileOutputStream(filename);
            FileInputStream file = new FileInputStream(filename);
            InputStreamReader in = new InputStreamReader(file);

            for(byte i = 1; i <= 10; i++) {
                out.write(i);
            }

            int c ;
            while((c=in.read()) != -1){
                System.out.print(c + " ");
            }

            in.close();
            out.close();
        } catch (IOException e) {
            System.out.println("파일이 존재하지 않습니다.");
        }
    }
}
```

— 데이터를 써 넣기
— 데이터를 읽고 표시하기
입출력 시의 예외를 표시하는 예외 클래스

실행 결과

```
1 2 3 4 5 6 7 8 9 10
```

Java SE 7

리소스 붙은 try문

자동적으로 파일 등을 닫아주는 기능에 대해서 설명합니다.

클로즈 처리의 타이밍

181페이지에서 소개한 파일을 읽어 들이는 프로그램에는 try 블록 안에서 예외가 일어났을 때 파일이 닫히지 않는 문제가 있습니다.

프로그램이 끝나면 파일도 닫히지만 스마트한 건 아닙니다.

```
try {
    FileReader in = new FileReader(args[0]);
        :
    in.close();            ◀── 실행되지 않습니다.
} catch (IOException ie) {              예외
    System.out.println("파일이 없습니다.");
} catch (Exception e) {
    System.out.println("파일이 지정되지 않았습니다.");
}
```

그렇다면 클로즈 처리는 finally 블록 안에 쓰면 좋을 것 같지만, 그렇게 간단한 것이 아닙니다. 완전한 코드는 다음과 같이 길어져 버립니다.

예 ReadText2.java

```
import java.io.*;

class ReadText2 {
    public static void main(String[] args) {
        FileReader in = null;   ◀──
        try {
            in = new FileReader(args[0]);
            int c;
            String s = new String();
            while((c = in.read()) != -1)
                s = s + (char)c;
            System.out.print(s);
        } catch (IOException ie) {
            System.out.println("파일이 없습니다.");
        } catch (Exception e) {
            System.out.println("커맨드라인 인수가 없습니다.");
        } finally {
            if(in != null)◀──
                try {     ◀──
                    in.close();
                } catch(IOException ie2) {
                    System.out.println("파일의 닫기를 실패했습니다.");
                }
        }
    }
}
```

try 블록 안에서는 스코프(참조 범위) 밖이 되어 버리므로 in의 선언을 try 밖에 낼 필요가 있습니다. 또한 null로 초기화하지 않으면 에러가 납니다.

파일이 열려 있지 않은 경우, in은 null인 채이므로 체크할 필요가 있습니다.

close( )도 try에 묶을 필요가 있습니다.

리소스 붙은 try문(try-with-resources)

왼쪽 페이지에서 말한 불편을 없애기 위해 리소스 붙은 try문이라는 것이 있습니다. 이것을 사용하면 try 뒤에 쓴 파일 오픈 처리에 대해 자동적으로 클로즈 처리를 해줍니다.

예 ReadText3.java

```java
import java.io.*;

class ReadText3 {
    public static void main(String[] args) {
        try(FileReader in = new FileReader(args[0]))   ← try에 이어서 오픈 처리를 씁니다.
        int c;
        String s = new String();
        while((c = in.read()) != -1)
            s = s + (char)c;
        System.out.print(s);
        } catch (IOException ie) {
            System.out.println("파일이 없습니다.");
        } catch (Exception e) {
            System.out.println("커맨드라인 인수가 없습니다.");
            }
        }   ← 예외처리를 뺄 때에 자동적으로 클로즈되기 때문에,
}              close() 처리는 필요 없습니다.
```

클로즈 처리에 실패했을 때의 예외도 캐치할 수 있습니다.

단, 리소스 붙은 try문 안에 쓸 수 있는 것은 AutoCloseable 인터페이스를 실장한 클래스의 오브젝트만입니다. 그 이외의 처리를 기술하면 컴파일 에러가 됩니다.

```
class A {
    :
}
    :
    try(A a = new A()) {
    } catch (Exception e) {
        :
    }
```

AutoCloseable을 실장해서 독자적으로 클래스를 만든 경우는 close() 메소드를 오버라이드할 필요가 있습니다.

시리얼라이즈

오브젝트의 정보를 비트열화해서 쓰기와 읽기를 하는 방법을 소개합니다.

 시리얼라이즈와 디시리얼라이즈

Java의 프로그램에서는 오브젝트의 정보를 비트열(바이트코드)화하거나 다시 원래의 오브젝트로 고쳐 만드는 것이 가능합니다. 이렇게 비트열화하는 것을 **시리얼라이즈**(시리얼화), 원래로 돌리는 것을 **디시리얼라이즈**라고 합니다.

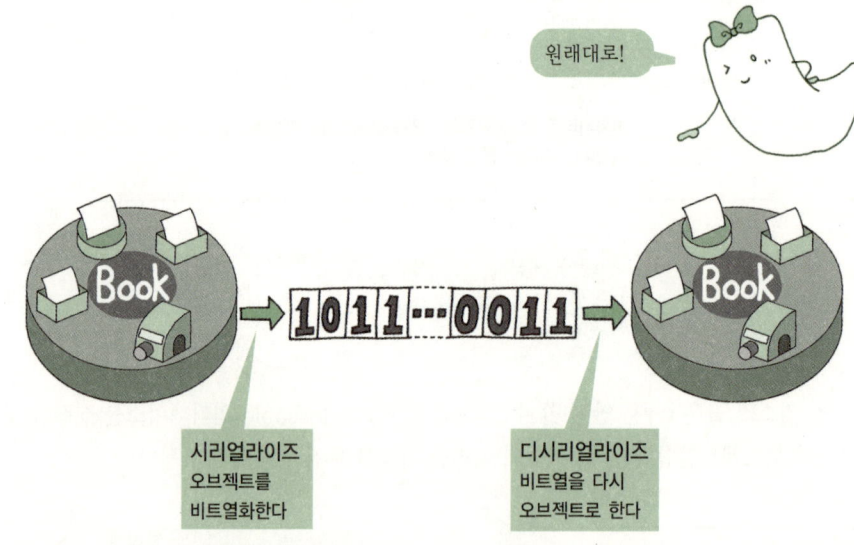

시리얼라이즈
오브젝트를
비트열화한다

디시리얼라이즈
비트열을 다시
오브젝트로 한다

 시리얼라이즈의 이용

시리얼라이즈를 이용하려면 클래스에 **Serializable** 인터페이스를 실장합니다. 이 인터페이스에는 메소드가 없기 때문에 메소드를 오버라이드할 필요는 없습니다.

```
Import java.io.*;
            :
class A implements Serialization{


}
```

시리얼라이즈한 것은 OutputStream(출력 스트림)을 사용해서 파일 등에 써서 이용할 수 있습니다. 또한 이것을 InputStream(입력 스트림)으로 읽어 들여 디시리얼라이즈 할 수 있습니다.

예 SerialStream.java

```java
import java.io.*;

class Hello implements Serializable {
    void check() {
        System.out.print("안녕하세요.");
    }
}
public class SerialStream {
    public static void main(String[] args) {
        Hello hello = new Hello();
        hello.check();    ← 시리얼라이즈 전의 내용 체크
        try {
            FileOutputStream outFile = new FileOutputStream
                ("serialcheck.dat");
            ObjectOutputStream outObject = new ObjectOutputStream
                (outFile);
            outObject.writeObject(hello);  ← 텍스트 파일에 시리얼라이즈한 데이터를 써낸다
            outObject.close();
            outFile.close();

            FileInputStream inFile = new FileInputStream
                ("serialcheck.dat");
            ObjectInputStream inObject = new ObjectInputStream
                (inFile);
            Hello chkHello = (Hello)inObject.readObject();  ← 텍스트 파일에서 오브젝트를 읽어 들인다
            inObject.close();
            inFile.close();

            chkhello.check();  ← 디시리얼라이즈 후의 내용 체크
        } catch (IOException e) {
        } catch (ClassNotFoundException e) {
        }
    }
}
```

Hello 클래스 시리얼라이즈가 가능하다.

시리얼라이즈한 데이터를 써내기 위한 텍스트 파일의 오브젝트를 작성

시리얼라이즈한 데이터를 읽어 들이기 위한 오브젝트를 작성

시리얼라이즈

디시리얼라이즈

실행 결과

안녕하세요
안녕하세요

시리얼라이즈

키보드 입력

키보드로 입력한 문자와 숫자를 입력 스트림으로 읽어 봅시다.

키보드에서 데이터를 입력한다

키보드로 반각 문자 하나를 입력하기 위해서는 read( ) 메소드를 사용합니다. 이 메소드 앞에는 'System.in'을 붙입니다.

```
int a;
a = System.in.read( );
```

BufferedReader

BufferedReader 클래스를 사용하면 행 단위로 데이터를 읽어 들일 수 있습니다. 이 클래스의 오브젝트는 Reader 클래스의 오브젝트를 인수로 가집니다.

```
InputStreamReader a = new InputStreamReader(System.in);
BufferedReader b = new BufferedReader(a);
```

         오브젝트명   Reader 클래스의 오브젝트

readLine( ) 메소드는 읽어 들인 한 행의 데이터를 String 클래스의 문자열로 반환합니다. 읽을 데이터가 없으면 null을 반환합니다.

```
String c = b.readLine( );
```

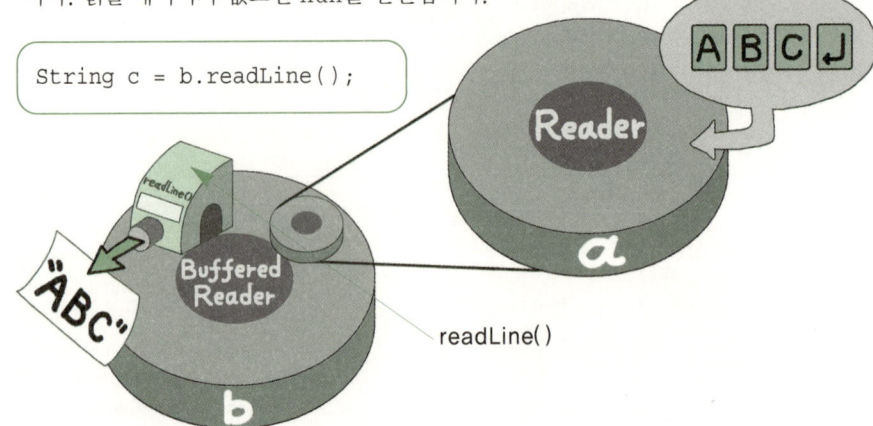

예 NumberGame.java

```java
import java.io.*;

class NumberGame {
    public static void main(String[] args) {
        try {
            BufferedReader in =
                new BufferedReader(new InputStreamReader
                (System.in));
            int a, b = 7;
            System.out.println("이름을 입력하세요.");
            String name = in.readLine();
            System.out.println("숫자 맞추기 퀴즈!! 0에서 9까지의 숫자를
                입력하세요.");
            String c = in.readLine();
            a = Integer.parseInt(c);    ◀── String 클래스의 인수를
            while(a != b) {                  int형으로 변환
                if((a == b-1) || (a == b+1))
                    System.out.println("아깝습니다!");
                else if(a > b+1)
                    System.out.println("좀 더 작은 수입니다.");
                else if(a < b-1)
                    System.out.println("좀 더 큰 수입니다.");
                c = in.readLine();
                a = Integer.parseInt(c);
            }
            System.out.println("정답!" + name + "님, 축하합니다!!");
        } catch(IOException ie) {
            System.out.println("에러입니다.");
        }
    }
}
```

실행 결과

이름을 입력하세요.
ai
숫자 맞추기 퀴즈!! 0에서 9까지의 숫자를 입력하세요.
5
좀 더 큰 수입니다.
7
정답! ai님, 축하합니다!!

※ 굵은 글자는 키보드로 입력한 글자

Scanner 클래스

Scanner 클래스는 편리한 키보드 입력 기능을 제공합니다.

Scanner 클래스

키보드 입력 기능을 지원하는 클래스로, **Scanner 클래스**가 있습니다.

키보드를 통해 입력받는 경우

생성자의 인수로 System.in(키보드 입력)을 지정합니다.

```
Scanner sc = new Scanner(System.in);
```

오브젝트명

키보드로 입력한 데이터가 공급되지요.

문자열을 입력 소스로 지정하는 경우

생성자의 인수로 대상이 되는 문자열을 지정합니다.

```
String text = "Do you know the muffin man?";
Scanner sc = new Scanner(text);
```

오브젝트명   변수명

변수에 들어 있는 문자열이 공급되지요.

Scanner 클래스의 주요 메소드를 소개합니다.

메소드 명	동작	사용 방법
close( )	닫는다.	Scanner sc = new Scanner(System.in); sc.close( )
next( )	입력값을 가져온다.	Scanner sc = new Scanner(System.in); String text = sc.next( );
nextInt( )	입력값을 int형으로 가져온다.	Scanner sc = new Scanner(System.in); int num = sc.nextInt( );
hasNext( )	다음에 가져올 수 있는 String이 있는지 조사한다.	Scanner sc = new Scanner(System.in); boolean b = sc.hasNext( );
hasNextInt( )	다음에 가져올 수 있는 Int가 있는지 조사한다.	Scanner sc = new Scanner(System.in); boolean b = sc.hasNextInt( );
findInLine( )	지정된 패턴과 일치하는 값을 가져온다.	String text = "1권, 2권, 3권" Scanner sc = new Scanner(text); sc.findInLine("(\\d+) 권");

예 ScannerSample.java

```java
import java.util.Scanner;

class ScannerSample {
  public static void main(String[] args) {
      Scanner sc = new Scanner(System.in);

      System.out.print("역 이름을 입력하세요:");
      String stationName = sc.next();
      System.out.print("플랫폼 번호를 입력하세요:");
      int number = sc.nextInt();

      sc.close();

      System.out.println(stationName + "역" + number+ "번 홈에서
         기다립니다.");
  }
}
```

※ 굵은 문자는 키보드로 입력한 문자

실행 결과

역 이름을 입력하세요 : **안양**
플랫폼 번호를 입력하세요 : **1**
안양역 1번 홈에서 기다립니다.

예제 프로그램 ❶
파일 속의 문자열

커맨드라인 인수로 건네준 문자열이 파일 속에 있는지 조사합니다. 파일에 문자열이 들어 있는 경우, 그 다음 행을 반환합니다. 영어와 한국어 뜻을 번갈아 기술한 파일을 사용하면 파일에 있는 영어의 뜻을 표시할 수 있습니다.

소스 코드
TransWord.java

```java
import java.io.*;

class TransWord {
    public static void main(String[] args) {
        try{
            BufferedReader in =
                new BufferedReader(new FileReader("mydic.txt"));
            String a = args[0];
            
            String eword, kword = null;
            while((eword = in.readLine()) != null) {
                if(a.equals(eword)) {
                    kword = in.readLine();
                    break;
                }
            }
            
            if(kword == null)
                System.out.println(a + "이라는 단어는 없습니다.");
            else
                System.out.println(kword);
            
            in.close() ;
        } catch (FileNotFoundException e) {
            System.out.println("파일이 존재하지 않습니다.");
        } catch(Exception e) {
            System.out.println("커맨드라인 인수가 없습니다.");
        }
    }
}
```

> mydic.txt의 내용
> cat
> 고양이
> dog
> 개
> rabbit
> 토끼

`FileNotFoundException` — 파일이 열리지 않았을 경우 생성되는 예외 클래스

실행 결과

```
>java TransWord dog
개
```

※ 굵은 글자는 키보드로 입력한 글자

예제 프로그램 ❷

에디터 작성

커맨드라인 인수로 파일명을 지정하고, 키보드로 입력한 문자열을 그 파일에 기록해 봅니다.

소스 코드
MyEditor.java

```java
import java.io.*;

class MyEditor {
    public static void main(String[] args) {
        try {
            FileWriter out = new FileWriter(args[0]);
            BufferedReader in =
                new BufferedReader(new InputStreamReader
                    (System.in));

            String lf = System.getProperty("line.separator");
            String data;

            int i = 1;
            System.out.println(" 데이터를 입력해 주세요. ( 종료: 0)");
            while(!(data = in.readLine()).equals("0"))
                out.write(data + lf);

            System.out.println(" 종료합니다 .");
            out.close();
        } catch (Exception e) {
            System.out.println(e); // 에러가 발생했을 경우, 그 내용을 표시
        }
    }
}
```

실행 결과

```
>java MyEditor myfile.txt
데이터를 입력해 주세요. (종료 : 0)
I like cat.
I like rabbit.
0
종료했습니다.
```

※ 굵은 글자는 키보드로 입력한 글자

myfile.txt의 내용
```
I like cat.
I like rabbit.
```

알아두면 도움이 되는 Java 프로그래밍 상식

파일 조작

파일 클래스는 파일명 그 자체를 나타내는 동시에 파일이나 디렉토리를 조작하기 위한 클래스이기도 합니다. 파일 클래스를 이용하려면 java.io 패키지를 임포트합니다. 파일 클래스의 주요 메소드를 소개합니다.

메소드명	기능	사용법 ("○○.txt"는 파일명, "dir"은 디렉토리명)
생성자	파일명의 초기화	File f = new File("file.txt")
getAbsolutePath( )	파일 또는 디렉토리의 절대 패스명을 얻는다	File f = new File("file.txt"); String a = f.getAbsolutePath( );
isAbsolute( )	절대 패스명인지 아닌지를 판정	File f = new File("file.txt"); boolean a = f.isAbsolute( );
list( )	디렉토리에 있는 파일과 디렉토리를 문자열로서 얻는다	File d = new File("dir"); String[ ] b = d.list( );
mkdir( )	디렉토리의 작성	File d = new File("dir"); boolean a = d.mkdir( );
delete( )	파일 또는 디렉토리의 삭제	File f = new File("file.txt") boolean a = f.delete( );
renameTo( )	파일명의 변경	File f1 = new File("fiie1.txt"); File f2 = new File("file2.txt"); boolean a = f1.renameTo(f2);
isFile( )	파일인가 아닌가를 판정	File f = new File("file.txt"); boolean a = f.isFile( );
isDirectory( )	디렉토리인가 아닌가를 판정	File d = new File("dir"); boolean a = d.isDirectory( );
exists( )	파일 또는 디렉토리가 존재하는가 아닌가를 판정	File f = new File("file.txt"); boolean a = f.exists( );

도전! Java 프로그래밍

프로그래밍의 제 1 수칙은 '백문이 불여일행'이라고 합니다. 백 번 듣고 보는 것보다 한 번 프로그래밍을 실행시켜 보는 것이 훨씬 낫다는 말입니다. 실제로 프로그래밍에 도전해 보지 않고서는 프로그래머가 될 수 없습니다. 여기에서는 앞 장에서 배운 내용을 토대로 실제 예를 통해 적용해 보겠습니다. 여러분의 프로그래밍 실력을 쌓을 수 있는 기초가 될 것입니다.

문제

01_ 다음 단어에 대해서 설명하시오.
   a. 텍스트 파일
   b. 바이너리 파일

02_ 다음 코드는 완전하지 않습니다. 나타날 결과는 어떤 것일까요?
```
01: try{
02:    IOException( );
03:    System.out.println("첫 번째 출력");
04: }catch(Exception e){
05:    System.out.println("두 번째 출력");
06: }catch(IOException ie){
07:    System.out.println("세 번째 출력");
08: }finally{
09:    System.out.println("네 번째 출력");
10: }
11: System.out.println("다섯 번째 출력");
```

03_ 다음 프로그램은 어떤 작업을 수행할까요?
```
01: import java.io.*;
02:
03: class Chapter7_3{
04:   public static void main(String[ ] args){
05:     int c=0;
06:     String s="";
07:     try{
08:       FileReader in = new FileReader("Chapter7_3.txt");
09:       while((c = in.read( )) != -1){
10:         s = s + (char)c;
11:       }
12:       System.out.println(s);
13:       in.close( );
14:     }catch(Exception e){
15:       System.err.println(e);
16:     }
17:   }
18: }
```

04_ 커맨드라인에서 내용을 입력받아 Chapter7_4.txt 파일로 출력하는 프로그램을 작성하시오.

05_ Chapter7_4.txt 텍스트 파일을 읽어, 새로운 Chapter7_5.txt 파일에 복사하는 프로그램을 작성하시오.

a. 일반적인 문자, 숫자, 그리고 각종 기호들로만 이루어진 형태의 정보를 담고 있는 파일로 화면에 출력하여 그 내용을 바로 확인할 수 있습니다.
b. 기계어 코드로 된 프로그램을 포함한 파일로, 화면에 출력하면 그 내용을 바로 확인할 수 없습니다.

두 번째 출력
네 번째 출력
다섯 번째 출력

IOException의 발생으로 인해서 03행은 출력이 되지 않습니다. 예외처리 부분 중 가장 큰 04행의 Exception에서 IOException을 처리했기 때문에 06행의 IOException 처리 부분은 그냥 넘어갑니다. finally 부분은 무조건 수행이 되는 부분이므로 출력이 됩니다. 그리고 마지막으로 11행의 출력은 예외가 모두 처리됐기 때문에 출력이 됩니다.

01행 : 파일 입출력 처리를 위한 클래스를 읽어 오는 부분
03-18행 : Chapter7_3 클래스
04-17행 : 메인 프로그램
05-06행 : 변수 선언과 초기화
07-16행 : 예외처리 부분
08행 : Chapter7.txt 파일을 읽기 위한 오브젝트 생성. 읽을 수 없으면 14행에서 예외처리 후 종료
09-12행 : 파일의 끝까지 Chapter7.txt 파일의 내용을 읽고 출력
13행 : 파일을 닫아 줌
15행 : 예외 발생 시 예외 내용을 출력

```
import java.io.*;

class Chapter7_4{
    public static void main(String[] args){
        byte temp[] = new byte[100];
        try{
            FileOutputStream out = new
                FileOutputStream("Chapter7_4.txt");
            System.out.println("글을 모두 입력 후 엔터를 치시오.");
            System.in.read(temp);
            out.write(temp);
            out.close();
        }catch(Exception e){
            System.err.println(e);
        }
    }
}
```

커맨드라인에서 입력받은 데이터를 저장할 배열을 선언합니다. 크기는 100 정도로 잡고 read() 메소드로 데이터를 입력받습니다. 입력받은 데이터를 파일에 출력하기 위해 FileOutputStream을 활용하여 파일을 생성한 후 write() 메소드로 파일에 데이터를 쓰고 close() 메소드로 파일을 닫습니다.

```
import java.io.*;

class Chapter7_5{
    public static void main(String[] args){
        int c;
        try{
            FileInputStream in = new
                FileInputStream("Chapter7_4txt");
            FileOutputStream out = new
                FileOutputStream("Chapter7_5.txt");

            while((c = in.read()) != -1){
                out.write(c);
            }
            in.close();
            out.close();
        }catch(Exception e){
            System.err.println(e);
        }
    }
}
```

파일을 읽기 위한 FileInputStream의 오브젝트와 파일을 쓰기 위한 FileOutputStream의 오브젝트를 생성합니다. read() 메소드를 사용하여 파일의 내용을 읽고 write() 메소드를 사용하여 파일의 내용을 적습니다. 모든 처리가 완료되면 파일을 닫아 줍니다.

8

패키지 이용

편리한 기능이 세트로 모였다!

이 장에서는 클래스를 분류하여 정리할 수 있는 **패키지**라는 구조에 대해 소개하겠습니다. 패키지라는 것은 간단히 말하면 '클래스를 하나로 모아 놓은 것'이라고 할 수 있습니다. 패키지에 포함된 클래스는 그 패키지를 호출하기 위한 한 줄의 명령문을 기술하면 이용할 수 있습니다. 다시 말해, 관련된 클래스의 패키지를 준비해 두면 프로그램을 보다 간결하게 작성할 수 있습니다.

또한, 패키지는 '패키지가 다르면, 동일한 이름의 클래스라도 동시에 존재할 수 있다'는 것을 들 수 있습니다. 프로그램도 복잡해지면, 그만큼 많은 클래스를 다루게 됩니다. 예를 들면, 잘못해서 같은 이름의 클래스를 준비한다고 해도 그것이 다른 패키지에 포함되어 있으면 문제 없다는 얘기입니다.

Java에는 자주 사용하는 기능을 모아 놓은 패키지가 있습니다. 제7장에서 사용한 java.io 패키지도 그중의 하나로, 입출력에 관한 클래스를 한데 모은 것입니다. 제7장을 생각해 보면 어렴풋이 패키지의 편리함을 알 수 있으리라 생각합니다. 여기서는 기존의 패키지를 이용하는 것뿐만 아니라, 직접 패키지를 만드는 방법을 소개하겠습니다.

 프로그램을 보다 스마트하게

제5장에서 소개한 private 접근 제한자를 기억하나요? private처럼 멤버의 상속과 이용을 제한하는 **접근 제한자**는 모두 세 종류가 있습니다. 이 장에서는 접근 제한자를 붙이는 경우에 멤버의 상속과 이용이 어떻게 수행되는지를 살펴보겠습니다. 각각의 특성을 이해하면 보다 안전하고 스마트한 프로그램을 만들 수 있습니다.

그리고 **랩퍼 클래스**라는 클래스가 등장합니다. 랩퍼 클래스의 '랩퍼'는 영어로 감싼다는 의미인 wrap에서 유래했습니다. 이 클래스는 변수를 감싸고 있는 클래스로, 그 오브젝트를 변수처럼 다룰 수 있으며, 형 변환 등의 기능을 수행하는 편리한 메소드들을 멤버로 가지고 있습니다.

또한, 문자열을 다루는 String 클래스는 이미 여러 차례 등장했지만, 여기에서는 이 클래스가 가지고 있는 편리한 메소드들에 대해서도 소개합니다.

여기까지 학습하고 나면 여러분은 '단순히 알고 있는' 단계를 넘어 '보다 실용적인 프로그래밍을 위한 지식'을 쌓게 됩니다. 지금까지 학습한 내용을 익혀 두면 여러분의 프로그래밍에 활용할 수 있을 것입니다.

패키지

클래스와 인터페이스를 간단히 다룰 수 있는 구조인 패키지에 대해 소개하겠습니다.

패키지란

패키지란 클래스를 한데 모아 놓은 것입니다. Java에는 많은 편리한 패키지가 준비되어 있습니다. 또한 패키지를 직접 만들 수도 있습니다.

패키지가 다르면, 같은 클래스 이름도 구별됩니다.

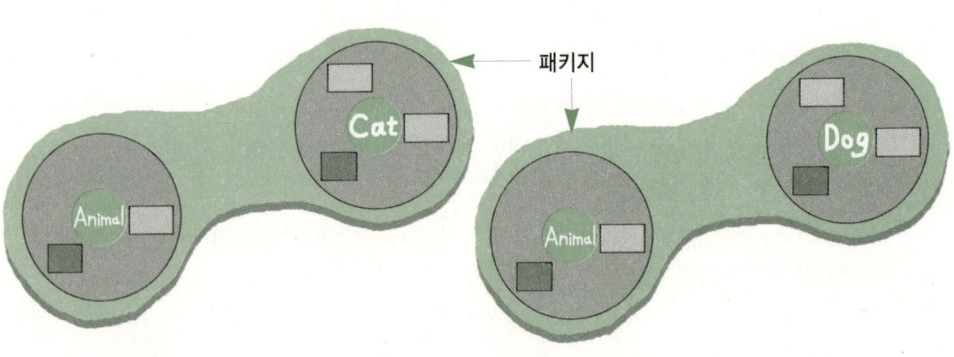

패키지 만드는 방법

패키지 선언

소스 파일에 있는 클래스나 인터페이스를 패키지로 만들 수 있습니다. 예를 들면, 클래스 A를 포함하는 패키지, pack1을 만들어 보겠습니다.

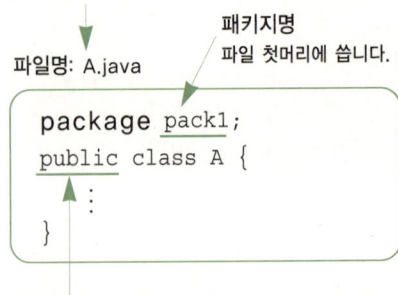

public을 붙인 클래스와 같은 이름으로 합니다.

파일명: A.java

패키지명 — 파일 첫머리에 씁니다.

```
package pack1;
public class A {
    :
}
```

public
클래스를 다른 패키지에서 이용할 수 있도록 합니다. public을 붙일 수 있는 클래스는 파일 하나에 하나뿐입니다.

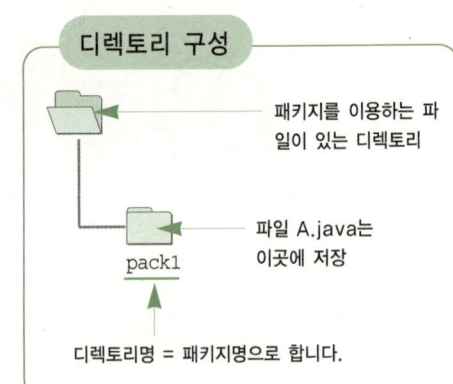

디렉토리 구성

패키지를 이용하는 파일이 있는 디렉토리

파일 A.java는 이곳에 저장

디렉토리명 = 패키지명으로 합니다.

패키지 임포트

패키지를 이용하려는 프로그램에서 다음과 같이 기술하면, 패키지에 포함된 클래스와 인터페이스를 이용할 수 있게 됩니다. 이것을 '패키지 임포트' 라고 합니다.

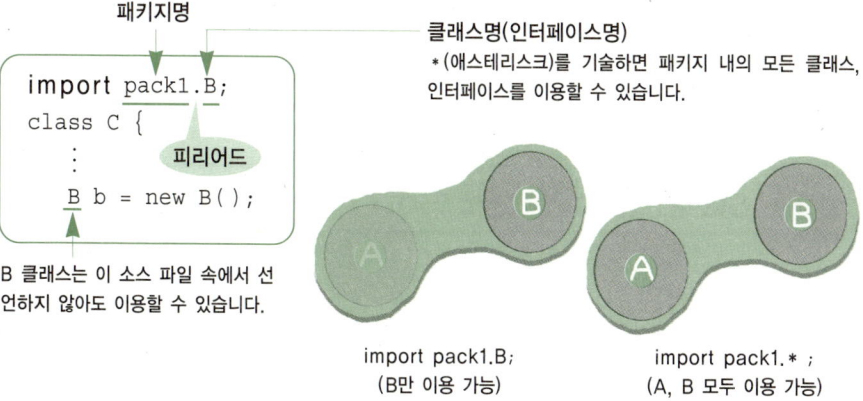

```
import pack1.B;
class C {
    ⋮
    B b = new B();
```

패키지명 · 클래스명(인터페이스명)
*(애스터리스크)를 기술하면 패키지 내의 모든 클래스, 인터페이스를 이용할 수 있습니다.

피리어드

B 클래스는 이 소스 파일 속에서 선언하지 않아도 이용할 수 있습니다.

import pack1.B;
(B만 이용 가능)

import pack1.*;
(A, B 모두 이용 가능)

패키지의 선언과 임포트

패키지 안에서 다른 패키지를 이용할 경우는 패키지 선언을 먼저 기술합니다.

```
package pack2;
import pack1.A;
```

< Hello.java >

```
package a;

public class Hello {
    public void hello() {
        System.out.println("Hello");
    }
}
```

패키지 a에 Hello라는 클래스를 준비해 둡니다.

예 HelloA.java

```
import a.*;

class HelloA {
    public static void main(String[] args) {
        Hello h = new Hello();
        h.hello();
    }
}
```

실행 결과

```
>javac a\Hello.java

>javac HelloA.java

>java HelloA
Hello
```

패키지를 선언한 소스 파일을 컴파일합니다.

※ 굵은 글자는 키보드로 입력한 글자

Static 임포트

static을 붙인 멤버만을 임포트할 수 있습니다.

🔓 static 멤버를 임포트하기

import를 사용하여 클래스 전체를 임포트할 뿐만 아니라 static 제한자(138페이지 참조)를 붙인 필드와 메소드만 임포트할 수도 있습니다.

> static 멤버만 임포트할 수 있어요.

특정 static 멤버를 임포트할 경우

클래스 내에 있는 특정 static 멤버만을 임포트할 경우에 다음과 같이 기술합니다.

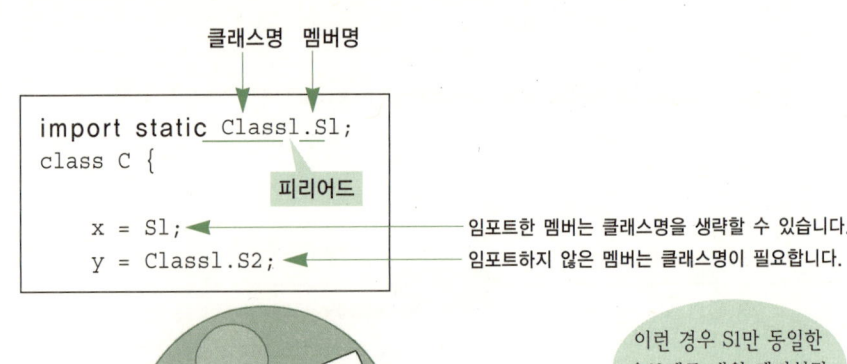

클래스명   멤버명

```
import static Class1.S1;
class C {
                    피리어드
    x = S1;         ← 임포트한 멤버는 클래스명을 생략할 수 있습니다.
    y = Class1.S2;  ← 임포트하지 않은 멤버는 클래스명이 필요합니다.
}
```

> 이런 경우 S1만 동일한 오브젝트 내의 멤버처럼 이용할 수 있습니다.

모든 static 멤버를 임포트할 경우

멤버명에 *(애스테리스크)를 지정하면, 클래스 내의 모든 static 멤버를 임포트할 수 있습니다.

클래스명

```
import static Class1.*;
class C {

    x = S1;
    y = S2;
}
```

피리어드

모두 임포트되어 클래스명이 필요 없어요.

S1, S2 모두 동일한 오브젝트 내의 멤버처럼 다룰 수 있어요.

예 StaticImport.java

```java
import static java.lang.Math.log ;

class StaticImport {
    public static void main(String[] args) {
        int a = 2;
        int b = 3;
        System.out.println(a + "를 밑으로 하는" + b + "의 대수=" +
        log(b) / log(a));
    }
}
```

실행 결과

```
2를 밑으로 하는 3의 대수
= 1.5849625007211563
```

접근 제한자

접근 제한자는 제5장에서 학습한 private만 있는 것이 아닙니다. 여기서는 그 외의 접근 제한자들도 소개하도록 하겠습니다.

 접근 제한자

접근 제한자는 멤버의 이용을 제한하거나 확장하기 위한 키워드입니다. 접근 제한자에는 public, protected, pravate의 세 종류가 있습니다.

접근 제한자	오브젝트 안에서의 이용	서브 클래스로 상속
public 어떤 때라도 상속과 이용이 가능합니다.	이용 가능	패키지 내외 모두 이용 가능
protected 동일한 패키지 내에서만 이용이 가능합니다. 상속은 패키지에 상관없이 가능합니다.	이용 가능	패키지 내외 모두 이용 가능
없음 동일한 패키지 내에서만 상속과 이용이 가능합니다.	이용 가능	패키지 내 이용 가능
private 오브젝트 내에서만 이용할 수 있습니다.	이용 가능	패키지 내외 모두 이용 불가

제한이 약하다 ↓ 제한이 강하다

접근 제한자는 다음과 같이 멤버 앞에 기술합니다.

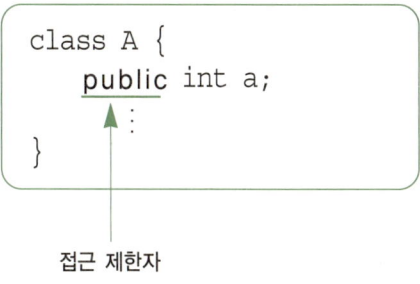

접근 제한자

멤버 하나에 한 개만 붙일 수 있습니다.

오브젝트 외부에서의 이용	
동일한 패키지 내	다른 패키지
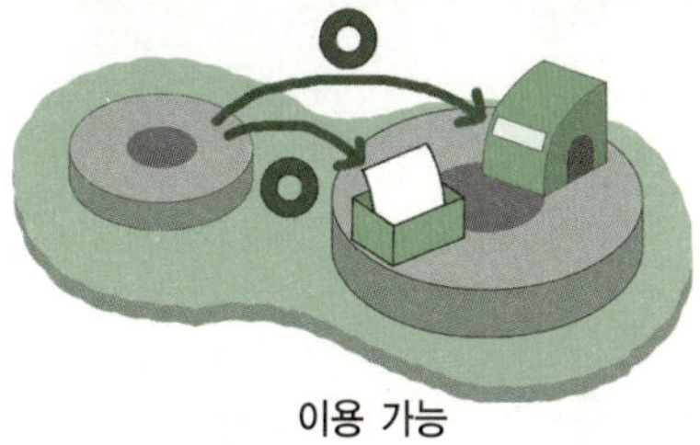 이용 가능	 이용 가능
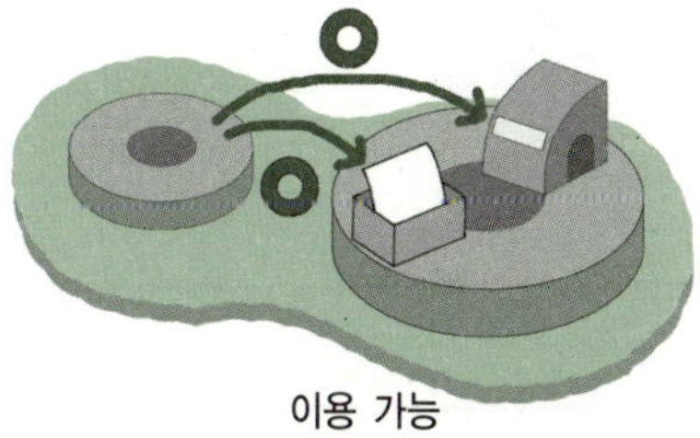 이용 가능	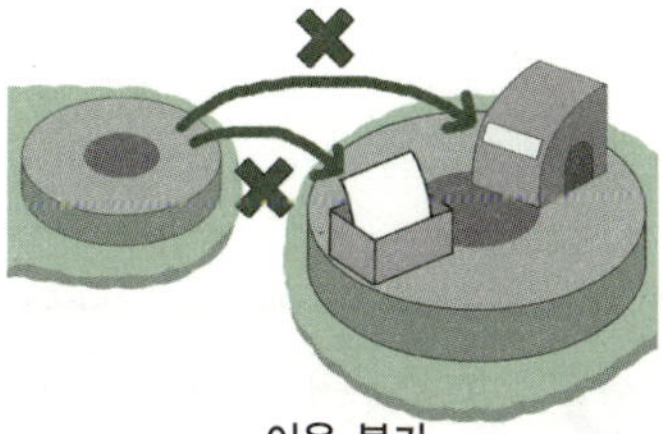 이용 불가
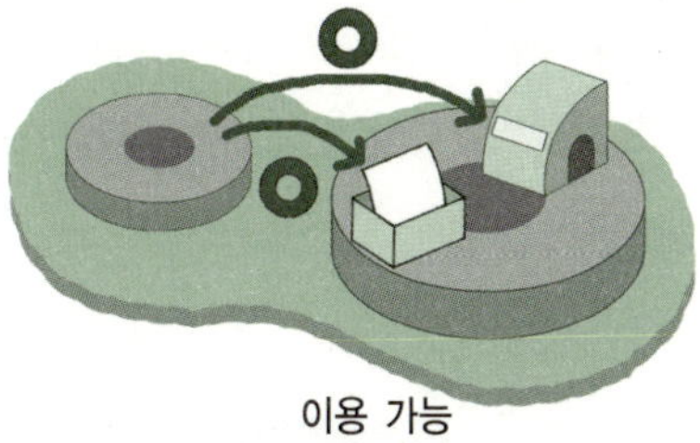 이용 가능	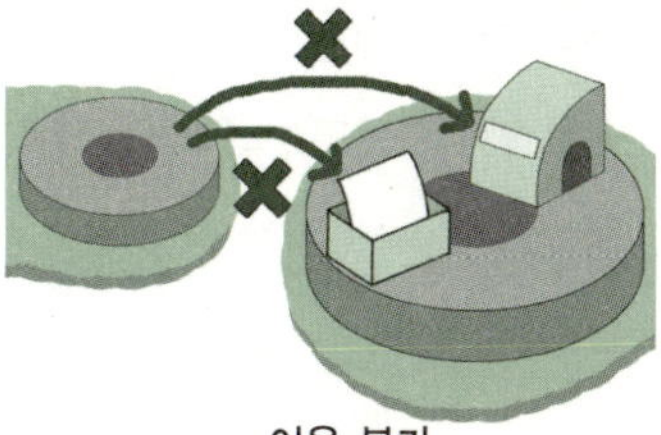 이용 불가
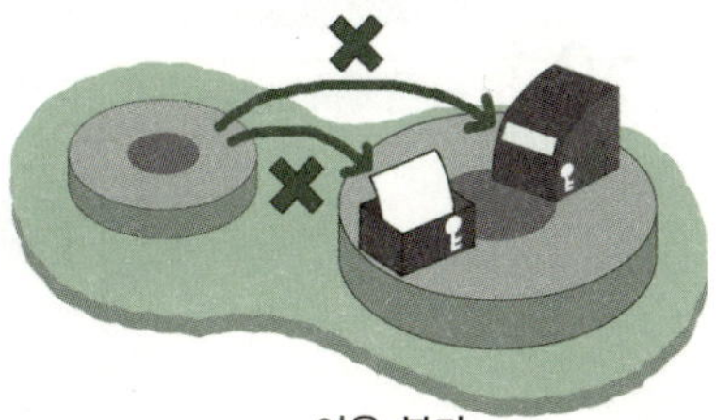 이용 불가	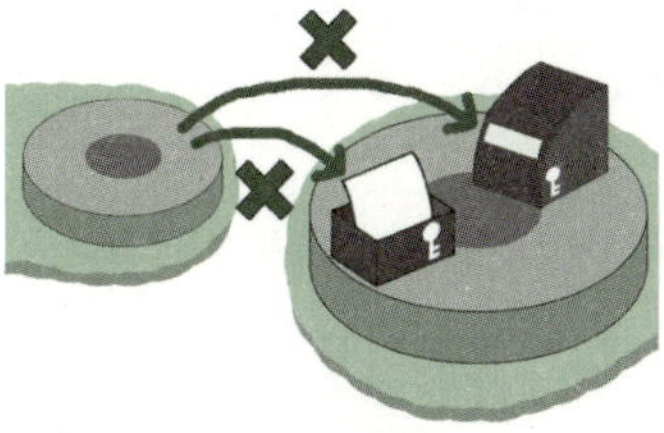 이용 불가

랩퍼 클래스

변수를 감싸서 오브젝트로 취급하는 랩퍼 클래스에 대해 소개합니다.

기본 데이터 형의 랩퍼 클래스

Java는 기본 데이터 형(정수형, 문자형, 논리형)에 대응하는 클래스가 마련되어 있습니다. 이 클래스들을 **랩퍼 클래스**라고 합니다. 랩퍼 클래스의 오브젝트는 변수와 같이 사용할 수 있는데, 여러 가지로 편리한 메소드도 있습니다.

기본 데이터 형	랩퍼 클래스
byte	Byte
short	Short
int	Integer
long	Long
float	Float
double	Double
char	Character
boolean	Boolean

변수 대신에 사용할 수 있습니다.

수치형 랩퍼 클래스

수치형 랩퍼 클래스 Byte, Short, Integer, Long, Float, Double에는 다음과 같은 메소드가 있습니다. 이 메소드들을 사용하면 다른 형으로 변환한 값을 얻을 수 있습니다.

```
byteValue()     shortValue()    intValue()
longValue()     floatValue()    doubleValue()
```

```
Integer a = new Integer(30);
double b = a.doubleValue();
```

double형으로 변환된 30.0을 반환합니다.

생성자는, 대응하는 기본 데이터 형의 값과 변수를 받습니다.

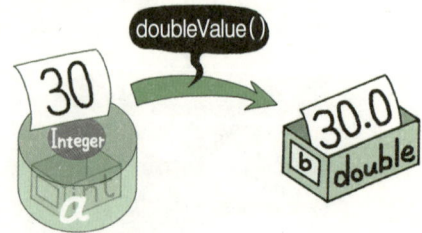

오브젝트의 비교

랩퍼 클래스의 오브젝트끼리 비교하기 위해서는 **equals( )** 메소드를 사용합니다.

```
Integer a = new Integer(10);
Integer b = new Integer(5);
boolean c = a.equals(b);
```

오브젝트명

오브젝트들의 형과 값이 동일하면 true를 반환합니다.

🔓 문자열 변환

정수형의 랩퍼 클래스인 Byte, Short, Integer, Long에는 각각 문자열을 정수형으로 변환하는 메소드가 있습니다.

클래스	메소드	기능
Byte	parseByte( )	문자열을 byte형으로 변환
Short	parseShort( )	문자열을 short형으로 변환
Long	parseLong( )	문자열을 long형으로 변환
Integer	parseInt( )	문자열을 int형으로 변환

```
int a = Integer.parseInt("5");
```

a 값은 5가 됩니다.　　　변환할 문자열

예 Change.java
```
class Change {
    public static void main(String[] args) {
        String a = "34";
        int b = 50;
        int c = Integer.parseInt(a);
        int d = c + b;
        System.out.println(a + " " + " + b + " = "+ d);
    }
}
```

실행 결과
```
34 + 50 = 84
```

문자열과 수치는 계산할 수 없으므로 문자열을 수치로 변환합니다.

Auto-Boxing

기본 데이터 형과 랩퍼 클래스 사이의 자동적인 형 변환에 대해 살펴보겠습니다.

기본 데이터 형과 랩퍼 클래스의 변환

기본 데이터 형과 랩퍼 클래스는 자동 변환됩니다. 기본 데이터 형에서 랩퍼 클래스로 자동 변환되는 것을 Auto-Boxing, 랩퍼 클래스에서 기본 데이터 형으로 자동 변환되는 것을 Auto-Unboxing이라고 합니다.

Auto-Boxing

랩퍼 클래스의 오브젝트를 인수로 하는 다음과 같은 메소드가 있다고 합시다.

```
void test_boxing(Integer i){
    return;
}
```
— Integer 오브젝트를 받아들입니다.

위와 같은 메소드에 int형 값을 전달하고자 할 경우 Integer형으로 캐스트하지 않아도 그대로 수치를 기술할 수 있습니다.

```
test_boxing(10);
```
— int형이 랩퍼 클래스로 자동 변환됩니다.

자동적으로 변환되기 때문에 형을 캐스트 할 필요가 없어요.

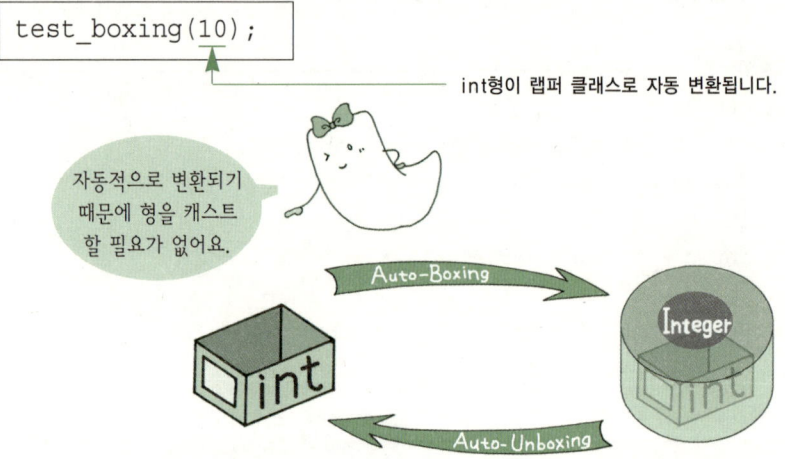

Auto-Boxing

int형 변수를 인수로 받는 다음과 같은 메소드가 있다고 합시다.

```
void test_unboxing(int i) {
   return;
}
```
→ int형 변수를 받아들입니다.

위와 같은 메소드에 Integer의 오브젝트를 전달할 때, int형으로 캐스트하지 않고 그대로 랩퍼 오브젝트를 기술할 수 있습니다.

```
Integer a = new Integer(10);
test_unboxing(a);
```
랩퍼 클래스의 오브젝트가 int형으로 자동 변환됩니다.

예 BoxSample.java

```
class BoxSample {

    public static void main(String[] args) {
        int prim_int = new Integer(10);    ◀ 랩퍼 클래스에서 기본
        System.out.println("값: " + prim_int);    데이터 형으로 자동 변환

        Integer wrap_Int = prim_int * 10;    ◀ 기본 데이터 형에서
        System.out.println("값: " +wrap_Int);    랩퍼 클래스로 자동
    }                                            변환
}
```

실행 결과

```
값: 10
값: 100
```

예제 프로그램
퀴즈 프로그램

StringTokenizer 클래스를 이용한 퀴즈 프로그램입니다.

소스 코드
Quiz.java

```java
import java.io.*;
import java.util.*;
class QandA {
    String question; // 문제 문자열
    String[] answer; // 정답 문자열

    QandA(String question, String answerline) {
        this.question = question;
        StringTokenizer token = new StringTokenizer(answerline, ",");
        answer = new String[token.countTokens()];
        for(int i = 0; token.hasMoreTokens(); i++ )
            answer[i] = token.nextToken();
    }

    // 정답을 판정하고, 정답 문자열을 돌려준다
    String[] getCorrect(String inputline) {
        // 회답을 분할
        StringTokenizer token = new StringTokenizer(inputline, ",");
        int inputnum = token.countTokens();
        String[] input = new String[inputnum];
        for(int i = 0; token.hasMoreTokens(); i++)
            input[i] = token.nextToken();

        //중복 체크
        for(int i = 1; i < inputnum; i++)
            for(int j = i-1; j>=0; j--)
                if(input[i].equals(input[j])) //이전에 같은 문자열이 있으면
                    input[i] = "0"; // 이 문자열에 오답(0)을 대입

        // 대조
        int correctnum = 0; // 정답을 맞춘 수
        for(int i = 0; i < inputnum; i++)
            for(int j = 0; j < answer.length; j++)
                if(input[i].equals(answer[j]))
                    correctnum++;

        String[] correct = new String[correctnum]; // 정답인 회답
        int k=0;
        for(int i = 0; i < inputnum; i++)
            for(int j = 0; j < answer.length; j++)
                if(input[i].equals(answer[j])){
                    correct[k] = input[i];
                    k++;
                }
        return correct;
    }
}
```

```java
class Quiz {
    static String getInput() {
        String input = new String();
        try {
            BufferedReader in =
                new BufferedReader(new InputStreamReader(System.in));
            input = in.readLine();
        } catch(Exception e){
            System.out.println(e);
        }finally {
            return input;
        }
    }

    public static void main(String[] args) {
        // 문제와 해답
        QandA qa = new QandA("요일 (영어) ",
            "Sunday,Monday,Tuesday,Wednesday,Thursday,Friday,Saturday");
        System.out.print("[문제] " + qa.question +
            "을 「,」로 구분하여 답하세요.\n> ");

        int answernum = qa.answer.length; // 회답의 개수
        String input = getInput();
        String[] correct = qa.getCorrect(input);
        int correctnum = (correct == null) ? 0 : correct.length;

        // 정답 수가 0이 아닐 경우, 맞춘 답을 표시
        if(correctnum > 0) {
            System.out.print("정답:");
            for( int j = 0; j < correctnum; j++)
                System.out.print(correct[j] + " ");
            System.out.println();
        }
        // 정답 수를 표시
        System.out.print(correctnum + " / " + answernum + " 정답");

        if(correctnum == answernum) // 전부 맞춘 경우
            System.out.println(" 정말 잘했습니다!");
        else if(correctnum > answernum/2) // 절반 이상 맞춘 경우
            System.out.println(" 잘했습니다.");
        else // 절반 이하로 맞춘 경우
            System.out.println(" 아직 멀었군요.");
    }
}
```

실행 결과

※ 굵은 글자는 키보드로 입력한 글자

[문제] 요일(영어) 을 「,」로 구분하여 답하세요.
>**Sunday,Friday,Saturday,Tuesday,Thursday,Sunday**
정답:Sunday Friday Tuesday Thursday
4 / 7 정답 잘했습니다.

알아두면 도움이 되는 Java 프로그래밍 상식

시스템 프로퍼티

시스템 프로퍼티란 시스템 환경에 관한 정보를 말합니다. System 클래스에 있는 getProperty() 메소드를 사용하면, 현재 사용하고 있는 환경 정보를 얻을 수 있습니다.

```
String version = System.getProperty("java.version");
```
                                          ↑ 프로퍼티 지정

주요 프로퍼티는 다음과 같은 것이 있습니다.

프로퍼티	의미	표시 예
java.version	Java의 버전	1.4.0_01
java.vendor	Java의 벤더	Sun Microsystems Inc.
java.vendor.url	Java 벤더의 URL	http://java.sun.com/
java.home	Java를 인스톨한 디렉토리	c:\Program Files\Java\jdk1.6.0_01
java.class.version	Java 클래스의 버전	48
java.class.path	Java 클래스가 존재하는 경로	E:\sample_java
java.ext.dir	확장 기능 클래스를 포함하는 디렉토리	null(미설정인 경우)
os.name	OS의 이름	Windows XP
os.arch	OS의 아키텍처	x86
os.version	OS의 버전	5.1
file.separator	파일을 구분하는 문자	\(Unix에서는 /)
path.separator	경로 구분을 나타내는 문자	;(Unix에서는 :)
line.separator	행을 구분하는 문자(개행 코드)	\n
user.name	사용자 계정	shkim
user.home	사용자 홈 디렉토리	C:\Document and Settings\shkim
user.dir	현재 작업 디렉토리	E:\sample\java

도전! Java 프로그래밍

프로그래밍의 제 1 수칙은 '백문이 불여일행'이라고 합니다. 백 번 듣고 보는 것보다 한 번 프로그래밍을 실행시켜 보는 것이 훨씬 낫다는 말입니다. 실제로 프로그래밍에 도전해 보지 않고서는 프로그래머가 될 수 없습니다. 여기에서는 앞 장에서 배운 내용을 토대로 실제 예를 통해 적용해 보겠습니다. 여러분의 프로그래밍 실력을 쌓을 수 있는 기초가 될 것입니다.

문제

01_ 다음의 소스를 SungAnDang이라는 이름의 패키지로 만드시오.

```
public class Chapter8_1 {
    public static void main(String[ ] args){
        Chapter8_1 c8 = new
          Chapter8_1( );
        c8.printmsg( );
    }
    public void printmsg( ){
        System.out.println( );
    }
}
```

02_ 다음 메소드들의 의미는 무엇인가요?
   a. byteValue( )
   b. intValue( )
   c. parseInt( )
   d. equals( )

03_ 다음 프로그램의 출력 결과는 무엇일까요?
```
class Chapter8_3 {
    public static void main(String[ ] args){
        String a = "Java가 보이는 그림책";
        String b = "Java";

        System.out.println(a.length( ));
        System.out.println(a.substring
          (10,13));
        System.out.println((a.substring(0,4).
          compareTo("Java"));
    }
}
```

04_ 보기에 주어진 문자열을 나누어서 다음 결과와 같이 출력되는 프로그램을 작성하시오.

보기)
자바가, 출판사, 보이는, 성안당, 그림책

결과)
자바가 보이는 그림책
출판사 : 성안당

01

```
package SungAnDang;

public class Chapter8_1 {
    public static void main(String[ ] args){
        Chapter8_1 c8 = new Chapter8_1( );
        c8.printmsg( );
    }
    public void printmsg( ){
        System.out.println( );
    }
}
```

자바에서 패키지를 만드는 방법은 package를 사용합니다. 패키지 디렉토리는 현재 자바 소스 폴더 아래에 패키지에 선언된 패키지명의 폴더를 새롭게 만듭니다. 만들어진 패키지는 import를 사용하여 패키지 이름과 패키지에서 사용될 클래스 이름을 선언하여 사용합니다.

02

a. byte형으로 변환된 값을 반환
b. int형으로 변환된 값을 반환
c. 문자열이 int형으로 변환된 값을 반환
d. 랩퍼 클래스의 오브젝트를 비교

byteValue( )와 intValue( )는 수치형 랩퍼 클래스로, 캐스트 연산자와 같이 기본 데이터형의 값을 원하는 데이터형으로 변환된 값으로 반환합니다. parseInt( )는 문자형 변환 랩퍼 클래스로, 문자열을 int형으로 변환된 값으로 반환합니다. 마지막으로 equals( ) 메소드는 랩퍼 클래스의 오브젝트를 비교하는 데 사용합니다. 주의할 점은 문자열의 값을 비교하는 String 클래스의 equals( ) 메소드와 혼동하지 않도록 주의하십시오.

03

13
그림책
0

length( )는 문자열의 길이를 반환하는 메소드로 0부터 시작하여 길이를 잽니다. substring(a, b)는 문자열의 일부를 가져오는 메소드로 인자 a부터 시작하여 (b-a)개의 문자를 반환합니다. compareTo( )는 문자열을 비교하는 메소드로 대소 문자를 구분하며 사전적으로 비교하여 앞이면 음수, 같으면 0, 뒤면 양수의 정수를 반환합니다.

04

```
import java.util.*;

class Chapter8_4 {
    public static void main(String[ ] args){
        String a = "자바가,출판사,보이는,성안당,그림책";
        String b[ ] = new String[5];
        int i = 0;

        StringTokenizer c =
            new StringTokenizer(a, ",");

        while(c.hasMoreTokens( )){
            b[i] = c.nextToken( );
            i++;
        }

        System.out.println(b[0] + " " + b[2] + " " + b[4]);
        System.out.println(b[1] + " : " + b[3]);
    }
}
```

9

부록

어노테이션

어노테이션은 주석(注釋)을 의미하는데, 보통의 코멘트와는 무엇이 다른지 알아봅니다.

어노테이션이란?

어노테이션은 주석의 일종이지만 프로그래머 지향의 정보인 「//」나 「/* */」와 달리 컴파일러 지향의 부가 정보입니다. 어노테이션을 작성해두면 부주의로 인한 실수를 방지할 수 있습니다.

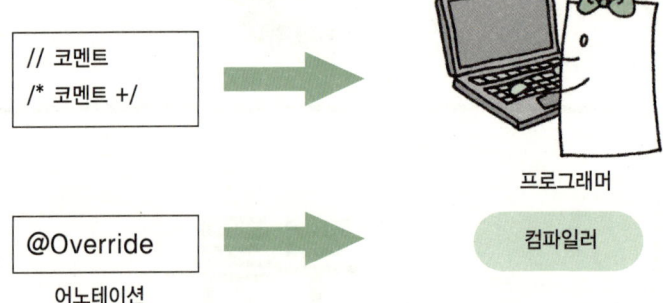

어노테이션의 종류와 사용 방법

Java.lang/anotation 패키지에는 다음 세 가지 어노테이션이 정의되어 있습니다.

@Override	메소드가 오버라이드되고 있습니다
@Deprecated	비추천 메소드입니다
@SuppressWarnings	지정된 컴파일러의 경고를 표시하지 않습니다

예를 들면, @Override는 다음과 같이 사용합니다.

```
class Greeting {
   void bye() {
      System.out.println("good bye");
   }
}
class Insa extends Greeting {
   @Override
   void bye() {
      System.out.println("안녕히 가세요.");
   }
}
```

어노테이션은 자신이 정의할 수도 있습니다.

어노테이션의 이점

예를 들면, 앞 페이지의 목록에서 어노테이션을 쓰지 않고 인사 클래스의 메소드 bye( )를 「by( )」로 잘못 쓰면 다음과 같이 됩니다.

클래스 정의(어노테이션 없는)

```
class Greeting {
    void bye() {
        System.out.println("good bye");
    }
}
class Insa extends Greeting {
    void bye() {          ← 에러
        System.out.println("안녕히 가세요.");
    }
}
```

실행 결과: 안녕히 가세요.

호출

```
Insa Insa = new Insa();
Insa bye();
```

실행 결과: good bye

슈퍼 클래스의 bye가 호출된 것 같아요.

어노테이션이 있다면 컴파일러가 에러를 검출합니다.

클래스 정의(어노테이션 있는)

```
class Insa extends Greeting {
    @Override
    void by() {           ← 에러
        System.out.println("안녕히 가세요");
    }
}
```

호출

```
Insa insa = new Insa();
insa bye();
```

실행 결과: 에러 : 메소드는 슈퍼 타입의 메소드를 오버라이드 또는 구현하지 않습니다.

로컬 클래스

클래스 내측에서 정의된 클래스 중 메소드 안에 정의된 클래스를 로컬 클래스라고 합니다.

🔓 중첩된 클래스

클래스 안에 클래스를 정의하는 것이 가능합니다. 내측의 클래스(단 static으로서 선언되지 않은 것)를 **내부 클래스**, 외측의 클래스를 **외부 클래스**라고 합니다. 특히 메소드 안에 정의된 내부 클래스를 **로컬 클래스**라고 부릅니다.

```
class Outer {           외부 클래스
    ⋮
    class Inner {       내부 클래스
        ⋮
    }
    ⋮
}
```

```
class Outer {           외부 클래스
    ⋮
    public void myMethod()
    {
        class Local {   로컬 클래스
            ⋮
        }
    }
    ⋮
}
```

어느 특정 클래스 안에만 사용 가능한 클래스는 내부 클래스로 하는 것이 알아보기 쉽습니다.

🔓 내부 클래스의 오브젝트 생성

외부 클래스를 생성해도 내부 클래스는 자동 생성되지 않습니다. 외부 클래스의 밖에서 내부 클래스(로컬 클래스)의 객체를 생성할 때는 다음과 같이 기술합니다.

```
내부 클래스명.내부 클래스명 obj = 외부 클래스명.new 내부 클래스명 ( );
```

위의 내부 클래스의 예는 다음과 같이 씁니다.

```
Outer.Inner obj = Outer.new Inner( );
```

내부 클래스의 스코프

클래스 내에 정의한 필드나 메소드는 그 내부 클래스 내에서도 유효합니다. 만약 로컬 변수와 클래스의 필드가 같은 이름일 때는 다음과 같이 참조합니다.

```
public class Outer {
    public int a; // 외부 클래스의 필드       ← Outer.this.a
    class Inner {
        public int a; // 내부 클래스의 필드   ← this.a

        void myMethod(int a) { // a:인수(로컬 변수)  ← a
            :
        }
    }
}
```

무명 클래스

단지 인터페이스의 기능을 이용하기 위해 로컬 클래스를 정의할 필요가 있을 때에는 클래스명을 생략하고 간결하게 기술할 수 있습니다. 이것을 **무명 클래스**(또는 **익명 클래스**)라고 합니다.

```
interface Greet
    public String greet(String name);
}

public class Outer{
    public static void main(String[] args) {

        class Local implements Greet() {
            public String greet(String name) {
                return "안녕하세요! " + name + " 씨 ";
            }
        }

        Local g = new Local()}

        System.out.println(g.greet("영희"));
    }
}
```

인터페이스를 실장한 로컬 클래스를 정의하고 오브젝트를 생성하는 곳

이와 같이 생략 가능합니다.

```
Greet g = new Greet(){
    public String greet(String name) {
        return "안녕하세요! " + name + " 씨 ";
    }
);
```

클래스의 정의와 생성을 조합한 듯한 기술 방법

이 부분은 변경 없음

Java SE 8

람다식 (1)

람다식에 대해 학습하기 전에 함수형 프로그래밍에 대해 이해합시다.

함수형 프로그래밍

프로그래밍의 방식은 **명령형(절차형)** 프로그래밍과 **선언형 프로그래밍**으로 나뉩니다. 함수형 프로그래밍은 '선언형'의 일종입니다.

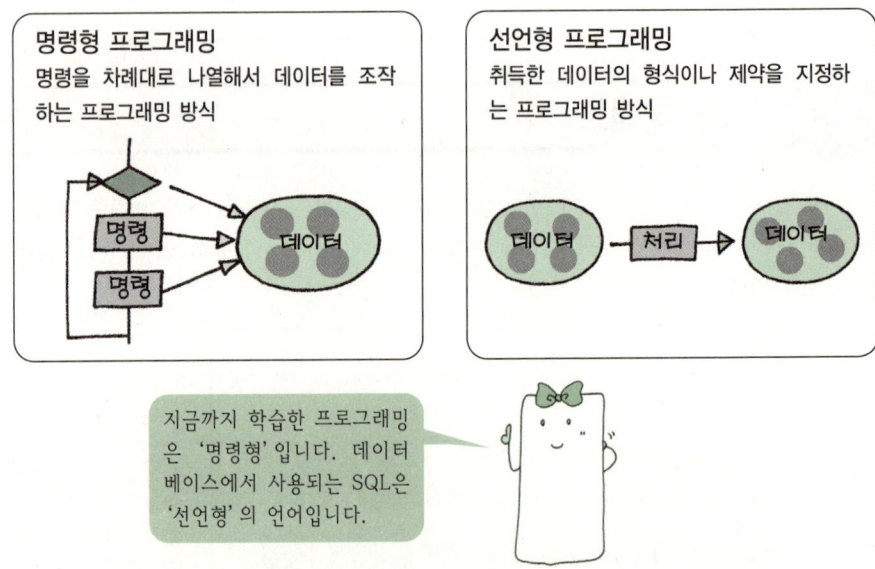

지금까지 학습한 프로그래밍은 '명령형'입니다. 데이터 베이스에서 사용되는 SQL은 '선언형'의 언어입니다.

함수형 프로그래밍은 '처리'의 부분에 함수를 정의합니다. 여기서 말하는 함수는 입력한 값에 대해 값을 하나씩만 돌려주는 처리의 모음입니다. 단, 함수를 실행하는 것에 의해 입력한 데이터 이외의 데이터 값이 변화하지 않는(부작용이 없는) 것이 조건입니다.

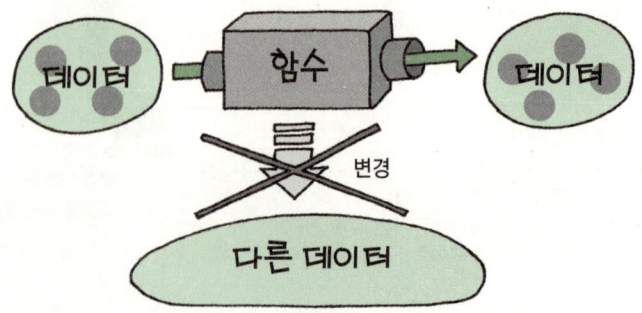

함수형 언어와 명령형 언어

함수형 프로그래밍에 적합한 함수형 언어라는 것이 몇 개 있습니다. 단, 대부분의 함수형 언어는 명령형 프로그래밍도 가능합니다. 반대로 Java와 같은 명령형 언어이더라도 함수형 프로그래밍을 지원하는 경우가 있습니다.

함수형 언어	명령형 언어
LISP Haskell Scala :	C/C++ Java JavaScript :

함수형 프로그래밍

명령형 프로그래밍

 여러 가지 프로그래밍 방법에 대응하는 언어를 멀티 패러다임 언어라고 합니다.

Java의 함수형 인터페이스

Java에서 함수형 프로그래밍을 행하기 위해 **함수형 인터페이스**라는 것을 사용합니다. 이것은 추상 메소드가 하나만 있는 인터페이스입니다.

```
@FunctionalInterface
interfacd Greet{
    public String greet(String name);
}
```

함수형 인터페이스에는 @FunctionalInterface 어노테이션을 붙입니다.

추상 메소드

단, 다음의 것은 제외할 수 있습니다 (카운트하지 않습니다).
- static 메소드와 default 메소드
- toString()과 같은 Object 클래스 메소드의 오버라이드

 즉, 구현이 필요한 메소드가 하나로, 그것이 명확하면 OK입니다.

Java SE 8

람다식(2)

Java에서 함수형 프로그래밍을 실천해 봅시다.

🔒 Java의 함수형 접근

Java에서 함수형 프로그래밍을 하려면 무명 클래스에 함수형 인터페이스를 실장해서 오버라이드합니다.

```
@FunctionalInterface
interface Greet{
    public String greet(String name);   ← 함수형 인터페이스
}

public class Outer{
    public static void main(String[] args){
        Greet g = new Greet(){   ← 무명 클래스
            @Override
            public String greet(String name) {
                return "안녕하세요! " + name + " 씨 ";
            }
        };

        System.out.println(g.greet(" 영희 "));
    }
}
```

> 함수형 인터페이스라면 오버라이드하는 메소드의 이름(greet)은 생략할 수 있습니다.

다음과 같이 쓸 수 있습니다.

이와 같은 작성법을 **람다식**이라고 합니다.

```
Greet g = (String name) -> {
    return " 안녕하세요! " + name + " 씨 ";
};
```

영희 →[name][g.greet()]→ 안녕하세요! 영희 씨

> '람다'는 수학에서 함수를 교체할 때에 그리스 문자 λ를 사용하는 것에서 유래한 것입니다.

람다식에서는 형명을 생략하거나 return을 생략하는 것도 가능합니다.

```
Greet g = (String name) -> {
    return " 안녕하세요! " + name + " 씨 ";
};
```

```
Greet g = name) -> " 안녕하세요! " + name + " 씨 ";
```

인수(name의 부분)가 없을 때는 '( )'라고 씁니다.

람다식을 사용하는 이점

람다식을 사용하는 이유로는 다음과 같은 것이 있습니다.

- **간결하게 기술할 수 있다**
  버튼을 눌렀을 때의 처리의 구현 등, 실제 프로그램에서는 인터페이스를 이용할 기회는 많은데, 이것들을 간결하게 기술할 수 있습니다.

- **람다식을 전제로 준비한 API를 이용 가능하다**
  대표적인 것으로 Stream API가 있습니다. 이들 API를 이용하면 함수형 프로그래밍답게 알아보기 좋게 프로그램을 쓸 수 있습니다.

예 Test_lambda.java

```java
@FunctionalInterface
interface CalcPower {
    public Integer calc(Integer n);
}

class Test_lambda {
    public static void main(String[] arg) {
        CalcPower pownum = n -> {
            return n * n;
        };
        System.out.println(pownum.calc(11));
    }
}
```

실행 결과

```
121
```

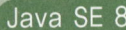

Stream API

Stream API를 쓰면 많은 데이터를 스마트한 코드로 간단하게 처리할 수 있습니다.

🔓 Stream API란

Stream API는 함수형 프로그래밍용 라이브러리로, 데이터를 흘려보내 간단하게 가공할 수 있습니다. Stream API를 이용하려면 java.util.stream.Stream을 임포트합니다.

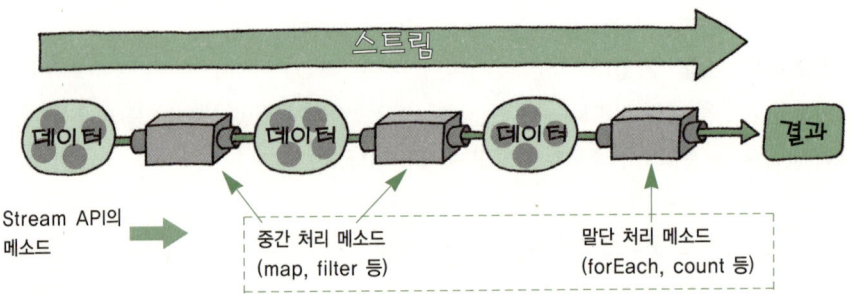

map( )

각각의 데이터를 변환해서 새로운 데이터를 작성합니다. 다음 예는 jongno, gangnam, mapo 각각의 문자 수를 구해서 표시하는 코드입니다.

```
List<String> name = new ArrayList<String>();
names.add("jongno");
names.add("gangnam");
names.add("mapo");

names.stream().map(t -> t.length()).forEach(System.out::println);
```

stream( ) 메소드
컬렉션을 스트림으로 변환합니다.

map( ) 메소드
인수에 변환 처리 내용의 람다식을 기술합니다.

참조 메소드
개개의 요소를 표시합니다 (230페이지 참조).

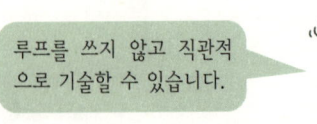

루프를 쓰지 않고 직관적으로 기술할 수 있습니다.

filter( )

데이터 중에서 지정한 조건을 가진 것을 추출합니다. 다음 예는 jongno, gangna, mapo 중에서 'j'를 포함한 문자열의 개수를 표시하는 코드입니다.

```
List<String> names = new ArrayList<String>();
names.add("jongno");
names.add("gangnam");
names.add("mapo");

long n = names.stream().filter(t -> t.contains("j")).count();
System.out.println(n);
```

filter( ) 메소드
인수의 람다식이 true인 데이터를 추출합니다.

count( ) 메소드
데이터의 개수를 반환합니다.

sorted( )

데이터를 나열합니다. 다음의 예는 점수(scores)를, 점수가 높은 순(내림차 순)으로 나열해서 표시합니다.

```
List<Integer> scores = new ArrayList<Integer>();
scores.add(67);
scores.add(94);
scores.add(51);
scores.add(78);

scores.stream().sorted((s1, s2) -> s2-s1).forEach(System.out::println);
```

sorted( ) 메소드
인수의 람다식이 양일 때는 올림차 순,
음일 때는 내림차 순으로 데이터를 나열합니다.

reduce( )

데이터를 하나씩 평가하여 결과로 집약합니다. 다음 예는 금액(prices)의 합계를 구해서 표시한 것입니다.

```
List<Integer> prices = new ArrayList<Integer>();
prices.add(5020);
prices.add(6300);
prices.add(2000);

long sum = prices.stream().reduce(0, (a,x) -> a+x);
System.out.println(sum);
```

reduce( ) 메소드
제1인수는 초기 값으로, 제2인수에서 집약 방법을 지정합니다.
a = a + x(x는 개개의 데이터)와 같은 식으로 평가됩니다.

Java SE 8

메소드·생성자 참조

람다식이나 메소드 참조를 사용하면 변수와 같이 메소드를 운반할 수 있습니다.

🔒 메소드 참조

람다식과 유사한 **메소드 참조**라는 것이 있습니다. 모두 메소드를 변수로 운반할 수 있는 것이 특징입니다. 메소드 참조는 「클래스명::메소드명」의 형식으로 표현합니다.

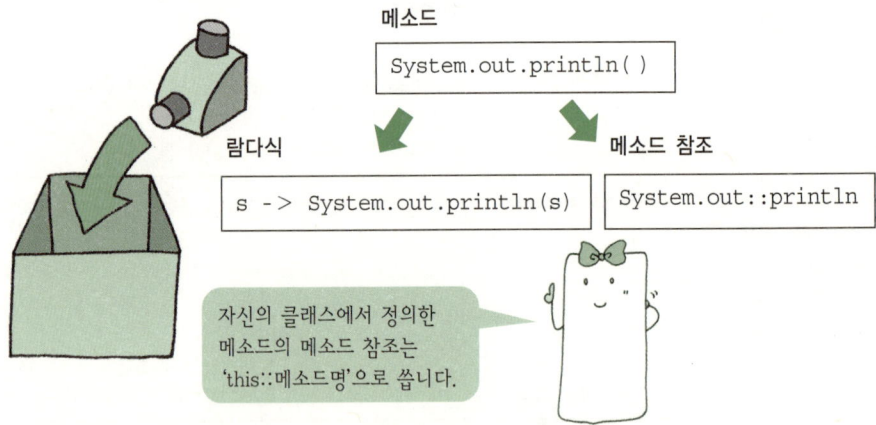

자신의 클래스에서 정의한 메소드의 메소드 참조는 'this::메소드명'으로 씁니다.

메소드 참조의 격납/이용 방법은 메소드의 종류에 의해 달라지며, 여러 가지 함수형 인터페이스가 준비되어 있습니다.

※프로그램의 첫 머리에 java.util.function.*을 임포트해 두세요.

Consumer / accept( ) 메소드 … 인수 한 개, 반환값 없음

예) 문자열을 표시한다

```
Consumer<String> cl = System.out::println;
cl.accept(" 영희 ");
```
← String은 인수의 형태를 나타냅니다.

람다식을 사용해서 쓰면 다음과 같습니다.

```
Consumer<String> cl = s -> System.out.println(s);
cl.accept(" 영희 ");
```

Consumer는 함수형 인터페이스입니다.

Supplier / get( ) 메소드 … 인수 없음, 반환 값 있음
예) 문자열의 길이를 얻는다

```
String s = " 영희 ";
Supplier<Integer> sl = s::length;
System.out.println(sl.get( ));
```

── Integer는 반환 값의 형을 지정합니다.

BinaryOperator / apply( ) 메소드 … 인수 두 개, 반환 값 있음
예) 두 개의 수가 큰 쪽을 반환한다

```
BinaryOperator<Integer> ol = Math::max;
System.out.println(ol.apply(1,10));
```

── Integer는 인수의 형을 나타냅니다.

그밖에도 다음과 같은 함수형 인터페이스가 있습니다.
- Function / apply( ) 메소드 … 인수 한 개, 반환 값 있음
- UnaryOperator / apply( ) 메소드 … 인수 한 개, 인수와 같은 형의 반환 값 있음
- Predicate / test( ) 메소드 … 인수 한 개, 논리형의 반환 값

🔓 생성자 참조

메소드 참조와 마찬가지로 생성자도 함수형 인터페이스에서 만든 변수에 대입하는 것이 가능합니다. 이것을 **생성자 참조**라고 합니다. 생성자 참조는 '클래스명 ::new'의 형식으로 표현합니다.

예 test_mref.java
```
import java.util.*;
import java.util.function.*;

class test_mref {
    public static void main(String[] args) {
        class A {
            String ss;
            A(String s) {
                ss = s;
            }
        }
        Function<String, A> f = A::new;
        A a = f.apply(" 영희 ");
        System.out.println(a.ss);
    }
}
```

생성자의 인수 형
new의 반환 값(객체) 형
── 생성자를 f에 격납
── 생성자를 호출

하고 있는 것은
'A a = new A("영희");' 와
같습니다.

실행 결과
영희

스레드

스레드란 프로그램의 흐름을 말합니다. 프로그램을 실행하면, main( ) 메소드가 호출되어 하나의 흐름(메인 스레드)이 시작됩니다.

 스레드란

지금까지의 프로그램들처럼 흐름이 하나밖에 없는 프로그램을 **싱글 스레드**라고 합니다. Java에서는 흐름을 여러 개 만들어 동시에 실행할 수 있습니다. 이처럼 흐름이 여러 개 있는 프로그램을 **멀티 스레드**라고 합니다.

 Thread 클래스

Java에서 멀티 스레드를 수행하기 위해서는 Thread 클래스를 이용하여 새로운 스레드를 만듭니다. 스레드를 만들기 위해서는 우선 Thread 클래스를 상속받는 클래스를 작성하고, run( ) 메소드를 오버라이딩합니다.

```
class HelloThread extends Thread {
    public void run() {     ← run( ) 메소드
        ⋮
    }
}
```

스레드의 작성과 실행은 다음과 같이 합니다.

```
HelloThread h = new HelloThread();
h.start();
```

start( ) 메소드 스레드를 실행시킵니다.

예 WordThread.java

```java
class WordThread extends Thread {
   private String word;
   private int time;
   private int count;

   public WordThread(String w, int t, int c) {
      word = w;
      time = t;
      count = c;
   }

   public void run() {
      for (int i = 0; i < count; i++) {
         System.out.print(word);
         try {
            Thread.sleep(time);
         } catch(Exception e) {
         }
      }
   }

   public static void main(String[] args) {
      WordThread tick = new WordThread("tick", 1000, 4);
      WordThread tack = new WordThread(" tack\n", 1000, 3);

      tick.start();
      try {
         Thread.sleep(500);
      } catch (Exception e) {
      }
      tack.start();
   }
}
```

sleep( ) 메소드
인수인 시간(밀리 초)만큼
이 스레드를 정지합니다.
1초 = 1000밀리 초

실행 결과

```
tick tack
tick tack
tick tack
tick
```

0.5초 간격으로 'tick'과 'tack'을 표시합니다.

일시(1)

System 클래스나 Calendar 클래스를 사용하여 시간이나 날짜에 관한 여러 가지 표현을 할 수 있습니다.

일시에 관한 함수

현재의 일시를 취득하는 방법을 소개합니다. Date 클래스, Calendar 클래스를 사용하면 '○년×월△일※요일, ○시×분△초'까지 정확한 시각을 얻을 수 있습니다. 이들 클래스를 사용하려면 java.util 패키지를 임포트해야 합니다.

현재 일시를 얻는다

현재의 일시는 Date 클래스에 준비되어 있는 생성자를 사용해서 Date 객체를 작성해야 이용할 수 있습니다.

```
Date c = new Date();
```

또한 System 클래스의 currentTimeMillis() 메소드를 사용하는 것도 가능합니다. 이쪽은 밀리초 단위로 일시의 값을 반환합니다.

```
long time = System.currentTimeMillis();
```

그리니치 표준시로 1970/1/1 00:00:00부터 현재까지의 경과 시간(밀리초)을 long형으로 반환합니다.

currentTimeMillis() 메소드로 얻은 값은 밀리초이고, 시차가 고려되어 있지 않으므로 그대로 사용하는 것은 곤란합니다. 그래서 Date 클래스를 써서 이것을 변환합니다.

```
Date d = new Date(time);
```

currentTimeMillis() 메소드로 얻은 값이 들어간 변수를 지정합니다. 인수가 없는 경우에는 현재의 시각이 됩니다.

Calendar 클래스

Calendar 클래스는 Date 객체의 값을 연, 월, 일, 시간 등의 값으로 변환하는 추상 클래스입니다. 보통 사용되는 역(그레고리력)을 위한 클래스는 Calendar 클래스의 서브 클래스인 GregorianCalendar 클래스입니다.

GregorianCalendar 클래스의 주요 필드는 이하와 같습니다.

필드명	내용
SECOND	초(0~59)
MINUTE	분(0~59)
HOUR	시간(0~11)
HOUR_OF_DAY	시간(0~23)
DAY_OF_MONTH	날짜(1~31)
MONTH	월(0~11)
YEAR	년(서력)
DAY_OF_WEEK	요일(1~7, 일요일을 1로 한다)
DAY_OF_YEAR	연초부터의 통산 일수(1~365, 1월 1일을 1로 한다)

GregorianCalendar 클래스의 주요 메소드는 다음과 같습니다.

메소드명	기능	사용방법
set( )	필드에 값을 설정	Calendar cal = new GregorianCalendar(); cal.set(Calendar.SECOND, 30);
get( )	필드에서 값을 취득	Calendar cal = new GregorianCalendar(); int m = cal.get(Calendar.MINUTE);
clear( )	필드의 값을 삭제	Calendar cal = new GregorianCalendar(); cal.clear(Calendar.DAY_OF_MONTH);
isSet( )	필드에 값이 있는지 판정	Calendar cal = new GregorianCalendar(); boolean b = cal.isSet(Calendar.HOUR);

예 Time.java

```java
import java.util.*;
class Time {
    public static void main(String[] args) {
        Date date = new Date();
        Calendar cal = new GregorianCalendar();
        System.out.println(date);
        System.out.println(cal.get(Calendar.YEAR) + "년"
            + (cal.get(Calendar.MONTH)+1) + "월"
            + cal.get(Calendar.DAY_OF_MONTH) + "일"
            + cal.get(Calendar.HOUR_OF_DAY) + ":"
            + cal.get(Calendar.MINUTE) + ":"
            + cal.get(Calendar.SECOND));
    }
}
```

실행 결과

```
Sat Aug 18 12 35121 JST 2018
2018년 8월 18일 12:35:21
```

◀ 실행한 순간의 시간을 표시

일시(2)

날짜의 서식 설정과 일본력의 이용에 대해 소개합니다.

날자의 서식 지정

printf( )를 써서 서식을 지정하고 Date 클래스를 이용할 수 있습니다.
서식 지정에는 다음과 같은 것이 있습니다.

서식 지정	의미
%tY	년을 4행의 숫자로 표시한다
%tm	달을 2행의 숫자로 표시한다
%td	일을 2행의 숫자로 표시한다
%tH	시간을 2행의 숫자(00~23)로 표시한다
%tM	분을 2행의 숫자(00~59)로 표시한다
%tS	초를 2행의 숫자(00~60)로 표시한다

초에 '60'이 있는 것은 윤초를 지원하기 때문입니다.

예 ForumSample.java

```java
import java.util.*;
class FormatSample
    public static void main(String[] args) {
        Date c = new Date();
        System.out.printf("%tY년 %tm월 %td일 \n", c, c, c);
        System.out.printf("%tH 시 %tM 분 %ts 초 \n", c, c, c);
    }
}
```

실행 결과

```
2018년 8월 18일
11시 21분 31초
```

일본력의 지원 Java SE 6

일반적인 일시 표시는 그레고리력이지만 일본력을 이용하는 것도 가능합니다.
java.util.Locale 클래스의 생성자에 인수를 넣어 사용합니다.

```
Calendar calendar = Calendar.getInstance(new Locale("ja", "JP", "JP"));
```

ISO 언어 코드 ISO 국가 코드
부가 정보(일본의 경우는 JP라고 하면 OK)

또한 java.text.DateFormat 클래스를 이용하면 일본력 표현을 설정하는 것도 가능합니다.

```
DateFormat dateFormat =
DateFormat.getDateInstance(DateFormat.FULL, new Locale("ja", "JP", "JP"));
```

예 Jdata.java

```java
import java.util.*;
import java.text.DateFormat;
class Jdate{
    public static void main(String[] args) {
        Calendar cal = Calendar.getInstance(new Locale("ja",
        "JP", "JP"));
        DateFormat dtform = DateFormat.getDataInstance(
            DateFormat.FULL,new Locale("ja", "JP", "JP"));
        cal.setTime(new Date());
        String[] era = { " ", "메이지", "다이쇼", "쇼와", "헤이세이" };
        String eraName = era [cal.get(Calendar.ERA)];
        System.out.println("현재의 연호 = " + eraName);
        String formatted = dtform.format(new Date());
        System.out.println(formatted);
    }
}
```

실행 결과

```
현재의 원호 = 헤이세이
헤이세이 28년 11월 18일
```

← 실행한 순간의 날짜를 일본력으로 표시

수학에 관련된 메소드

수학과 관련된 주요 메소드를 소개합니다.

Math 클래스의 메소드

산수 수준의 계산은 제2장에서 배운 연산자로도 충분하지만, 지수나 제곱근 등 수학 수준의 계산을 하기 위해서는 Math 클래스가 필요합니다.

메소드명	기능	사용법	의미(b, c는 int형, x, y는 double형)
abs( )	절댓값	int a = Math.abs(b);	a = |b|
max( )	최댓값	int a = Math.max(b,c);	b, c 중 큰 수가 a에 대입된다
min( )	최솟값	int a = Math.min(b,c);	b, c 중 작은 수가 a에 대입된다
sqrt( )	제곱근	double z = Math.sqrt(x);	$z = \sqrt{x}$
exp( )	e 지수	double z =Math.exp(x);	$z = e^x$
pow( )	거듭제곱	double z = Math.pow(x,y);	$z = x^y$
log( )	자연대수	double z = Math.log(x);	$z = \log x$
sin( )	사인	double z = Math.sin(x);	$z = \sin x$
cos( )	코사인	double z = Math.cos(x);	$z = \cos x$
tan( )	탄젠트	double z = Math.tan(x);	$z = \tan x$

abs( ) 메소드, max( ) 메소드, min( ) 메소드의 인수와 반환 값의 형은 동일하며, int형 이외에 long형, float형, double형을 사용할 수 있습니다.

sin( ), cos( ), tan( )의 삼각함수에서는 각도를 라디안 값으로 지정합니다. (360[°] = 2π[라디안]). Math 클래스에 있는 다음의 메소드를 사용하면 단위를 변환할 수 있습니다.

메소드명	기능	사용법(a[°], b[라디안])
toRadians( )	각도 → 라디안	double a = Math.toRadians(a) ;
toDegrees( )	라디안 → 각도	double b = Math.toDegrees(b) ;

난수를 만든다

난수란 규칙성이 없는 숫자를 말합니다. 프로그램에서 난수를 만들려면 random( ) 메소드를 사용합니다.

```
double ran = Math.random();
```

random( ) 메소드로 만들 수 있는 난수는 0.0 이상 1.0 미만의 실수입니다. 때문에 가령 0에서 9의 정수를 생성하고 싶은 경우는 10배로 해서 소수점 이하를 버려야 합니다.

```
(int)((Math.random()* 10);
```

↑ 정수형으로 캐스트   ↑ 정수로 하기 위해 10배로 한다.

Math 클래스의 필드

Math 클래스의 필드를 소개합니다.

필드명	내용
E	자연대수의 밑(base) (2.718281828459045)
PI	원주율(3.141592653589793)

예 Function.java

```java
class Function {
   public static void main(String[] args) {
      double deg = 30, rad;
      rad = Math.toRadians(deg);

      double s = Math.sin(rad);
      double c = Math.cos(rad);
      double t = Math.tan(rad);

      System.out.println("각도 " + deg + "도");
      System.out.println("sin " + (float)s);
      System.out.println("cos " + (float)c);
      System.out.println("tan " + (float)t);
   }
}
```

실행 결과
```
각도 30.0도
sin 0.5
cos 0.8660254
tan 0.57735026
```

비트와 바이트에 관한 연산자(1)

컴퓨터 내부의 정보를 비트 단위로 비교하거나 조작할 때 사용하는 연산자입니다.

🔓 논리곱 (and) &

각 비트를 비교하여 '양쪽 모두 1이면 1, 그렇지 않으면 0'을 반환하는 연산입니다.

예 a = 170, b = 245일 때

변수명	10진수	2진수							
		b8	b7	b6	b5	b4	b3	b2	b1
a	170	1	0	1	0	1	0	1	0
b	245	1	1	1	1	0	1	0	1
a&b	160	1	0	1	0	0	0	0	0

🔓 논리합 (or) |

각 비트를 비교하여 '어느 한쪽이 1이면 1, 그렇지 않으면 0'을 반환하는 연산입니다.

예 a = 170, b = 245일 때

변수명	10진수	2진수							
		b8	b7	b6	b5	b4	b3	b2	b1
a	170	1	0	1	0	1	0	1	0
b	245	1	1	1	1	0	1	0	1
a | b	255	1	1	1	1	1	1	1	1

배타적 논리합 (xor) ^

각 비트를 비교하여, '한쪽이 1이고 다른 한쪽이 0이면 1을, 그렇지 않으면 0'을 반환하는 연산입니다.

예 a = 170, b = 245일 때

변수명	10진수	2진수								
		b8	b7	b6	b5	b4	b3	b2	b1	
a	170	1	0	1	0	1	0	1	0	비교
b	245	1	1	1	1	0	1	0	1	
a ^ b	95	0	1	0	1	1	1	1	1	값이 다르면 1

1의 보수 표현 (not) ~

각 비트를 '반전시킨 값'을 반환하는 연산자입니다.

예 a = 170일 때

변수명	10진수	2진수								
		b8	b7	b6	b5	b4	b3	b2	b1	
a	170	1	0	1	0	1	0	1	0	반전
~a	85	0	1	0	1	0	1	0	1	

이상의 연산을 정리하면 다음과 같습니다.

연산 \ 비트	A	B	A	B	A	B	A	B
	1	1	1	0	0	1	0	0
A & B	1		0		0		0	
A | B	1		1		1		0	
A ^ B	0		1		1		0	
~A	0		0		1		1	

비트와 바이트에 관한 연산자(2)

비트 열을 좌우로 지시한 만큼 이동시키는(shift하는) 연산자를 시프트 연산자라고 합니다. 시프트 연산자는 아래의 세 종류가 있습니다.

🔓 왼쪽 시프트 연산자 <<

 178 << 2 … 왼쪽으로 2비트 시프트한다.

최상위 비트보다 왼쪽으로 시프트된 비트는 삭제됩니다.

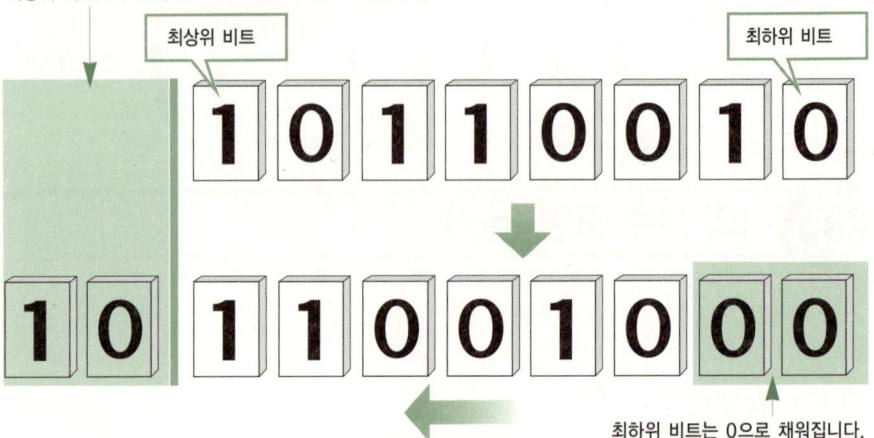

최하위 비트는 0으로 채워집니다.

🔓 오른쪽 시프트 연산자 >>

예 178 >> 2 … 오른쪽으로 2비트 시프트한다.

최하위 비트보다 오른쪽으로 시프트된 비트는 삭제됩니다.

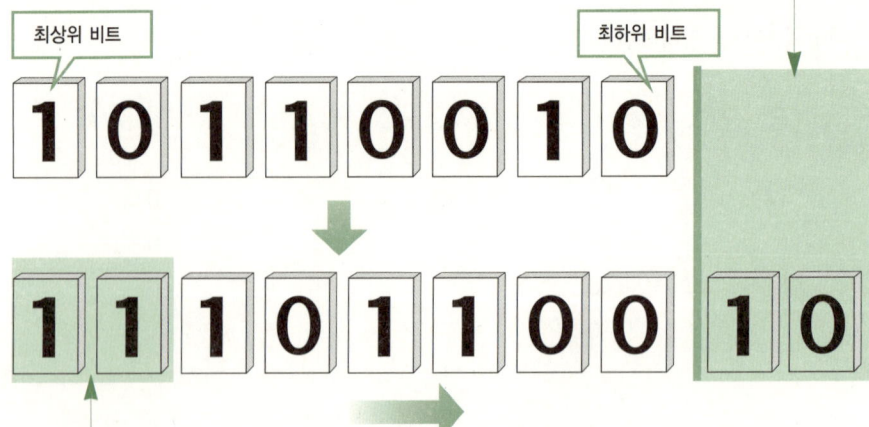

최상위 비트에는 시프트하기 전의 최상위 비트와 같은 값이 채워집니다.

논리 오른쪽 시프트 연산자 >>>

예 178 >>> 2 ··· 오른쪽으로 2비트 시프트한다.

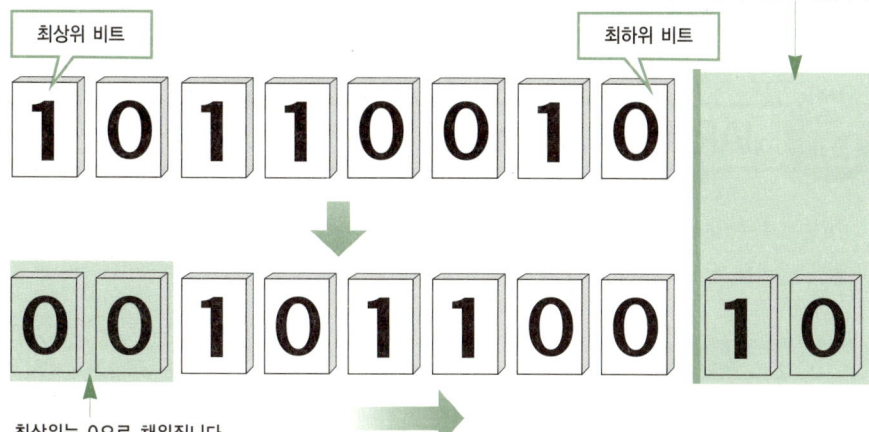

최상위 비트 / 최하위 비트 / 최하위 비트보다 오른쪽으로 시프트된 비트는 삭제됩니다. / 최상위는 0으로 채워집니다.

예 Shift.java

```java
class Shift {
  public static void main(String[] args) {
    byte a = 10;        // 00001010
    byte b = 9;         // 00001001
    byte c = 1;         // 시프트할 양
    System.out.println(a + " & " + b + " = " + (a & b));
    System.out.println(a + " | " + b + " = " + (a | b));
    System.out.println(a + " ^ " + b + " = " + (a ^ b));
    System.out.println("~10 = " + (~a));
    System.out.println(a + " << " + c + " = " + (a << c));
    System.out.println(a + " >>> " + c + " = " + (a >>> c));
    System.out.println(-1* a + " >> " + c + " = " + (-1*a >> c));
  }
}
```

실행 결과

```
10 & 9 = 8         00001000
10|9 = 11          00001011
10^9 = 3           00000011
-10 = -11          11110101
10 << 1 = 20       00010100
10 >>> 1 = 5       00000101
-10 >> 1 = -5      11111011
```

11110110

부호가 붙은 정수형에서는 최상위 비트를 부호 비트로 사용합니다. 0은 +를 표시하고, 나머지 비트로 수를 표시합니다. 1은 -를 표시하고, 나머지 비트를 반전하여 1을 더한 값이 절댓값이 됩니다.

Java Archive(1)

몇 개의 파일을 하나로 정리해서 압축한 것을 아카이브(Archive)라고 합니다.

JAR(Java ARchive)

JAR는 복수의 클래스 파일이나 그 밖의 파일을 하나로 해서 압축한 파일 형식입니다. 파일을 정리해서 사이즈를 줄일 수 있으므로 데이터의 취급에 편리합니다.

jar 커맨드

JAR 파일은 커맨드 프롬프트와 같은 콘솔 화면에서 jar 커맨드를 써서 작성할 수 있습니다. jar 커맨드는 'jar' 뒤에 다음과 같은 옵션을 붙여서 사용합니다(옵션은 조합시켜서 사용 가능합니다).

옵션	설명
c	아카이브의 신규 작성
t	아카이브의 내용을 일람 표시
x	아카이브에서 파일의 취출
u	기존 아카이브를 갱신
v	프롬프트에 상세 정보를 표시
f	아카이브 파일명의 지정
m	매니페스트 정보의 취함
O	압축시키지 않고 격납
M	매니페스트 파일을 작성하지 않는다
i	jar 파일의 인덱스 정보를 생성
C	지정한 디렉토리로 변경해서 파일을 취함

jar 커맨드는 커맨드 프롬프트로 다음과 같이 실행합니다.

예) 파일 A.class, B.class를, 신규 작성한 JAR 파일 AB.jar에 격납합니다.

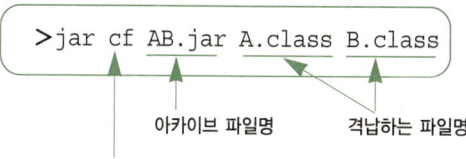

예) JAR 파일 AB.jar에 격납되어 있는 파일을 일람 표시합니다.

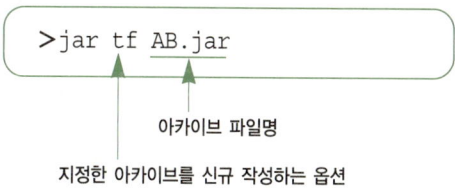

🔓 매니페스트 파일

매니페스트 파일은 JAR 파일에 격납되어 있는 파일의 정보를 기술한 파일로, 아카이브 작성 시에 자동적으로 만들어집니다. 다음과 같은 내용의 매니페스트 파일을 작성해서 JAR 파일에 넣어두면 JAR 파일을 직접 실행할 수 있습니다.

manifest.txt

```
Main-Class: A
```

실행하려는 클래스명
클래스명 앞에는 반각 스페이스,
뒤에는 줄 바꿈이 필요합니다.

Java Archive(2)

JAR를 실행하는 순서를 소개합니다.

🔓 JAR 파일의 실행

실행 가능한 JAR 파일을 작성하는 것은 다음과 같습니다.

① 프로그램을 작성하고 컴파일해 둡니다.

Hello.java
```java
class Hello {
    void hello() {
        System.out.println("Hello");
    }
}
```

Bye.java
```java
class Bye {
    void bye() {
        System.out.println("Bye");
    }
}
```

Greeting.java
```java
class Greeting {
    public static void main(String[] args) {
            Hello h = new Hello();
            Bye b = new Bye();
            h.hello();
            b.bye();
    }
}
```

② 실행할 클래스명을 기술한 manifest.txt라는 이름의 매니페스트 파일을 작성합니다.

```
Main-Class: Greeting
```

③ JAR 파일에 매니페스트 파일을 받아들이는 클래스 파일을 격납합니다.

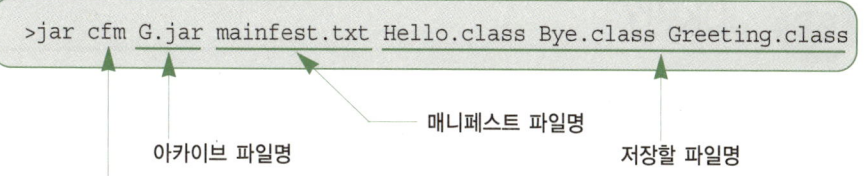

```
>jar cfm G.jar mainfest.txt Hello.class Bye.class Greeting.class
```

아카이브 파일명
매니페스트 파일명
저장할 파일명
지정한 아카이브를 신규 작성하고 매니페스트 파일을 취하는 옵션

JAR 파일의 실행은 '-jar'를 써서 다음과 같이 행합니다.

실행 결과

```
>java -jar G.jar
Hello
Bye
```

※ 굵은 글자는 키보드로 입력한 글자

JDK10의 인스톨

Java Platform Standard Edition Development Kit 10(JDK10)의 설치 순서를 설명합니다.

 JDK란?

Java 프로그램을 움직이게 하려면 Java의 소스 코드 이외에도 컴파일러나 Java VM(Java Virtual Machine)이 필요합니다. 개발에 필요한 것을 정리한 것이 JDK입니다. 이 책의 집필 시점에서 가장 새로운 버전은 10입니다.

 JDK8의 동작 환경

JDK8이 동작하는 OS는 Linux(ARM/x86/x64), Mac OS X, Solaris(SPARC/x64), Windows(x86/x64)입니다. 여기서는 윈도우판의 설치를 설명하며 지원 대상 버전은 Vista, 7, 8/8.1과 WindowsServer2008 R2/2012/2012 R2입니다(윈도우 10에서도 동작합니다).

 JDK8의 다운로드

Oracle사의 웹사이트에서 인스톨러를 다운로드합니다. 가장 새 버전인 JDK10의 다운로드 웹페이지는 2018년 8월 현재 다음의 영문사이트 뿐입니다.

```
http://www.oracle.com/technetwork/java/javase/downloads/index.html
```

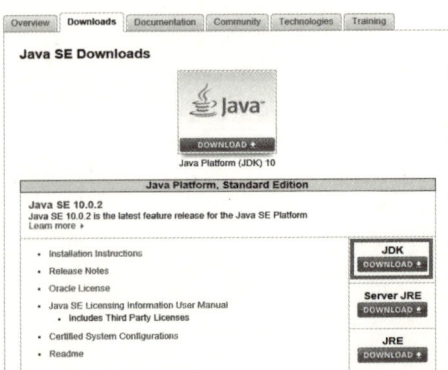

자신의 운영체제의 맞게(책에서는 Windows 기준)으로 설치를 하면 되며, [Accept License Agreement] 클릭 후 [jdk-10.0.2 windows-x64 bin.exe] 를 다운로드 후 실행합니다.

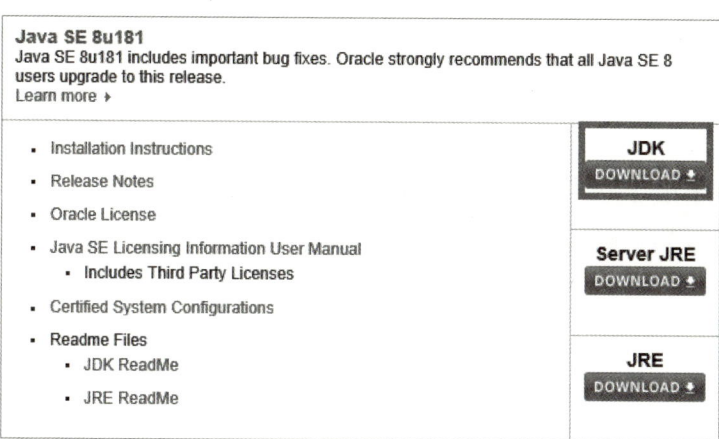

JDK의 아래에 있는 [DOWNLOAD]를 클릭하면 다음과 같은 화면이 뜹니다. 다운로 드하고자 하는 버전으로 이동하고, 사용 허락 계약의 문서를 확인하고 동의를 한다면 [Accept License Agreement]에 체크하고 자신의 PC에 대응하는 OS(윈도우 x86 또는 윈도우 x64)를 선택해 다운로드를 개시합니다.

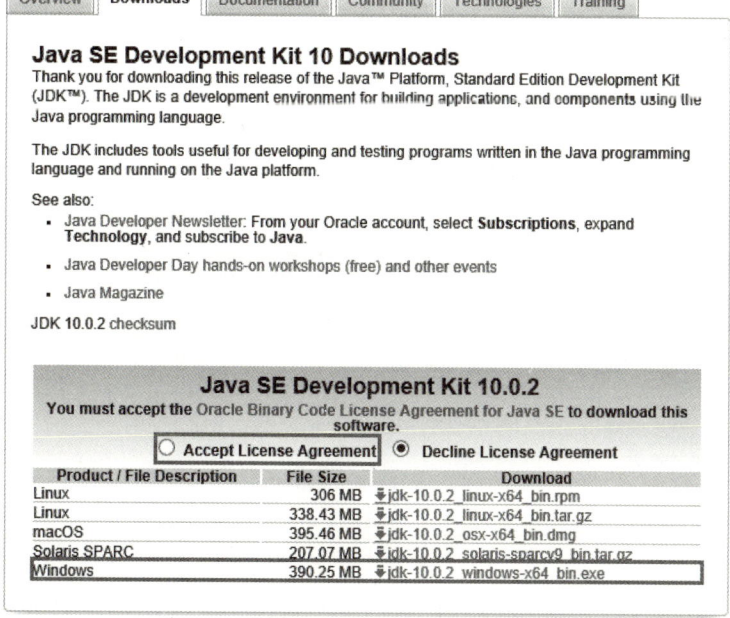

 ## 인스톨 순서

인스톨러를 실행하고 JDK10을 전개해서 설치합니다.

먼저 다운로드한 [jdk-8u102-windows-x64.exe]를 클릭해서 기동합니다.

인스톨러를 기동하면 다음 화면이 표시됩니다. [다음]을 누릅니다.

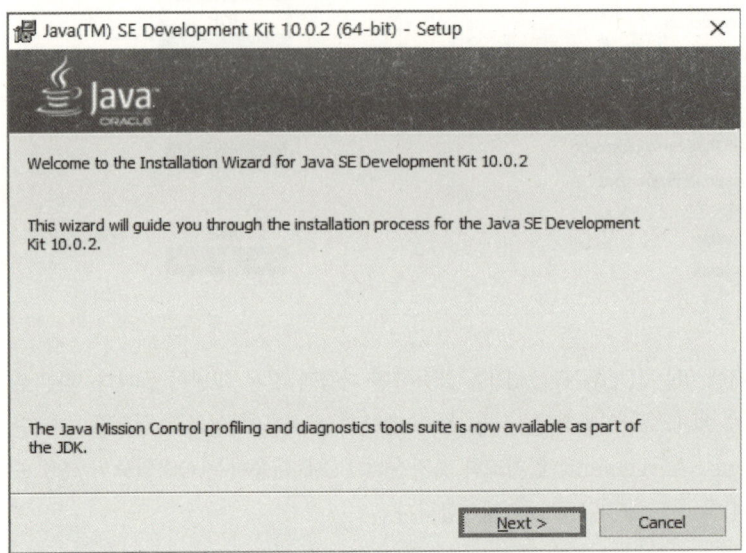

[Install to] 하단의 경로가 설치 경로이며, 변경하고 싶은 경우 [Change]를 눌러 폴더를 설정할 수 있습니다.

여기서는 디폴트 상태에서 [다음] 버튼을 클릭합니다.

클릭하면 설치가 시작됩니다.

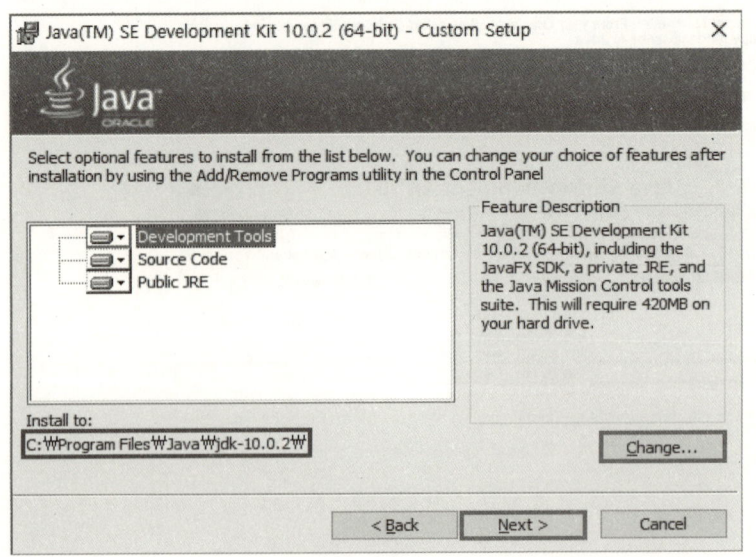

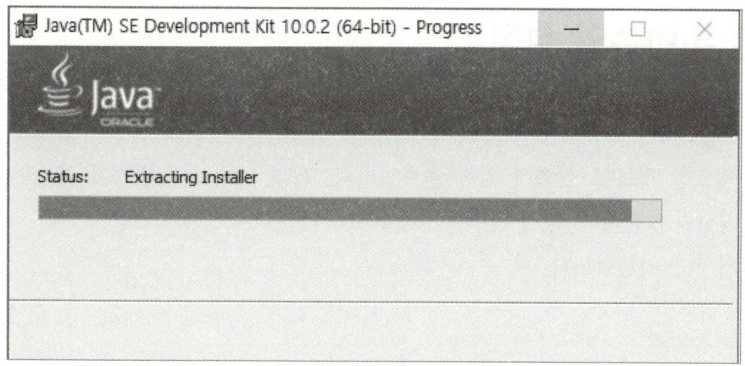

만약 사용자의 환경에 JAVA가 설치되어 있지 않다면 자바 설치창이 뜹니다. 설치를 진행하면 됩니다.

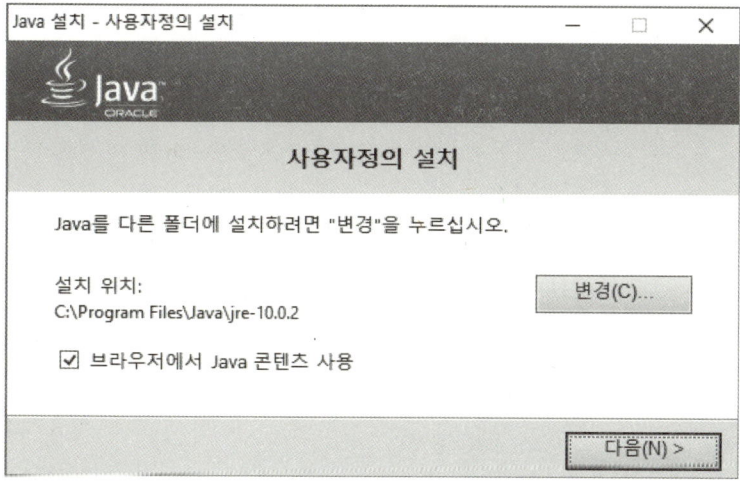

설치가 정상적으로 완료되면 다음과 같은 화면이 됩니다.
필요하다면 [다음 단계]를 클릭해서 도큐먼트(영문)를 참조해 주세요.

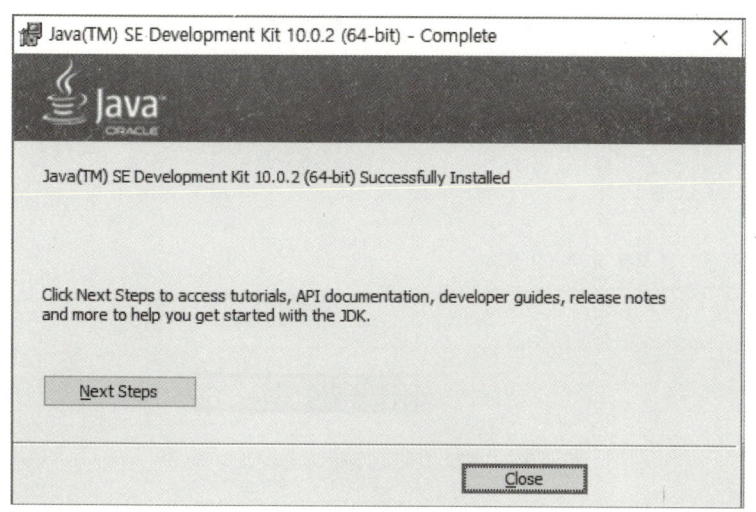

환경 변수의 설정

Java를 컴퓨터상에서 쓰기 위해서는 [환경 변수]를 설정합니다. 환경 변수란 컴퓨터의 시스템에 필요한 정보를 취하기 위한 변수입니다. 환경 변수를 설정하지 않으면 Java는 잘 동작하지 않습니다. 환경 변수는(윈도우 10 기준) [제어판 > 시스템 > 고급 시스템 설정] 에서 변경 가능합니다.

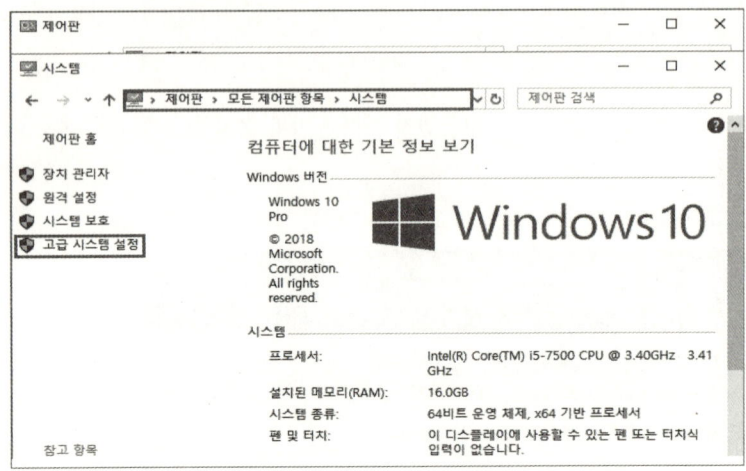

고급 시스템 창에서 [환경 변수] 버튼을 클릭합니다.

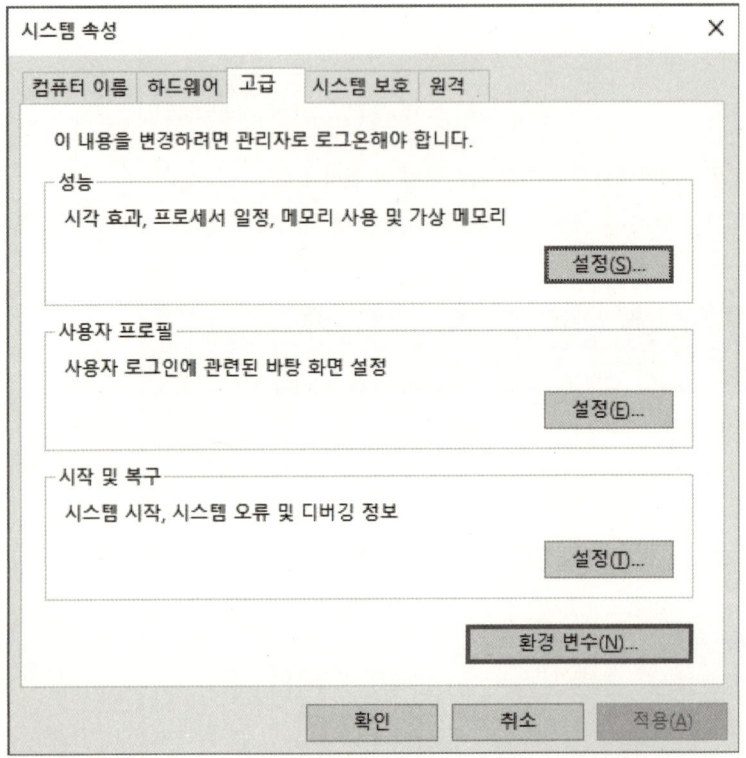

[환경 변수] 다이얼로그 박스가 표시됩니다. 다이얼로그 박스의 [시스템 환경 변수]의 하단의 [새로 만들기] 버튼을 클릭합니다.

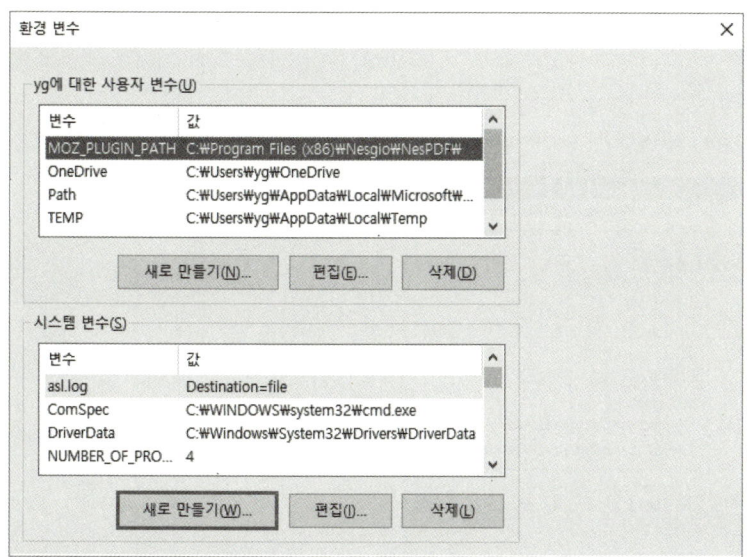

새로운 시스템 변수를 입력하는 다이얼로그 박스가 표시되면 [변수 이름]에는 [JAVA_HOME], [변수 값]에는 JDK가 설치된 디렉토리를 입력합니다.
디렉토리는 익스플로러로 [C:\Program Files\Java] 안의 [jdk...]로 시작되는 폴더를 선택합니다.

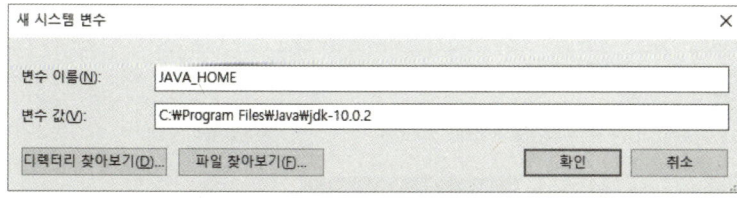

[CLASSPATH] [%classpath%;.] 도 추가합니다.

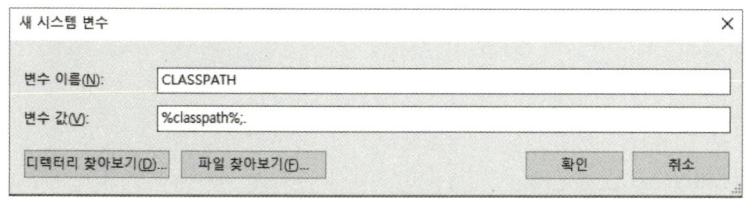

이어서 [사용자 환경 설정]을 편집합니다.
[Path]라는 항목을 선택하고 [편집] 버튼을 클릭합니다.

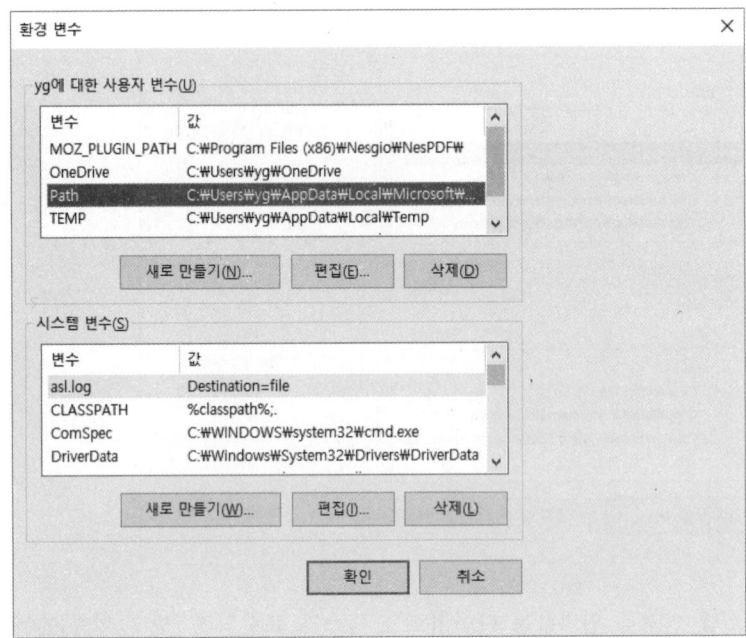

[환경 변수 편집] 창에서 [새로 만들기] 버튼을 클릭 후 C:\Proghram Files\Java\jdk-10.0.2\bin(jdk bin폴더 경로)또는 %JAVA_HOME%\bin이라는 경로를 입력 후 확인을 클릭합니다.

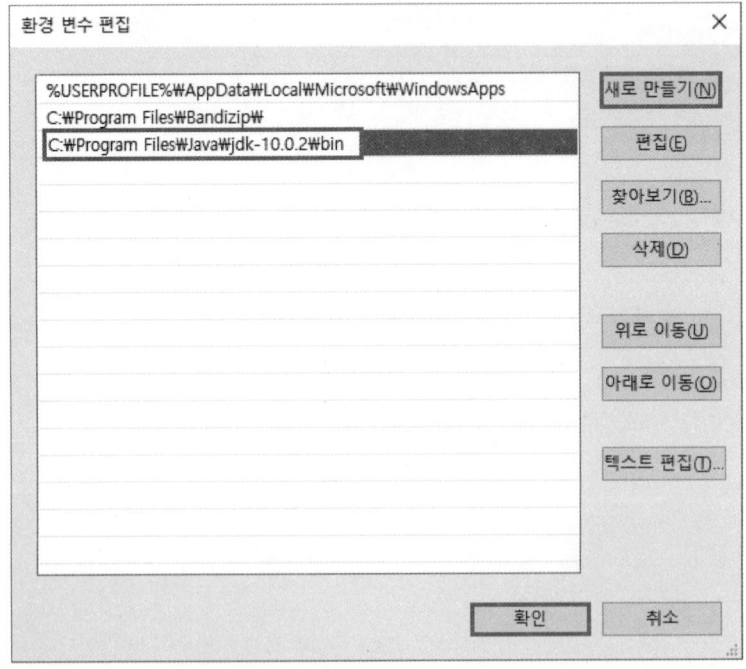

이제 환경 변수가 설정되었습니다.

환경 변수가 확실히 설정되었는지를 확인하려면 [커맨드 프롬프트(cmd)]를 사용합니다. [javac -version] 및 [java -version]이라고 각각 입력해서 Java의 버전이 표시되면 됩니다.

 파일명이나 폴더명에 대해서

JDK의 버전이 갱신된 경우 이 책에 기재된 파일명이나 폴더명을 적절한 업데이트 버전 번호로 대체하여 적용해주십시오.

 JDK의 언인스톨

JDK를 언인스톨하려면 윈도우의 [제어판]>[프로그램 추가/제거]에서 언인스톨합니다.

용어 해설

C

미국 AT&T 사의 벨 연구소(Bell Labs.)에 근무하던 데니스 리치(Dennis M. Ritchie)가 1974년에 개발한 범용 고급 프로그래밍 언어의 이름. 간결한 표현, 풍부한 자료형과 연산자, 유연한 제어구조, 함수로 구성되는 프로그램, 분할 컴파일, 강력한 문자열 처리 기능 등의 특징을 갖추고 있다.

CGI(Common Gateway Interface)

웹 브라우저의 요구를 받아 웹 서버가 실행하는 프로그램 인터페이스. 스크립트 언어 Perl로 기술되는 일이 많다. CGI 프로그램은 HTML 문을 생성하고, 웹 서버는 그것을 받아 브라우저에 넘긴다. CGI 프로그램을 사용하여 웹 페이지로의 접근 횟수 등 볼 때마다 다른 정보를 웹 페이지에 실을 수 있다.

CUI(Character User Interface)

표시 내용이나 입력 내용이 문자 베이스인 사용자 인터페이스. 아이콘으로 표시하고 마우스 등의 포인팅 디바이스로 입력하는 GUI에 비해 리소스(소프트웨어의 크기나 램의 용량, CPU의 성능)의 소비가 적다.

GUI(Graphical User Interface)

그림을 이용한 표시와 그것을 지정하여 입력하는 방식의 사용자 인터페이스. 구체적으로는 처리 내용이나 데이터를 아이콘화하여 표시하고 마우스 등의 포인팅 디바이스로 지시하여 입력한다. CUI에 비해 직관적인 조작이 가능하다. OS로는 Mac OS, Windows, Unix에서는 X-window가 있다.

객체지향(Object-Oriented)

데이터와 이를 처리하는 기능이 하나로 결합되어 있는 객체를 모델링하고, 이들 간의 관계를 정의하는 것.

논리연산자(Logical Operator)

논리 수학을 위한 기본 연산자. 논리곱(&&), 논리합(||), 부정(!) 등이 있다.

데이터(Data)

컴퓨터 등에서 문자, 바이트, 단어에 쓰이는 영숫자로, 하나의 자료를 가리키는 용어.

라이브러리(Library)
애플리케이션 개발을 위해 사용되는 함수 모임. 라이브러리는 소스 파일을 공개하지 않고 다른 프로그램에서 호출하여 사용할 수 있도록 목적 파일로 컴파일되어 제공하는 일종의 함수 세트다. 라이브러리는 개별적으로 만들어 사용하기도 하나 개발 생산성을 높이기 위해 이미 만들어진 함수 라이브러리를 사용한다.

롤 플레잉 게임(Role Playing Game)
게임의 플레이어가 등장 인물의 역할(role)을 맡는 게임. 원래는 테이블 게임의 일종이었으나 컴퓨터 게임으로서는 캐릭터를 조작하면서 여러 가지 경험을 쌓아 레벨업해 가는 어드벤처 게임이나 액션 게임 등을 가리키는 일이 많다.

메소드(Method)
객체의 기능을 표현하는 방법. C 언어에서의 함수와 역할과 정의 방법이 유사하지만 C에서처럼 독립적으로 호출될 수 없고, 반드시 객체와 같이 사용되어야 한다.

무한루프(Endless Loop)
프로그램이 어떤 부분을 반복적으로 무한히 반복하여 거기에서 빠져 나오지 못하는 상태. 주로 프로그램의 논리 오류(logical error) 때문에 발생하지만 다른 원인일 경우도 있다. 무한 루프에 빠지면 프로그램이 끝나지 않고 계속되므로 사용자나 운영체제가 강제로 중단시켜야만 한다.

바이트(Byte)
보통 컴퓨터가 처리하는 정보의 기본 단위. 8개의 비트가 묶여 있어 1바이트가 나타낼 수 있는 최대의 정수는 8개 비트가 모두 1로 되었을 때인 255이다. 1바이트로 나타낼 수 있는 정보는 0에서 255까지의 256개이며, 보통 영문자 한 글자를 나타낸다.

배열(Array)
컴퓨터에서 사용되는 자료 구조의 한 가지로, 같은 형의 데이터들로 이루어진 집합. 각 원소는 첨자값으로 지정되는데 첨자는 대개 정수값을 사용하지만 문자 등의 다른 형을 사용하기도 한다. 배열은 대개 기억 장치 내에서 순차적으로 저장된 리스트를 의미한다

비교연산자(Relational Operator)
두 값을 비교하여 그 대소 관계를 나타내기 위한 기호로 〉, 〉=, ==, 〈=, 〈 등이 있다. 데이터를 검색하거나 추출할 때 조건을 지정하기 위해 사용하거나 프로그램에서 값의 조건에 따라 처리를 바꾸는 경우에 사용한다.

비트(Bit)
컴퓨터에서 다루는 데이터의 최소 단위. 디지털 회로에서는 0과 1의 상태는 일반적으로 전압이 인가되어 있거나 또는 인가되어 있지 않은 것으로 나타낸다. 그것이 2진수(binary)의 숫자(digit) 표기와 일치하기 때문에 binary digit를 줄여서 bit라는 조어가 생겨났다. 따라서 1bit는 1자리의 2진수와 같아서 0과 1의 두 종류의 데이터 표현이 가능하고 2bit에서는 00, 01, 10, 11의 네 종류의 표현이 가능하다.

상속(Inheritance)
하나의 클래스 객체가 정의되었을 때, 차후에 정의되는 어떠한 서브클래스라도 일반 클래스들의 정의 중에서 하나 또는 그 이상의 정의를 물려받을 수 있다는 개념.

애플리케이션(Application)
1. 애플리케이션 프로그램, 즉 응용프로그램의 줄임말. 사용자 또는 어떤 경우에는 다른 응용프로그램에게 특정한 기능을 직접 수행하도록 설계된 프로그램이다. 애플리케이션의 예로는 워드프로세서, 웹 브라우저, 통신 프로그램 등이 있다.
2. 정보기술에서 말하는 애플리케이션이란 기술, 시스템 및 제품 등을 사용하는 것을 말한다.

오버라이딩(Overriding)
상위 클래스에서 선언한 메소드를 하위 클래스에서 다시 정의해서 사용하는 것. 코드를 반복해서 사용하지 않고도 형태의 변형만으로 코드를 다시 사용할 수 있도록 지원한다.

오브젝트(Object = 객체)
객체지향 프로그래밍(OOP)에서 중심이 되는 개념으로서, 하나의 구성단위. 객체는 데이터와 그 데이터를 처리하기 위한 프로시저로 구성된다.

웹 서버(Web Server)
웹 서버는 클라이언트/서버 모델과 웹의 HTTP를 사용하여 웹 페이지가 들어 있는 파일을 사용자들에게 제공하는 프로그램이다. 웹사이트가 운영되고 있는 인터넷상의 모든 컴퓨터들에는 모두 웹 서버 프로그램이 설치되어 있다.

인스턴스(Instance)
인스턴스는 추상화 개념 또는 클래스 객체, 컴퓨터 프로세스 등과 같은 틀(template)이 실제로 구현된 것.

제어문(Control Statement)
프로그래밍 언어에서 프로그램의 실행 순서를 나타내는 문. goto 문과 같은 무조건 제어문과 if문과 같은 조건부 제어문, for문이나 while문과 같은 루프 제어문이 있다.

조건분기(Conditional Branch)
어떤 조건이 참이냐 거짓이냐를 기준으로 하여 분기하는 것.

천공테이프(Punched Tape)
천공된 구멍의 유무로 데이터를 기록하는 종이 카드. 컴퓨터 출현 이전부터 데이터의 기록이나 선별, 분류를 위해 사용되어 왔으며, 자기적 기록 방식이 발달하면서 쓰이지 않게 되었다.

컴포넌트(Component)
더 큰 프로그램에서 식별 가능한 "일부분"으로 특정 기능이나 관련된 기능들의 조합을 제공. 프로그래밍 설계에서 시스템은 모듈(독립되어 있는 하나의 소프트웨어 또는 하드웨어)로 구성된 컴포넌트로 나뉜다. 클래스(Class) 객체의 구조, 종류, 동작 등을 나타내고 객체를 생성하는 일종의 틀. 클래스는 객체의 모든 특성을 가지고 있으며 자바 프로그램은 클래스의 집합이다.

표기법(Notation)
숫자, 문자 또는 기호의 집합을 사용하여 데이터를 나타내는 것 또는 그 사용 법칙.

필드(Field)
어떤 목적을 가진 하나의 레코드나 메시지 헤더 또는 컴퓨터 명령어와 같은 특정한 종류의 데이터를 위해 사용되는 지정된 영역. 길이는 미리 정해지는 것이 보통이며 한 필드는 더 작은 필드들로 나누어질 수 있다.

찾아보기

숫자

- — 54
- —— 56
- —= 55
- ~ 241
- ! 62
- != 58
- " 29, 36
- ' 36
- % 54
- %= 55
- %c 31
- %d 31
- %f 31
- %s 31
- %td 236
- %tH 236
- %tm 236
- %tM 236
- %tS 236
- %tY 236
- & 240
- && 62
- * 54, 207
- *= 55
- 103, 108
- / 54
- /* */ 23
- // 23
- /= 55
- : 61
- ? 61
- @Deprecated 220
- @Override 220
- @SuppressWarnings ..220
- ^ 241
- || 62
- \n 29, 183
- + ... 54
- ++ 56
- += 55
- < 58
- ≪ 242
- <= 58
- = ... 55
- == 58
- > 58
- >= 58
- ≫ 242
- λ 226
- 10진수 64
- 16진수 53, 64
- 1차원 배열 44
- 1의 보수 표현 241
- 2차원 배열 44
- 2중 루프 81
- 2진수 53, 64
- 3차원 배열 44

A

- abs( ) 메소드 238
- abstract 수식자 148
- accept( ) 메소드 230
- add( ) 메소드 .. 104, 110, 164
- and 240
- applet 17
- apply( ) 메소드 231
- ArrayList 클래스 83, 164
- ASCII 코드 48
- Auto-Boxing 212
- AutoCloseable 189
- Auto-Unboxing 212

B

- BinaryOperator 231
- boolean형 60
- break 86
- BufferedReader 클래스 ..192
- byte 34, 67
- byteValue( ) 메소드 210

C

- Calendar 클래스 234
- case 88
- catch 178
- char 36
- class 96
- clear( ) 메소드 164, 235
- clone( ) 메소드 170
- Cloneable 170
- close( ) 메소드 180, 189, 195
- compareTo( ) 메소드 39
- Consumer 230
- continue 86
- cos( ) 메소드 238
- count( ) 메소드 229
- CUI 애플리케이션 17
- currentTimeMillis( ) 메소드 ..234

D

- Date 클래스 234
- DAY_OF_MONTH 235
- DAY_OF_WEEK 235
- DAY_OF_YEAR 235
- decrement 56
- deep copy 17
- default 88
- delete( ) 메소드 198

disp( ) 메소드 ············ 105
do ~ while ············ 84
double ············ 35, 67
doubleValue( ) 메소드 ··210

E

E ············ 239
EE ············ 20
else ············ 78, 89
else if ············ 78, 89
Enterprise Edition ······ 20
equals( ) 메소드 ·········· 211
EUC 코드 ············ 48
Exception ············ 178
exists( ) 메소드 ·········· 198
exp( ) 메소드 ············ 238
extends ············ 130

F

false ············ 58
file.separator ············ 216
FileOutputStream 클래스 ··185
FileReader 클래스 ······ 180
FileWriter 클래스 ······ 182
filter( ) 메소드 ············ 229
final ············ 138
finally ············ 178
findInLine( ) 메소드 ······ 195
float ············ 35, 67
floatValue( ) 메소드 ······ 210
for ············ 74, 80
format( ) 메소드 ·········· 30
Function ············ 231

G

GB ············ 65
get( ) 메소드 ··164, 231, 235
getAbsolutePath( ) 메소드 198
getProperty( ) 메소드 ···· 216
goto ············ 92

GregorianCalendar 클래스 ··234
GUI 애플리케이션 ·········· 17

H

half( ) 메소드 ············ 105
hasMoreToken( ) 메소드 ··40
hasNext( ) 메소드 ········ 195
hasNextInt( ) 메소드 ······ 195
HOUR ············ 235
HOUR_OF_DAY ······ 235

I

if ············ 74, 76
implements ············ 150
import ············ 41
increment ············ 56
indexOf( ) 메소드 ·········· 164
InputStreamReader( ) 클래스 186
instanceof ············ 160
int ············ 34, 67
integer ············ 32
intValue( ) 메소드 ········ 210
isAbsolute( ) 메소드 ······ 198
isDirectory( ) 메소드 ···· 198
isFile( ) 메소드 ············ 198
ISO 국가 코드 ············ 237
ISO 언어 코드 ············ 237
isSet( ) 메소드 ············ 235

J

JAR ············ 244
jar 커맨드 ············ 224
JAR 파일 ············ 246
Java Archive ············ 244
Java Beans ············ 18
Java Server Pages ······ 18
Java Virtual Machine ··248
Java VM ············ 19, 248
Java 애플릿 ············ 17
Java 서블릿 ············ 18

java.class.path ········ 216
java.class.version ······ 216
java.ext.dir ············ 216
java.home ············ 216
java.util.Locale 클래스 ··237
java.vendor ············ 216
java.version ············ 216
JDK ············ 20
JDK8 ············ 248
JSP ············ 18

K

KB ············ 65

L

length( ) 메소드 ············ 38
line.seperator ············ 216
list( ) 메소드 ············ 198
log( ) 메소드 ············ 238
long ············ 34, 67
longValue( ) 메소드 ······ 210

M

main( ) 메소드 ··26, 28, 100
map( ) 메소드 ············ 228
Math 클래스 ············ 238
max( ) 메소드 ············ 238
ME ············ 20
Micro Edition ············ 20
min( ) 메소드 ············ 238
MINUTE ············ 235
mkdir( ) 메소드 ·········· 198
MONTH ············ 235

N

new ············ 40, 42, 100
next( ) 메소드 ············ 195
nextInt( ) 메소드 ·········· 195
nextToken( ) 메소드 ······ 40

not ·················· 241
n진수 ················· 64

O

Object 클래스 ······ 147, 169
or ··················· 240
os.arch ··············· 216
os.name ··············· 216
os.version ············· 216
OutputStreamWriter 클래스··
 ····················· 186

P

parseByte() 메소드 ······ 211
parseInt() 메소드 ········ 211
parseLong() 메소드 ······ 211
parseShort() 메소드 ······ 211
path.separator ·········· 216
PI ··················· 239
pow() 메소드 ············ 238
Predicate ·············· 231
print() 메소드 ···· 26, 31, 105
printf() 메소드 ······ 30, 110
println() 메소드 ······ 26, 30
private ······· 132, 134, 208
protected ········ 134, 208
public ·········· 134, 208

R

random() 메소드 ········ 239
read 메소드 ········ 180, 192
readLine() 메소드 ······· 192
reduce() 메소드 ········· 229
remove() 메소드 ········ 164
renameTo() 메소드 ······ 198
return ················ 104
run() 메소드 ············ 232

S

Scanner 클래스 ········ 194
SE ··················· 20
SECOND ············· 235
Serializable ··········· 190
servlet ·············· 18
set() 메소드 ········ 164, 235
short ············· 34, 67
shallow copy ········· 170
shortValue() 메소드 ···· 210
sin() 메소드 ·········· 238
size() 메소드 ········· 164
sorted() 메소드 ········ 229
sqrt() 메소드 ·········· 238
Standard Edition ······· 20
start() 메소드 ········· 232
static ············ 109, 138
static 임포트 ········· 206
static 메소드 ········· 154
Stream API ·········· 228
stream() 메소드 ········ 228
String ·············· 37
String 클래스 ······ 38, 119
StringTokenizer 클래스 ·· 40
substring() 메소드 ······· 39
Sun Microsystems ······ 16
super ··············· 135
Supplier ············· 231
switch··············· 75
System.in ············ 194
System.out ············ 29
System 클래스 ········ 234

T

tan() 메소드 ·········· 238
TB ·················· 65
test() 메소드 ·········· 231
this ················ 142
Thread 클래스 ········ 232
throws ·············· 179
toArray() 메소드 ········ 164

toDegrees() 메소드······ 238
toRadians() 메소드······ 238
true ················ 58
try ················ 178
try 블록 ············· 188
try-with-resource ···· 189

U

UnaryOperator ·········· 231
Unicode ·········· 36, 48
Unicode Text Format ···· 48
user.dir ············· 216
user.home ············ 216
user.name ············ 216
UTF ················ 48
UTF-8 ·············· 48

V

Virtual Machine ········· 19
void ················ 105

W

while ············ 74, 84
write() 메소드 ······ 182, 185

X

xor ················· 241

Y

YEAR ··············· 235

ㄱ

가변 길이의 인수 ······· 110
가비지 컬렉터 ·········· 122
감소 연산자 ············ 56
개발 환경이 충실하다 ···· 16
객체 지향 언어 ·········· 96

객체 지향 ············ 16, 96
거짓 ···················· 58
그래피컬 유저 인터페이스 ··17

ㄴ

내부 클래스 ············ 222
네스트 ················· 85
논리 연산자 ······ 52, 62, 70
논리 오른쪽 시프트 연산자 243
논리곱 ················ 240
논리합 ················ 240
논리형 ················· 60

ㄷ

다차원 배열 ············ 44
다차원 배열의 요소 수 ····46
다형성 ············ 147, 156
대입 연산자 ············ 55
대입 ············· 43, 35
들여쓰기 ··············· 28
디시리얼라이즈 ········ 190
디폴트 메소드 ········· 154
디폴트 생성자 ········· 116

ㄹ

라벨 ··················· 92
람다 ·················· 226
람다식 ················ 224
랩퍼 클래스 ······ 203, 210
로컬 클래스 ··········· 222
롱 ···················· 34

ㅁ

마이너스 ··············· 54
매니페스트 파일 ········ 245
멀티 스레드 ············ 232
메모리 해제 ············ 122
메모리 확보 ············ 122
메소드 참조 ············ 230

메소드 ········ 26, 38, 98
메소드의 수식자 ········ 118
메소드의 정의 ·········· 104
메소드의 호출 ·········· 106
메소드명 ··············· 38
멤버 ··················· 98
명령형 프로그래밍 ······ 224
무명 클래스 ············ 223
무한 로프 ··········· 75, 85
문자 스트림 ······· 177, 187
문자 ··············· 31, 36
문자열 ············· 31, 37
문자열의 결합 ··········· 37
문자형 ················· 27

ㅂ

바이너리 파일 ··174, 176, 187
바이트 스트림 ······· 177, 187
바이트 ········· 34, 53, 65
반복의 중단 ············ 86
반환 값 ··············· 104
반환 값의 형 ··········· 118
배열 요소 ·············· 43
배열 ··············· 27, 42
배타적 논리합 ·········· 241
버그 ··················· 85
변수 ··············· 27, 32
변수명 ················· 32
변수형(수치형) ·········· 34
복제 생성자 ··········· 116
부가 정보 ············· 237
부모 클래스 ······· 126, 129
블록 ··············· 28, 88
비교 연산자 ········· 52, 58
비트 ··············· 53, 65

ㅅ

상속 ············· 126, 128
상속의 정의 ············ 130
생성자 참조 ············ 230
생성자 ············ 114, 198

서브 클래스 ······· 126, 129
서식 지정 ·············· 31
서식 ·················· 31
선언의 방법 ············ 33
선언형 프로그래밍 ······ 224
소스 파일·············· 21
소스 프로그램··········· 21
쇼트 ·················· 34
슈퍼 클래스 ······· 126, 129
스레드 ················ 232
스트림 오브젝트 ········ 176
스트림 클래스 ·········· 175
스트림 ············ 174, 176
스트링 ················· 37
슬래시 ················· 54
시리얼라이즈 ·········· 190
시스템 프로퍼티 ········ 216
시스템 환경 변수 ······· 253
실수 ··············· 31, 66
실수형 ············· 24, 35
실행 파일 수준의 호환성····16
싱글 스레드 ············ 232

ㅇ

애스테리스크 ·········· 207
어노테이션 ············ 220
엔트리 포인트 ·········· 26
연산자 ················ 52
연산자의 운선순위 ······ 68
열거형 ················ 166
열거형의 선언 ·········· 166
예약어 ················· 23
예외 ············· 175, 178
예외처리 ········· 175, 178
오른쪽 시프트 연산자 ····242
오버라이딩 ······· 127, 134
오버로드 ············· 112
오브젝트 ············ 97, 99
오브젝트의 대입 ········ 157
오브젝트의 생성 ········ 100
오픈 처리 ············· 189
외부 클래스 ············ 222

왼쪽 시프트 연산자 …… 242
요소 ………………… 42
이력 스트림 ………… 176
이름 공간 …………… 41
이퀄 ………………… 54
익명 클래스 ………… 223
인덱스 ……………… 164
인수 ………………… 104
인스턴스화 ………… 97, 99
인터페이스 ……… 147, 150
인터페이스의 구현 … 150
인터페이스의 상속 … 152
인트 ………………… 34
일본력의 지원 ……… 237

증가 연산자 ………… 56

ㅊ

참 …………………… 58
참조 ……………… 43, 45
참조 메소드 ………… 228
첨자 ………………… 42
초기화 …………… 34, 45
최상위 비트 ………… 65
최하위 비트 ………… 65
추상 메소드 …… 146, 148
추상 클래스 …… 146, 148
출력 스트림 ………… 176

ㅋ

카운터 ……………… 80
캐릭터 유저 인터페이스 … 17
캐릭터 ……………… 36
캐스트 연산자 ……… 67
커맨드 프롬프트 …… 119
커맨드라인 인수 … 22, 118
컬렉션 클래스 …… 82, 164
컴파일러 …………… 21
컴포넌트 …………… 18
콤마 ………………… 152
큰 따옴표 ………… 30, 36
클래스 …… 26, 38, 96, 98
클래스명 …………… 28
클래스의 상속 ……… 128
클래스의 정의 ……… 101

클래스 파일 ………… 21
클래스 파일명 ……… 119
클로즈 처리 ………… 188

ㅌ

텍스트 에디터 ……… 21
텍스트 파일 …… 174, 176
토큰 ………………… 40

ㅍ

파라미터 …………… 162
파일 클래스 ………… 198
패키지 임포트 ……… 205
패키지 …… 41, 202, 204
퍼센트 ……………… 54
폴리모피즘 ………… 156
플러스 ……………… 54
플로트 ……………… 35
피리어드 ………… 103, 108
필드 ……………… 98, 102
필드의 정의 ………… 102

ㅎ

함수형 인터페이스 … 225
형 캐스트 …………… 67
형 …………………… 32
형의 변화 …………… 66
환경 변수 …………… 252
후치 ………………… 57

ㅈ

자릿수 ……………… 31
자식 클래스 …… 126, 129
작은 따옴표 ………… 36
전치 ………………… 57
절차형 프로그래밍 … 224
접근 제한자
 ……… 127, 132, 203, 208
접근 제한자 …………
정수 …………… 31, 66
정수형 ………… 27, 34
제네릭 ……………… 162
제어문 ……………… 74
조건 연산자 ………… 61
조건식 ……………… 61
줄 바꿈 문자 ………… 183